조선, 1894년 여름

오스트리아인
헤세-바르텍의 여행기

조선, 1894년 여름

에른스트 폰 헤세-바르텍 지음 · 정현규 옮김 · 한철호 감수

cum libro
책과함께

머리말

---- 세계 일주를 하던 나는 1894년 여름 일본을 떠나 미묘한 상황에 처해 있던 조선으로 여행을 시도했다. '고요한 아침의 나라' 조선의 남부 지방은 정부에 대한 봉기가 극심했고, 동아시아의 두 강대국인 일본과 중국은 조선의 지배권을 차지하기 위해 대대적인 전쟁 준비를 마친 상태였다. 이 전쟁은 세계사적으로 매우 중요한 의미를 지닌 사건이다. 따라서 중국과 일본 그리고 조선의 정치적·문화적 관계를 이해하기에는 적기였다.

여러모로 조선은 작은 중국처럼 보인다. 다만 현재 중국의 축소판이 아니라 17세기 명나라 시절의 중국인 것 같다. 조선의 문화는 그 단계에 머물러 있다. 따라서 조선은 오늘날 중국과 일본을 이미 알고 있는 이들에게 특히 흥미로운 비교 연구의 기회를 제공한다. 중국과 일본 두 나라와 양 국민에 대한 지식은 조선의 문화와 생활뿐 아니라 전반적인 국가 조직을 이해하는 데 큰 도움이 된다. '고요한 아침의 나라'가 오래전 중국 문화를 일본으로 전달하여 미카도(일본 천황에 대한 옛 칭호) 제국이 독자적으로 발전할 수 있는 초석을 놓는 데 가교 역할을 했다는 점은 의심할 여지가 없다. 오랜 역사를 지닌 조선에서는 만주인이 지배하는 중국 문명이 일본 문명과 첨예하게 대립하고 있는데, 이것이 바로 오늘의 조선을 흥미롭게 만드는 점이다. 하지만 안타깝게도 지금까지 출판된, 거의 외국어로만 쓰인 얼마 안 되는 조선 관련 서적들은 이러한 상황을 다루고 있지 않다. 그 이유는 무엇보다도 저자들이 조선을 직접 방문한 것이 아니라 다른 사람들의 보고를 읽고 책을 썼기 때문일 것이다.

조선에 관한 가장 훌륭한 책 두 권도 예외는 아니다. 그리피스 William Elliot Griffis

의 《코리아: 은둔의 나라 *Corea: The Hermit Nation*》(뉴욕, 1882)와 달레Claude Charles Dallet 의 《조선 천주교회사 *Histoire de l' Eglise de Corée*》(파리, 1874)가 그것이다. 프랑스어로 쓰인 그리피스의 《코리아: 은둔의 나라》는 매우 흥미로운 나라인 조선의 정치, 사회 상황을 명쾌하면서도 적절한 방식으로 묘사하고 있다. 달레의 저서는 조선 인들과 그들의 풍습에 정통한 가톨릭 선교사들의 보고서에 기초하고 있다는 점 에서 높은 가치를 지니는데, 선교사들 중 상당수가 신앙을 지키기 위해 잔혹한 고문을 감내했음은 물론 목숨까지 희생해야 했다. 따라서 지금까지 조선과 관련 된 거의 모든 지식의 원천을 제공하고 있는 달레의 공적은 선교사들의 몫이라 할 수 있다.

전쟁과 조선의 남부 지방에서 일어난 봉기 때문에 조선을 북에서 남으로 종단 하려는 나의 여행 계획에도 차질이 생겼다. 하지만 나는 조선의 여러 도시에 머 물면서 그 주변을 돌아보았고, 달레의 묘사를 현지에서 검토하고 더 보완할 수 있는 기회를 가질 수 있었다. 개인적인 관찰이 이루어질 수 없는 곳에 대해서는 조선 주재 외교관과 관료, 상인, 선교사는 물론이고 조선인에게서도 정보를 얻 어들었다. 조선의 왕과 대신들의 정책과 사법 집행, 그리고 궁궐과 백성들의 생 활과 풍속에 관한 구체적인 사례를 풍부하게 담고 있는 조선 정부의 연도별 신 문 간행본은 새롭고 유익한 정보의 보고였다. 여기에는 조선을 좀 더 심도 있게 연구하는 데에 지침이 될 만한 유익한 정보가 담겨 있으며, 이를 통해 내 눈으로 보고도 믿을 수 없던 일들이 대부분 사실이었음을 확인할 수 있었다. 이 책에서 나는 최대한 충실한 번역으로 필요한 부분의 자료를 인용했다. 통계 자료들은 외교 문서를 토대로 현 상황에 맞게 적절히 보완하였다.

그로브너 클럽, 1894년 11월 런던
에른스트 폰 헤세-바르텍

차례

머리말   004

chapter 1	조선으로	009
chapter 2	부산	016
chapter 3	지방 도시	027
chapter 4	황해를 지나	036
chapter 5	제물포	046
chapter 6	한강에서	056
chapter 7	강화에서 서울로	068
chapter 8	수도 서울	075
chapter 9	왕과 조정	094
chapter 10	왕비와 왕실	110
chapter 11	조선 왕의 장례식	120
chapter 12	중국 황제의 사신단	130
chapter 13	규율 없는 군대	145
chapter 14	정치사회적 상황	153
chapter 15	조선인의 오락	169

chapter 16	조선의 경축일	180
chapter 17	서울 산책	186
chapter 18	여성들의 삶	201
chapter 19	교육제도와 지리인식	210
chapter 20	종교관	222
chapter 21	조선의 치료약과 병자 간호	232
chapter 22	장례의식과 조상숭배	240
chapter 23	재판절차, 감옥 그리고 고문	250
chapter 24	조선의 독특한 점들	262
chapter 25	조선의 유럽인	269
chapter 26	제물포 나들이	276
chapter 27	조선 팔도	284
chapter 28	산업	294
chapter 29	토산품	300
chapter 30	러시아의 관심과 원산	304
chapter 31	조선의 대외 교역	311

옮긴이의 말　315

일러두기

1. 이 책은 Ernst von Hesse-Wartegg, *Korea: Eine Sommerreise nach dem Lande der Morgenruhe 1894* (Dresden & Leipzig: Verlag von Carl Reissner, 1895)를 한국어로 옮긴 것이다.
2. 각주는 일부의 원주(말미에 '—지은이'라고 표시)를 제외하고는 모두 역주이다.

chapter 1
조선으로

―――― 일본의 증기선 회사 '니폰 유센 가이샤日本郵船會社' 소속으로 우리가 탈 배인 겐카이마루玄海丸는 이틀 동안 나가사키에서 대기해야 했다. 도쿄에서 조선으로 갈 중요한 전보를 기다려야 했기 때문이다. 당시는 아주 심각한 시기였다. 전쟁이 터질 거라는 소문이 끊이지 않는 가운데, 도처에서 일본과 청나라의 전쟁 가능성에 대해 얘기했다. 하지만 수년 전부터 무장을 강화해온 섬나라 일본의 수뇌부에게 이 전쟁은 이미 오래전에 결정 난 사실이라는 것을 아는 사람은 없었다. 평소 니폰 유센의 증기선은 정기적으로 운행되고 있었다. 일본 정부와 맺은 계약에 따라 이 회사는 소유한 증기선을 정부에 임대할 수 있었으며, 이 계약은 부분적으로는 이미 실행되고 있었다. 왜냐하면 일본 외무성 관리가 겐카이마루의 갑판에 올라선 다음에야 조선을 향해 닻을 올릴 수 있었기 때문이다.

선장은 독일 홀슈타인 지방 출신의 톰젠이었다. 그는 매우 성실하고 쾌활한 사람이었는데 그날따라 심각한 얼굴로 함교의 계단을 뛰어 올라왔다. 상하이에서부터 시작된 태풍이 황해와 조선 해협을 거쳐 북상하고 있다는 전보가 해상청으로부터 날아들었던 것이다. 태풍이라니! 그것은 우리가 전혀 원치 않은 것이었다. 세상에서 동아시아 해상의 사납게 날뛰는 폭풍만큼 끔찍한 것도 없다. 태풍이 한번 휩쓸고 지나가면 수백 척의 선박이 산산조각 나곤 했다. 따라서 중국과 일본의 정크선은 물론, 대피 시설을 잘 갖춘 나가사키 항에 정박 중인 증기선조차 출항을 연기하는 것이 낫다고 생각했다. 태풍이라! 조선 해협에 자리 잡은 수많은 섬과 암초 사이에서 이보다 더 큰 낭패가 어디 있을까? 나가사키에서 부산항까지는 120마일에 불과하며, 항해 시간도 보통 열두 시간을 넘지 않는다. 그러나 폭풍이 불어닥쳐 배가 고토 군도에 있는 어떤 황량한 섬으로 떠밀려가게 된다면, 시간은 두 배, 아니 그 이상이 소요될지도 모른다. 그럼에도 우리가 탄 배는 닻을 올렸다. 이제 계획을 취소하기는 불가능했다. 선장은 구명정을 선체에 단단히 묶고 해치를 닫도록 명령하는 한편, 태풍에 대비해 만반의 준비를 갖추도록 지시했다. 우리는 열 명 남짓 들어갈까 말까 한, 공기도 빛도 통하지 않는 조그만 선실 안에서 가쁜 숨을 몰아쉬어야 했다. 선실을 둘러싸고 있는 복도와 선실 입구, 회랑은 200명도 넘는 일본인 인부들로 북적거렸다. 이들은 일본 정부가 조선에서 부리기 위해 고용한 자들이었다. 무엇을 위해? 우리는 이들이 일본의 조선 침략 부대를 위한 짐꾼 역할을 했을 것이라고 짐작해볼 따름이었다. 코앞에서 이들을 보는 것은 결코 유쾌한 일이 아니었다. 몸에 걸친 거라곤 허리에 두른 아마포가 전부인 일본인 인부들이 선실을 에워싸고 있는 바람에, 침실로 갈 때마다 이들의 벌거벗은 몸뚱이와 다리를 조심스럽게 넘나들어야 했다. 단순무식한 인부들이 허리에 걸친 천 조각마저 벗어던진 후 씻고, 놀고, 먹고 마셔대며, 밤새 소란을 피우는 통에 잠을 잘 수 없었다. 외교관 전용을 제외하고는 일등 선실에도 화장실이 없었지만 일본인 승객들은 개의치 않았다. 그러니 유럽 여성이라면 몸에 밴 윤리관을 벗어던지지 않고서는 일본 증기선에 승선하는 것은 꿈도 못 꿀 일이다. 일본 신사들은 유럽인에게 개방된 나가사키와 같은 항구에 체류하는 동안은 우리와 똑같이 뻣뻣한 소매와 높은 옷깃을 단 유럽식 의상을 입었다. 하지만 배가 항구를 벗어나자마자 이들은 유럽식 정장을 벗어던지고 알몸에 일본 전통 의상인 기모노를 걸쳤다. 기모노 차림으로 똑바로 서 있는 모습이 마치 토가^{toga}를 두른 로마제국의 원로원 의원처럼 보였다. 하지만 자리에 앉거나 누워 있을 때, 또는 몸을 움직일 때마다 옷자락이 말려 올라가면서 팔과 다리는 물론 은밀한 부분까지 노출되었기 때문에, 유럽인 승객들은 겁을 먹고 불안해질 정도였다. 일본인의 피부색은 비교적 밝았기 때문에 이와 같이 점잖지 못한 모습은 한층 더 혐오스러웠다. 만약 갈색이나 검은색 피부였다면 그렇게까지 눈에 거슬리지는 않았을 것이다. 검은 피부는 그 자체가 의상이나 다름없다. 그런 이유로 나체의 흑인이 반라의 일본인보다 무례하게 보이지 않는 것이다.

  선장과 일등, 이등 항해사를 제외하면, 우리가 승선한 증기선의 승무원들은 작고 강인한 체구를 가진 일본인이었다. 얼마 안 되는 이 유럽인들도 곧 사라질 운명에 처해 있다. 왜냐하면 몇 년 안에 모든 배의 통제권이 완전히 일본인의 수중에 들어가게 될 것이기 때문이다. 일본인은 항해 기술이 뛰어나고 요리에서도 고유한 문화를 가지고 있음에도 불구하고 중국인을 고용하고 있다는 점이 내 눈길을 끌었다. 내가 승선한 배에도 중국인이 선실 업무를 맡고 있었다. 내가 이에 대해 묻자 중국인이 일본인보다 더 적극적이고 정직하며 믿을 수 있다는 대답이 돌아왔다. 말라카 해협에서 필리핀과 쿠릴 열도에 이르는 동아시아 전체에서 중국인은 믿음직스러운 하인이자 최고의 요리사이며 보모다. 극동에 거주하는 유럽 여성들도 중국계 가정부와 보모를 선호하는데, 이러한 믿음이 어긋나는 경우는 거의 없다.

  선상에서 주위 경관을 둘러보는 동안 배는 고토 군도에 위치한 아름답고 높은 바위섬을 지나 탁 트인 바다로 나아갔다. 조금만 바람이 불어도 파도가 무섭게 일렁였다. 우려했던 태풍이 지나갔다는 표시였다. 배가 심하게 요동을 쳐 항해가 그리 편하지는 않았지만, 다행히 위험한 상황은 피할 수 있었던 것이다. 증기선 후미에는 거센 파도로 배가 출렁거릴 경우 싣고 가기 매우 힘들어지는 화물도 보관되어 있었다. 나가사키는 꽃보다는 분재에 관심이 있는 최고의 중국인 정원사들이 모여 있는 곳으로 유명하다. 이들은 다양한 종자의 침엽수를 각양각색의 분재로 만들어 베이징이나 톈진 또는 상하이의 고급 관리와 부유한 상인에게 팔았다. 내가 탄 증기선에도 분재가 100여 개쯤 선적되어 있었는데, 나선형도 있었고 배나 꽃바구니 또는 사람의 형상을 한 것도 있었다. 모두 50센티미터를 넘지 않았고, 섬세하게 제작된 도자기 화분에 식재되어 있었다. 중국인들은 이 고가의 분재를 꼭 붙들어 단단하게 묶었지만, 폭풍으로 인해 가지가 부러지고 화분이 깨지는 큰 피해를 입었다. 앞에서 이야기했듯이 조선과 중국행 증기선에서는 숙련된 중국인 조리사가 유럽식 요리를 제공하지만, 일본의 지역 노선에서는 일본식 메뉴가 제공된다. 일본의 평상시 식단, 즉 소금간이 되어 있지 않은 밥과 삶은 채소 뿌리 그리고 기름진 생선을 먹어본 사람이라면, 내가 무슨 말을 하려는지 알 것이다. 식사 때마다 우리는 동료 여행객인 짐꾼들의 왕성한 식욕에 혀를 내둘렀다. 그들은 작은 나무젓가락으로 엄청난 분량의 밥을 입안에 잔뜩 밀어 넣은 다음 씹지도 않고 그대로 삼켜버렸다. 사이사이 생선이나 삶은 채소 뿌리를 먹고 물도 마셨다. 일본 승객들 역시 일본식 식단을 즐겼지만, 우리와 같은 식탁이 아니라 자신들의 선실에서 먹었다.

배는 여섯 시간가량이나 끔찍하게 요동 친 뒤에야, 조선 해협의 중간에 있는 두 개의 커다란 쓰시마 섬에 안전하게 도착했다. 이 섬을 경계로 크루젠슈테른Krusenstern 해로와 브로턴Broughton 해로가 나뉜다. 증기선은 이 아름다운 일본령 섬에 있는 주요 항구인 이즈하라에 정박하지 않고 계속 항해했다. 다음 날 아침, 우리 눈앞에 세계에서 가장 폐쇄적인 나라, 조선의 해안 풍경이 펼쳐져 있었다. 하지만 얼마나 실망스러웠는지 모른다! 멋지고 푸르고 풍요롭게 개간된 일본의 해안가와 달리 이곳 조선에는 마치 이방인의 접근을 막기 위해 세워진 거대한 장벽처럼 황량하고 풀 한 포기 없는 단단한 암석만 치솟아 있었다. 황량하다 못해 슬픈 느낌이 드는 해안을 따라 수 킬로미터 거슬러 올라가는 동안 작은 마을은 물론 어부의 오두막 한 채 보이지 않았다. 낙원과 같은 일본과 비교할 때 너무나 대조적인 풍경이었다! 조선과 일본은 작은 해협을 사이에 두고 있을 뿐이다. 조선의 정남향 해안은 일본의 내해와 동일한 위도에 위치한다. 하지만 나는 지금 쿠릴 열도나 알류샨 열도의 가파른 돌투성이 해안 어디쯤에 있는 것 같다! 아마 다른 승객들도 나처럼 세계에서 가장 아름다운 바다라는 일본의 내해를 고베에서 나가사키까지 항해한 기억을 떠올리고 있었을 테니, 세상의 그 어떤 곳에서도 조선의 이곳에서처럼 형언할 수 없는 슬픈 인상을 받지는 않았을 것이다! 일본의 내해에는 다양하게 생긴 크고 작은 섬들이 거울처럼 매끄러운 푸른 바다 속에 잠겨 있다. 하늘로 치솟은 암석 위에는 마치 정원사의 손길이 닿은 듯 송백나무 군락이 다양한 모습으로 서 있고, 경이로운 모양으로 휘어진 나뭇가지들은 가볍게 바위를 때리는 파도의 입맞춤을 받고 있다. 나무 그늘 속에는 일본의 신들을 모신 조그만 신사神社가 잠들어 있고, 타는 듯한 붉은빛을 한 신사의 문이 광채를 발하며 눈이 부시도록 하얀 석상과 석등에 둘러싸여 있다. 완만한 계곡에 자리 잡은 매혹적인 작은 마을은 깨끗하게 정돈된 목조 주택으로 가득 차 있다. 마을 앞 해안선을 따라 깨끗이 청소한 하얀 선박들이 역시 흰 돛을 단 채 몸을 흔들고 있다. 땅 곳곳에 문화가 깃들어 있으며, 세심하게 담장을 두르고 역시 세심하게 개간한 들판은 이 행복한 섬사람들이 이곳에 쏟아 붓고 있는 애정과 부지런함을 보여준다. 이를테면 그곳은 동아시아의 파이아케스인◆이 살고 있는 고전적인 이상적 풍경이다. 지금까지 내가 여행한 모든 대양 중에서 가장 경이롭고 사랑스러운 풍경에 대한 기억은 아직까지도 내 가슴을 뒤흔들곤 하는데, 다시 그곳으로 돌아가 남은 삶의 여정을 보냈으면 하는 소망이 있다. 그런데 지금은 조선의 살벌한 바위 해안이 정면에서 우리를 노려보고 있다! 그렇게 보고 있자니 최악의 야만 국가라는 평판을 받고 있는 이 반도국에 대한 경악과, 일본과 조선 양국 사이에 있었던 참혹한 전쟁들과, 이전 수 세기 동안의 유혈 전투 그리고 조선의 통치자가 불과 10여 년 전에 천주교 신자들을 학살한 피바다에 대한 상념이 찾아들었다. 수천 명이 끔찍하게 처형되고 학살되었으며, 갈가리 찢어진 그들의 육신은 가톨릭 신부들의 유해와 함께 경고의 표시로 여러 지방에서 효수되었다! 문명의 숨결이 저 멀리 있는 중국에까지 이미 스쳐간 지금, 바로 그 문명과 외부 세계로부터 철저히 차단된 채 조선의 왕들은 우리의 중세와 같은 비극적 상황에 자신의 나라를 묶어두기 위해 애쓰고 있으며, 백성들이 해안에 정착하는 것조차 금지했다. 이웃나라와

◆ 오디세우스가 표류하다 도착한 파이아케스 섬의 주민들.

의 교류가 금지되자, 해안가에 건설되었던 도시와 촌락들은 파괴되었고, 거주민들은 내륙으로 이주해야 했다. 이것이 바로 오늘날 조선의 해안에서 사람이 사는 흔적을 볼 수 없는 이유다.

바다 한가운데에 우뚝 솟은 다섯 개의 바위를 가리키는 선장의 손짓이 나의 상념을 깨웠다. 선장은 바로 저곳이 부산항으로 들어가는 입구라고 설명했다. 와이트 섬(영국 남단)에 우뚝 솟은 암석이나 리우데자네이루 만에 있는 암초들처럼, 이 돌로 된 파수꾼은 적막하고 평화로운 부산의 내항 앞에 자리 잡고 있다. 그 옆을 스쳐 지나가며 우리는 멀리서 일본인 거주지의 하얀 가옥들을 보았고, 곧 그곳에 안전하게 정박했다. 오늘날 이 먼 바다에서 유럽인이 편안하게 여행을 즐길 수 있다는 것은 행운이다. 이는 최근 20년 사이에 있었던 가장 눈에 띄는 변화 중 하나다. 여행하고자 하는 곳이 동아시아의 외딴 해안이든 대양의 외로운 섬이든, 이제 사람들은 유럽인과 함께라면 그럭저럭 괜찮은 증기선을 만날 수 있다. 유럽인은 마치 문명의 개척자처럼 우리의 고향인 유럽 대륙의 중심지들과 지구 반대편에 있는 먼 나라의 원주민을 이어주고 있는 것이다.

chapter 2

부산

---- 지난 몇 달 사이에 조선의 남해안에 위치한 작은 항구 도시 부산은 유명세를 타게 되었다. 1894년에 일어난 청일전쟁이 아니었다면 결코 있을 수 없는 일일 것이다. 신문 독자들은 말할 것도 없고 유럽의 지리학자 중에 그해 전반기의 부산에 대해 조금이라도 알고 있던 사람이 과연 몇이나 될까?

동아시아의 역사, 특히 일본사에 정통한 사람만이 일본이 수 세기 전부터 대개 부산을 기점으로 해서 대륙 국가에 대한 괴멸적인 침략을 시도했다는 것과, 연이은 실패와 좌절 끝에 지난 수십 년 동안 부산에서 확고한 발판을 마련했다는 사실을 알고 있었다. 일본은 필사적으로 부산에 매달렸는데, 평화를 원했던 조선의 왕은 부산을 일본에 양도했다. 그 형식은 일본령 지브롤터◆와 같은 것이 아니라 허가받은 무역 식민지 같은 것이었다. 일본인은 쌀과 콩, 갖가지 생선류와 같은 먹을거리와 자국 산업을 위한 자개용 진주조개 껍데기를 필요로 했다. 부산에 자리 잡은 일본인들은 이런 품목들을 일본에 공급했는데, 그 때문에 조선인에

◆ 영국이 이베리아 반도 남부에 위치한 지브롤터를 점령하고 있는 것을 빗댄 표현.

게 매우 나쁜 대접을 받아야만 했다. 그들은 부산 성문 바깥의 아주 작은 지역에 거주하면서 조선인의 엄격한 감시를 받았다. 이들에게는 1년에 두 차례 사찰 방문을 목적으로 부산에 들어가는 것이 허가되었다. 이와 반대로 조선인은 일본인 거리인 니혼마치日本町를 마음대로 돌아다닐 수 있었다.

1876년이 되어서야 비로소 부산항이 일본인에게 개방되었지만 조선의 왕에게 조차료를 지불하는 조건이었으며, 1894년이 된 지금도 정기적으로 그렇게 하고 있다. 조차료는 1년에 1제곱미터당 1전錢으로, 대략 수백 달러에 이르는 금액이다. 세계에서 가장 큰 선박 회사 중 하나인 니폰 유센 가이샤에 속한 증기선은 14일마다 부산에 들어온다. 러시아인들도 블라디보스토크-상하이 노선의 증기선을 한 달에 한 번꼴로 부산에 기항시킨다. 그 밖에 일본의 범선과 정크선이 부산에 들어온다. 하지만 올 봄 일본 전함이 그렇게 빨리 부산에 침략 부대를 상륙시키리라고는 아무도 예상하지 못했을 것이다. 6월 말, 내가 나가사키에서 출발해 난생처음 조선 영토인 부산에 도착했을 때, 일본인 '거주지'는 군비로 무장하고 있었다. 가는 곳마다 총검이 번쩍였고, 공터에서는 일본군이 군사훈련을 하고 있었다. 일본 상인의 가게에서는 작고 매력적인 아가씨들이 포병들과 기병들 그리고 보병들을 친절하게 맞아들였다.

항구에서 보면 부산은 생각했던 것보다 아주 괜찮고 더 예쁘며 친근하게 보인다. 하지만 그 이유는 간단하다. 여행자가 보게 되는 부산은 조선이 아니라 철저하게 일본의 항구이기 때문이다. 이곳에는 이웃 쓰시마와 규슈에서 건너온 5천 명가량의 갸름한 눈을 가진 작은 키의 남자와 여자들이 거주하고 있다. 깔끔한 목조 가옥이 들어선 거리는 항구를 따라 층층이 위쪽으로 이어지며, 사이사이에 작은 정원과 나무가 무성한 작은 언덕이 자리 잡고 있다. 일본에 대해 아는 사람이라면, 이 언덕의 높은 나무 그늘 아래에 신사의 붉은 문과 석등이 배치된 일본 사원이 잠자고 있다고 생각할 것이다. 보이는 것이 죄다 일본풍이지만 자연만은 그렇지 않다. '거주지'의 뒤편과 양 옆에는 초목이 불에 타 민둥산이 된 산줄기가 솟아 있는데, 들판도 없고 숲도 없어 황량하기 짝이 없고 사람도 살지 않는 것 같다. 일본의 항구에서는 중국에서 맹위를 떨치고 있는 흑사병 때문에 툭하면 항구 감독관과 의사가 방문하곤 했는데, 여기서는 아무도 우리에게 신경 쓰지 않았다. 몇 척 안 되는 조선 나룻배만이 일본인 승객을 육지로 데려가기 위해 다가왔다. 배 안의 무리들은 가운과 비슷한 하얀 면직 웃옷과 바지를 입고 있었고, 수염 난 음울한 얼굴에 거칠어 보였으며, 힘이 세 보이는 외모와 큰 덩치가 일본의 작고 친절한 소인들과 기묘한 대조를 이루었다. 마치 그들이 사는 나라가 낙원 같은 섬나라인 일본과 확연히 대비되는 것처럼 말이다. 마침내 증기선 회사 직원과 함께 중국 세관원이 배 위로 올라왔다. 그제야 선장은 우리에게 이곳에서 하루를 체류해야 할 것 같으니 육지에 가도 좋다는 말을 했다. 중국 세관원은 독일인이었다. 조선의 모든 세관 업무는 중국의 통제를 받는다. 따라서 부산 역시 베이징에서 관리하며, 관세청장을 비롯한 공무원은 모두 유럽인으로, 대부분이 영국인과 독일인, 덴마크인이다. 이들 중 일부가 조선에 파견된 것인데, 부산의 세관 감독은 영국인이며, 부하 직원들은 독일인과 덴마크인이다. 이들은 바깥세상에 대한 정보를 얻기 위해, 바다에 떠 있는 유럽 문명의 일부분인 우리의 증기선으로 올라왔다. 불쌍한 사람들 같으니! 이들은 부산이 아주 편안한 체류지라고 장담했지만, 나는 그들과 이야기를 나누면서 이곳에 묻혀 지내는 다섯 명의 유럽인이 애처로운 주거지에서 얼마나 지루해하고 있는지를 곧바로 알아챌 수 있었다. 일본 소속 우체국이 이들에게 고국에서 이곳까지 대략 7주에서 8주가 소요되는 편지와 신문을 14일마다 전해준다. 이들의 생필품은 일본산이었는데, 신선한 고기나 과일, 채소 등을 원할 경우 이런 물품을 14일에 한 번씩 증기선 승무원에게서 구입해야 했다. 그들 대부분은 도시 남부에 있는, 나무도 없고 덤불도 없는 '선교사 힐'이라고 불리는 언덕에 살고 있다. 그곳에는 미국 선교사와 캐나다 선교사 몇이 힘을 모아 지은 제대로 된 아름다운 집이 있었다. 다만 동아시아의 다른 곳과 마찬가지로 여기에서도 현지인들과의 왕래는 거의 없는 편이다.

홀츠 씨와 린트슈트룀 씨는 자신들의 배로 나를 육지로 데려다주는 호의를 베풀었다. 세관은 20여 척의 어선이 닻을 내리고 있는 조그만 방파제와 인접해 있다. 우리 일행은 세관으로 가기 위해 호기심으로 가득 차 몰려든 조선인, 중국인, 일본인 사이를 헤쳐 지나가야 했다. 얼마나 흥미로운 모습이었는지! 흔히 유럽에서는 이들 세 민족을 일괄해서 다루는 경향이 있는데, 실제로 이들은 서로 얼마나 다른지 모른다! 한곳에서 살고 있음에도 불구하고 각자의 고유한 특징을 간직하고 있으며, 물과 기름처럼 섞이지 않는다. 서로 교류하지도 않고, 오히려 피하고 증오한다. 이들은 함께 모여 있어도 한눈에 완전히 다른 인종이라는 것을 알 수 있다. 째진 눈에다 마른 체격을 가진 황색 피부의 중국인이 작고 단단하며 잽싼 일본인과 구분되듯이, 어두운 피부의 건강한 조선인 역시 일본인과 확연히 구별된다. 굳이 비교하자면, 적어도 부산과 반도의 남부 해안 전역에 살고 있는 조선인은 아무르 지역의 타타르인을 떠올리게 한다. 서부 해안이나 내륙의 조선인과는 달리, 이 지역의 조선인은 어쩌면 타타르인과 같은 종족일지도 모른다.

그런데 여기 부산에서 조선인과 중국인은 도대체 어디에 살고 있는 것일까? 나가사키나 시모노세키처럼 거리가 깨끗하고 아름다운 일본인 거주지에서 살지는 않을 테니 말이다. 일본인 거주지는 철저하게 일본식이다. 종이창과 미닫이 종이 벽이 설치된 목조 가옥들, 문을 활짝 열고 유명한 일본식 잡동사니를 판매하고 있는 가게들, 조그만 체구에 깜찍하고 사랑스러운 아가씨가 샤미센◆을 연주하며 친절한 미소로 손님을 유혹하는 찻집들. 우체국도 일본식이고, 도시 행정 역시 마찬가지다. 도시 행정을 쥐고 있는 사람은 도시 뒤편의 숲이 있는 언덕에 위치한 아름다운 유럽풍의 건물을 소유하고 있는 일본 영사다. 그는 영사직 외에도 시장과 판사, 경찰직을 겸하고 있다. 마치 아서 설리번Arthur Seymour Sullivan, 1842~1900◆◆의 오페레타 〈미카도〉에 나오는 대신처럼 말이다. 그의 '거주지'에서는 그 외에는 누구도 발언권이 없다. 다만 경찰관의 수행을 받는 조선의 시청 관리가 하루에 한 번씩 '감시'를 위해 거리를 오갈 뿐이다. 이 시청 관리는 서울에 있는 조선 정부가 임명한 인물로, 대부분의 그의 동료가 조선 전역에서 행하고 있는 것과 비슷한 방식으로 부하 직원을 착취한다. 사소한 예를 하나 들어보자. 나는 조선의 국기를 하나 구입하려고 했는데, 앞에서 언급한 그 관리만이 국기를 취급한다고 했다. 결국 나는 그가 근무하는 관청에서 면 쪼가리에다 벽돌색과 타르를 마구 칠해 깃발을 그려놓은 것을 비싼 값을 주고 구했다. 내가 세관원에게 그 이야기를 하자, 그는 나에게 조선 정부가 일정한 액수를 받

◆ 전국시대 이후 일본에서 만들어 연주한 현악기의 일종.
◆◆ 영국의 작곡가. 극작가 윌리엄 길버트William S. Gilbert와 함께 '길버트와 설리번'이라는 이름으로 많은 오페레타를 작곡했다.

고 이 관리에게 부산의 국기 판매 독점권을 넘겨주었다는 사실을 알려주었다. 이 관리는 일부러 질이 나쁜 국기를 만들었고, 모든 선박에 이 깃발을 달도록 명령했다. 소나기가 한차례 퍼붓거나 악천후를 만나기만 해도 깃발은 완전히 망가져버렸기 때문에 사람들은 새것을 사서 달아야 했다. 이런 식이니 깃발 독점 사업은 짭짤한 장사가 되었다. 일본 영사의 통제를 받는 일본인들은 그나마 상황이 나았다. 일본인 거주지에는 가로등이 있고, 상업회의소, 그리고 세 명의 의사가 근무하는 병원이 있었다. 의사 중에는 독일에서 박사 학위를 취득한 사람도 하나 있었다. 부산의 일본인 거주지에서 가장 큰 볼거리는 어시장으로, 그곳을 찾느라 헤맬 일도 없다. 왜냐하면 이 구역 전체가 지독한 악취를 풍기기 때문이다. 어느덧 이곳, 한쪽이 경사진 지붕 아래와 포장이 깔린 노천 어시장에 부산의 부(富)가 자리를 잡았다. 쌀과 콩, 모피, 해산물이 주요 수출 품목이다. 내가 어시장에 도착했을 때, 건장한 조선인들이 막 육지로 끌어올린 커다란 생선들을 다른 사람들이 처리하고 있었다. 몇 명의 일본인이 생선 꼬리와 지느러미를 쳐냈고, 다른 사람들은 피가 흐르는 토막 난 생선을 햇볕에 말리기 위해 양지바른 곳으로 운반했다. 자세히 살펴보니, 커다란 생선은 다름 아닌 상어였다! 부산 만에는 이 탐욕스러운 바다의 하이에나들이 우글대고 있는데, 중국인과 일본인은 상어 지느러미를 별미로 치므로 상어잡이는 꽤 돈 되는 일이었다. 상어가 대규모로 출몰하는 것은 조선의 남해안 전역에 해삼이 대규모로 서식하고 있기 때문인데, 상어 역시 사람처럼 해삼 사냥을 즐긴다. 나는 세관에서 부산의 주요 수출 품목인 이 기묘한 바다달팽이가 산처럼 쌓여 있는 것을 보았다. 마치 잘못 만들어진 블루트부르스트^{Blutwurst}♦처럼 생긴 그것은 손가락보다 길고 손가락 두 개 굵기에다 혹이나 사마귀처럼 생긴 것으로 뒤덮여 있다. 머리와 꼬리는 둥글둥글한 모양이라 앞뒤를 구분하기 힘들다. 이 구역질 나는 동물을 말리거나 훈제하면 검은색에 가까워진다. 이렇게 해서 중국과 일본으로 수출되며, 특히 폐질환이 있는 사람에게 좋다고 한다.

어시장에서 돌아오는 길에 다른 곳에서는 통 볼 기회가 없던 아녀자들 20명가량과 마주쳤다. 얼굴 생김새를 보면 일본 여인이었지만, 나는 일본에서 그렇게 체격이 장대하고 건강하며 햇볕에 피부를 그을린 아가씨들을 본 적이 없다. 모두 스무 살이 안 되어 보였다. 노출된 풍만한 가슴과 옆이 터진 짧은 치마를 입은 모습이 강렬하고 색다른 매력을 발산했다. 누군가 나에게 해녀들이라고 알려주었다. 부산의 주요 무역 품목 중 하나는 진주조개다. 조선인은 아주 딱딱한 조개도 날것으로 먹거나 햇볕에 말린다. 말린 조개는 일본이나 중국에 가면 아주 고가에 판매되는 진미다. 조개 1피쿨^{Picul}, 즉 65킬로그램은 수출항에서 26~30달러에 거래된다. 조개껍데기는 배편으로 런던이나 함부르크로 수출되고, 여기서 다시 보헤미아의 진주조개 연마공장으로 보내진다. 많은 일본인이 진주조개를 채취하기 위해 잠수 용구를 착용하고 바닷속으로 들어간다. 그러나 부산에 있는 100여 명가량의 일본 여자들은 잠수 용구 없이 물속에서 몇 분 동안 잠수하며 작업을 하는데, 다시 수면으로 떠오를 때면 조개를 품고 나온다. 잠시 후 나는 돌아오는 길에 입과 손은 물론 발가락 사이에도 조개를 끼우고 수면 위로 솟아오르는 여자들을 보았다! 세상 그 어느 곳에도 부산의 이 아가씨들보다 더 잘 훈련된 해녀는 없을 것이다.

◆ 돼지고기와 선지로 만든 검은색 소시지.

약 8천 명의 부산 어부들이 2천여 척의 배에서 일하는데, 돌고래와 고래도 잡는다. 상어의 지느러미와 몸통까지 꺼리지 않고 먹는 조선인은 돌고래와 고래 고기를 먹는 데에도 주저함이 없다. 어부의 평균 수익은 연간 200달러에 달하는데, 이는 부산의 일본인 구역에서 누더기를 걸친 채 일하는 짐꾼보다 더 많은 수입이다.

부산의 짐꾼들은 전부 조선인이며, 도시와 항구의 모든 짐 수송을 중개한다. 말과 소가 짐 수송에 이용되는 일은 드물다. 그 이유는 여러모로 볼 때 말은 말할 것도 없고 당나귀조차도 초라하고 더러운 것이 잔뜩 묻었지만, 건장하고 힘센 장정들보다 비싸기 때문일 것이다. 헝클어진 적갈색 머리카락과 덥수룩한 수염에 모자도 없고 맨발이며, 근육질의 몸을 너덜너덜한 목면 웃옷과 누더기나 다름없는 바지로 가린 채, 이들은 지게를 옆에 끼고 자신들의 유일한 거주지나 다름없는 세관 벽을 따라 쪼그리고 앉아 있다. 한낮이면 이곳에서 햇볕을 쬐다가, 밤이 되면 비가 오든 말든 개의치 않고 잠을 청하기 위해 그 자리에 몸을 눕힌다. 이들에게 유일한 즐거움은 아마도 잠자는 시간을 제외하고는 입에서 한순간도 떼지 않는 파이프 담배일 것이다. 일을 할 때조차 긴 담배 파이프가 그들의 이 사이에서 골무 크기만 한 머리를 흔들어대고 있으니 말이다. 가장 가난한 이들조차 가죽 허리띠를 차고 있는데, 담배 주머니와 '엽전'이라고 불리는 철과 구리로 된 주화를 담는 주머니가 허리띠에 매달려 흔들거린다. 그들은 하루에 두세 번 살짝 데친 해초나 커다란 조선 감자 또는 콩을 한 그릇 사서, 말린 생선과 곁들여 먹는다. 또는 직접 잡은 신선한 생선을 고춧가루로 양념을 해 날로 먹기도 한다. 이들은 그야말로 당나귀와 같은 인내심과 힘으로 믿기지 않을 만큼 많은 짐들을 운반하는데, 기이하게도 가장 흔한 짐 중 하나가 돈이다. 일본인 거주지에서도 가장 많이 유통되는 주화가 조선의 동전인데, 이것이 조선에서 유일한 주화이기 때문이다. 현재 환율로, 6킬로그램(!)의 무게에 달하는 엽전 6천 개가 1달러에 해당한다. 그러니까 수백 달러짜리 물건을 사려면 한 무리의 짐꾼을 고용해 돈을 실어 날라야 한다. 엽전은 가운데 구멍이 나 있어서, 지푸라기를 엮어 만든 끈으로 주화를 끼운다. 부산에서 만난 조선인 가운데 두세 명 중 한 명은 어깨 위에 긴 소시지 모양의 돈꾸러미를 걸치고 있었다. 일본이 조선에 은화를 도입한다면, 부산과 조선 전역의 가난한 짐꾼들은 주요 수입원을 잃게 될 것이다!

　누군가 나에게 부산과 그 주변에 살고 있는 조선인의 비참한 생활은 그들 스스로 초래한 것이라고 이야기해주었다. 원하기만 한다면 그들은 좀 더 많은 돈을 벌 수 있고, 더 편안한 생활을 할 수 있다는 것이다. 하지만 이들은 관리들이 도둑이나 다름없다는 사실을 잘 알고 있고, 애써 돈을 모아봐야 이들에게 강탈당할 것이라고 생각했다. 그러니 생활비와 담뱃값 이상으로 돈을 벌 필요가 있겠는가? 실제로 푼돈이라도 남으면, 은밀한 곳에 숨기거나 땅에 묻는다. 부유한 상인들조차 이런 방법을 사용한다. 하지만 돈을 숨겼다가 발각되었는데도 바치기를 거부하면, 대부분 전 재산을 몰수당한다. 이들은 자기들끼리도 그렇지만 낯선 이방인에게도 매우 정직하다. 절도와 강도는 비교적 드물며, 살인은 더더욱 찾아보기 힘들다. 지난 5년간 전체 구역에서 살인은 두 건밖에 없었다. 살인자는 머리가 잘리는 처벌을 받았다.

　상점과 창고가 밀집한 니혼마치에는 다양한 사람들이 몰려드는데, 중국인들도 있었고, 긴 잠옷같이 생긴 흰옷을 입고 커다란 검은 모자를 써서 제대로 갖춰 입은 조선인들도 보였다. 하지만 일본인 거주지에서는 중국식 주택이나 조선식 주택을 단 한 채도 보지 못했다. 이들은 어디에 사는 것일까?

　세관에서 알게 된 친구가 내 궁금증을 풀어주었다. 부산은 다섯 개 지구로 이루어져 있으며, 그 다섯 개 지구 가운데 우리가 있는 이곳, 즉 부유한 백성이라는 뜻을 가진 '부민富民'이 가장 어울리지 않는다고 했다. 여기는 단지 일본의 무역 식민지인 것이다! 항구에서 누군가 나를 보며 북서쪽으로 대략 30분 거리에 있는 높고 가파른 민둥산을 가리켰다. 바로 그곳이 일본인은 스토드지아Stodzia라고 부르고, 조선인은 부민동富民洞이라고 부르는 유서 깊은 옛 부산이라고 했다. 나는 그 산비탈에서 도시는 고사하고, 집 한 채도 찾아볼 수 없었다. 물론 대기가 아주 맑았던 것은 아니지만, 도시라는 이름에 걸맞으려면 3킬로미터가 넘는 거리에서도 알아볼 수 있어야 하지 않을까? 나는 망원경을 통해서 비로소 가파른 산비탈 중간, 즉 파도가 부서지는 해안가 위쪽 높은 지대에서 무언가를 발견했다. 그것은 산과 색깔이 비슷한 초라한 흙벽과, 마찬가지로 산과 거의 분간할 수 없는 초가지붕이었다. '도시'와 그 주변에는 푸른색이라곤 찾아볼 수 없었고, 나무도, 풀도, 정원도, 초지도 없었다. 단지 불규칙적으로 빽빽하게 들어선 진흙집들의 혼돈만이 있었다! 이곳이 부민동이었다! 누군가 나에게 일본인 거주지 동남쪽의 선교사 힐 너머에 위치한 자울린*이라 불리는 두 번째 지역을 가리켰다. 그곳엔 중국인 거주지가 들어서 있었고, 그 지역을 총괄하는 영사도 살고 있었다. 나는 좀 더 떨어진 곳에서 폐허가 된 옛날 요새를 둘러싸고 있는 세 번째 지구를 보았다. 그곳은 구관舊館**이라고 불리며, 조선인이 거주한다.

◆　초량草梁을 뜻하는 듯함.
◆◆　1607년 두모포왜관이 설치되었다가 1678년 초량왜관(현 용두동 일대)으로 옮기면서 두모포왜관이 있었던 곳을 부르던 이름. 고관古館이라고도 한다.

2장　부산　025

이 근처에 마지막 지역, 즉 조선인들이 사는 본래의 부산이 자리 잡고 있다.

　이렇게 서로 판이하게 다른 다섯 군데의 해안 지역을 손수레가 다닐 만한 길이 이어준다. 선상에서 보고 있자니 기다랗고 하얀 옷을 입은 조선인들이 모습을 드러냈는데, 그것은 스산한 느낌마저 들게 했다. 육지 맞은편에는 300미터에 이르는 크고 가파른 민둥산이 온 섬을 덮고 있는 영도影島라고 불리는 섬이 있는데, 독일어로 풀이하면 '매혹적인 전망을 가진 섬'이라는 뜻이다. 그곳에도 해안 가까이에, 중국이나 일본에서는 볼 수 없었던 초라한 흙집들로 이루어진 작은 조선인 거주 지역이 있다. 부산을 형성하고 있는 이 다섯 지역의 총 거주 인구는 대략 3만 명에 이르며, 이들은 대부분 고기잡이나 보잘것없는 무역에 의존해서 살아가고 있다. 이곳이 조선에서 두 번째로 큰 항구이자 최근에 그토록 자주 사람들의 입에 오르내린 부산인 것이다!

chapter 3
지방 도시

----　　조선 땅과 그곳에 사는 사람들을 알기 위해 이 나라를 찾은 여행자에게 부산은 엄청난 실망을 안겨준다. 그 이유는 조선에서 두 번째로 큰 항구가 조선의 영토라는 것을 제외하고는 조선과 아무런 연관도 찾아볼 수 없는 철저한 일본 도시이기 때문이다. 볼 만한 것이 별로 없어 둘러보는 일이 금방 끝났고, 정박 중인 우리의 우편선 역시 저녁 늦게야 제물포와 톈진으로 출항할 예정이었기에, 나는 부산 주변에 있는 조선 지역을 돌아보기로 했다. 가능하면 감영 소재지인 동래까지 말을 타고 갈 예정이었다. 하지만 조선인과 어떻게 의사소통할 것이며, 또 말을 어떤 식으로 몰 수 있을까? 나는 부산에서 우리와 같은 배에 탄 승객 가운데 조선어를 할 줄 아는 일본인을 찾아냈지만, 그와의 의사소통을 위해 나는 중국인 승무원을 또 다른 통역자로 대동해야 했다. 내가 중국인 승무원에게 이야기하면 그는 일본인에게 전달했고, 일본인은 다시 큰 나룻배의 두 조선인에게 지시를 내렸다. 최선책은 한 명의 통역을 대동하는 것일 게다. 하지만 누구를 데려간단 말인가? 일본인은 영어를 모르고, 중국인은 조선어를 모른다. 조선과 중국은 같은 뜻을 지닌 동일한 문자를 사용하지만, 발음은 전혀 다르다. 예를 들어 조선에 오는 중

국 사절이나 또는 반대로 베이징에 간 조선 사절은 마치 귀머거리처럼 상대 국가의 토박이와 필담을 나눌 수 있을 뿐이다. 중국인과 일본인 모두를 대동하지 않기 위해, 중국인에게 나와 함께 동행하면서 조선인과 필담으로 의사소통을 해줄 것을 부탁했다. 중국인 승무원은 좋은 아이디어라고 맞장구쳤지만, 마음대로 배를 떠날 수 없는 처지였다. 그는 중갑판에 있는 중국인 승객에게 부탁했고, 이 사람은 한참 망설인 끝에 나와 동행하기로 결정했다. 그 역시 임시방편으로 글을 쓸 줄은 알았지만, 또 다른 장벽이 우리 계획을 가로막고 있었다. 조선인 선원들이 글을 읽을 줄 몰랐던 것이다! 그럼에도 조선의 뱃사공들은 우리의 행선지를 알고 있었다. 그렇다면 조선의 여러 지역에서 글을 읽을 줄 아는 관료를 만날 수 있지 않을까? 도둑이나 다름없는 관료 일당에 대해 지금까지 들은 바에 따르면, 그것도 확신할 수는 없는 노릇이었다.

어쨌든 중국인과 나는 배를 떠났다. 햇볕에 그을린 건장한 체구의 조선인 선원들은 중국인 거주지인 자울린을 지나, 부산에 있는 조선 마을인 구관으로 힘차게 노를 저어 나갔다. 이 와중에 우리는 커다란 러시아 증기선인 블라디미르호가 일으키는 물결에 떠밀려 다른 곳으로 흘러갈 뻔했다. 러시아 선박은 상하이를 향해 막 출항하던 중이었다. 일본 외에는 러시아만이 조선과 정기적인 증기선 노선을 운영하고 있다. 이 러시아 선박 회사의 소재지는 블라디보스토크로, 블라디미르호와 바이칼호는 블라디보스토크에서 원산, 부산, 나가사키와 상하이를 왕복하며 우편 업무를 담당한다. 하지만 정치적이고 전략적인 의도가 깔려 있을 것이다. 왜냐하면 러시아는 1년 내내 얼지 않는 원산항을 수중에 넣음과 동시에 시베리아 국경선 너머의 조선을 감시하고자 하는 이해관계를 갖고 있기 때문이다.

호기심에 가득 찬 조선인들이 구관의 부두에 우르르 몰려들었는데, 특이하게 생긴 순백색 의상을 걸친 성인 남성과 아이들이 전부였다. 여자는 없었다. 도시 여성들보다 시골 여성들이 남성과 마주치는 것을 더 회피하는 것처럼 보였다. 게다가 그 상대가 유럽인이라면 말할 나위가 없다. 이곳에서는 물론 말을 타고 동래로 가는 동안에도 길거리나 정원에 있던 여성들은 멀리서 나를 보기만 해도 얼른 집 안으로 들어가 얼굴을 숨겼다. 이는 참으로 유감스러운 일이었는데, 내 쌍안경에 정말로 아름다운 여인이 잡혔기 때문이다. 그 여인은 너무나도 뚜렷한 만주족의 체형, 아니 내 생각에는 거의 퉁구스족의 체형을 지니고 있었다. 넓적한 머리와 낮은 이마, 두드러진 광대뼈 그리고 비스듬히 자리 잡은 눈으로 볼 때 말이다. 하지만 젊은 데다 미모를 갖춘 여인네라면 이와 같은 인종적 결점을 쉽게 망각하게 만든다.

구관은 짚으로 지붕을 얹은 초라한 흙집들로 이루어진 조선 고유의 촌락이다. 이 흙집들은 나무가 자란 언덕 아래에 무질서하게 밀집해 있는데, 거리는 좁고 구불구불하며 소름이 끼칠 정도로 지저분하다. 언덕 정상 부분에는 허물어진 성곽의 잔해와 성벽이 묻혀 있는데, 이 성은 전쟁에서 누가 행운을 가지느냐에 따라 수 세기에 걸쳐 때로는 일본 측에 때로는 조선 측에 속하곤 했다. 나와 중국인 통역 주변으로 남자들이란 남자는 모두 몰려든 것 같았는데, 이와 마찬가지로 조선의 오물 청소부인 개들도 하나도 빠짐없이 모여든 것처럼 보였다. 이 녀석들은 날카롭게 짖어대며 이빨을 드러냈지만, 일정한 거리를 유지했다. 내가 조금만 움직여도 개는 꼬리를 내리고 냅다 줄행랑을 쳤다.

중국풍으로 곡선을 그리고 있는 기와지붕을 얹은, 사원처럼 생긴 큰 건물을 보고 나는 이곳이 고급 관리의 주택이거나 지역 관청일 것이라고 생각했다. 그래서 그곳으로 발걸음을 옮겼는데, 엄청난 호기심에도 불구하고 결코 밀칠 정도로 가까이 오지는 않는 한 무리의 조선인들이 우리를 따라왔다. 이들은 딱히 할 일도 없는 것처럼 보였다. 나중에 나는 부산보다 북쪽에 있는 도시들에서도, 조선인이 얼마나 게으르고 느려 터진 민족인지를 깨닫게 되었다. 건장한 체구의 조선 남자들은 모두 담배 파이프를 입에 물고 담배 주머니를 허리춤에 차고 있었다. 담배 피우고 빈둥거리는 것이 남자들의 유일한 소일거리처럼 보였던 반면, 여자들은 집 안과 마당에서 부지런히 일을 하고 있었다. 나를 쫓아오던 무리들은 사원 건물로 올라가는 돌계단 옆에 멈춰 섰는데, 내가 대담하게 계단을 오르자 깜짝 놀라 나를 쳐다보았다. 계단 위에 다다르자, 지금까지 땅바닥에 웅크리고 앉아 골패 놀이를 하던 군인 몇 명이 벌떡 일어나서는 나의 출입을 저지하려 했다. 내가 전혀 개의치 않고 계속 걸어가자 아무도 감히 내게 손을 대지 못했다. 이곳의 담당자(군수)가 문가에 나타난 걸 보니, 이러한 소동과 개들이 짖는 소리에 가만히 있을 수 없었던 모양이었다. 그는 건장한 체구에 크고 둥그런 안경을 코에 걸쳤으며, 엄청나게 큰 검은 모자에 신발은 신지 않고 하얀 양말을 신은 채, 흰옷 위에 검고 긴 가운을 내려뜨리고 있었다. 우리는 그에게 다가갔다. 커다란 공간에는 섬세하게 제작된 돗자리가 깔려 있었다. 가운데에는 숯을 담은 큼지막한 용기와 함께 여섯 개의 담배 파이프와 먹물 접시 그리고 붓들이 놓여 있었다. 글씨가 반쯤 쓰여 있는 종이 몇 장을 보고는 내가 이 관료의 일을 방해했음을 깨달았다. 하지만 그것은 그가 글을 쓸 줄 안다는 것을 의미했다. 관리는 다시 돗자리 위에 가부좌를 하고 앉았지만 모자는 그대로 쓰고 있었다. 집 안에서 모자를 벗어야 한다고 생각하는 사람은 조선 전역에 아무도 없다. 조선인은 실내에서 모자는 착용하지만 신발을 벗고 양말을 신은 채 돌아다닌다. 나라마다 풍속도 제각각인 셈이다.

중국인 통역이 말 한 필이 필요하다는 내 요구를 필담으로 전하려 하자 (나중에 알게 된 일이지만) 조선 관리는 중국어로 말을 건네며 필담을 막았다. 중국어를 구사할 줄 아는 교양을 갖춘 사람은 조선에서는 아주 보기 드물다. 이제 협상이 시작되었다. 그러나 내가 조선 관리의 표정에서 눈치챌 수 있었듯이, 그는 우리를 골탕 먹이려는 것처럼 보였다. 대부분의 이방인이 그렇듯, 유럽인은 조선 사회에서 그다지 환영받는 존재가 아니며, 조선 정부는 최근 몇 년 전까지 유럽인의 왕래를 필사적으로 막아왔다. 중국인 통역이 조선 관리에게서 여행에 필요한 도움을 이끌어내지 못할 것 같아 보였기 때문에, 내가 그들의 대화에 끼어들었다. 나는 조선어도 중국어도 아닌 국제 볼라퓌크어^{Volapük}◆를 구사했고, 아름다운 이 언어의 울림은 조선에서도 잘 통했다. 나는 오른손에 은화 2달러를 들고 소리 나게 흔들었다. 그러자 조선 관리는 조금 전보다 친절한 얼굴로 필요한 말이 한 마리인지 두 마리인지 되물었다. 나는 은화를 한 닢 더 꺼내 보이며 손가락으로 '둘'을 표시했다. 몇 분 후 말 두 필이 준비되었고, 조선 관리는 조선 병사 한 명까지 우리의 여행길에 붙여주었다. 조선 병사는 도보로 우리 뒤를 따라왔는데, 무장은 하지 않고 조그만 방망이 하나만을 몸에 지니고 있었으며, 이것으로 이따금씩 중국인 통역이 탄 말을 재촉했다. 그는 내가 탄 말은 건드리지 않았는데, 아마도 조선 관리가 아끼는 말이 아니었을까 싶다. 채찍질을 안 하는 편이

◆ 1879년경 독일의 요한 마르틴 슐라이어Johann Martin Schleyer가 고안하여 만든 근대적인 국제어를 말하나, 여기서는 돈이 '짤랑대는 소리'를 비유하여 표현한 것.

더 나았을 것이다. 조선에는 참으로 기묘하게 생긴 조그만 조랑말이 전부다. 중국인 통역이 탄 조랑말은 다리가 마치 여섯 개인 것처럼 보였다. 중국인 통역의 마르고 긴 다리가 땅바닥 가까이에서 조랑말의 다리와 어우러져 흔들리고 있었기 때문이다. 조선식 말안장은 매우 불편했고, 기름종이가 덮인 목재 안장틀의 양 옆으로 큼지막한 푸른색 헝겊이 달려 있었다. 종자가 고삐를 끄는 것에 익숙해진 탓인지, 벼룩같이 작은 말은 앞으로 나아가려 하지 않았다. 조선인은 말을 탈 때 박차도 착용하지 않는다. 하지만 말의 옆구리를 허벅지로 세게 조이고 엉덩이에 몇 차례 채찍질을 가하자 말은 곧 움직이기 시작했다.

바다에서 바라본 조선은 황량한 불모지에 황폐한 나라처럼 보였는데, 구관을 떠나 높은 산들로 둘러싸인 너른 계곡을 지나 북쪽으로 한가로이 걸어가면서는 좀 더 친근하게 느껴졌다. 예쁘게 생긴 논과 콩밭, 무수한 석류나무와 유자나무, 그리고 짙은 소나무 군락이 왕관처럼 자리 잡고 있는 언덕이 보였다. 통행하기에 그리 나쁘지 않은 길에서 우리는 많은 보행자를 만났고, 들녘에서 부지런히 땀 흘리는 사람들을 보았다. 지역 전체가 이 계곡에서 본 모습과 같다면, 조선에서 가장 풍요로운 지역이 될 것임에 틀림없다. 관료 자리를 꿰차고 앉아 국민을 뻔뻔스러운 작태로 억압하고 있는 공공연한 도둑의 무리만 없다면 말이다! 부산을 중심으로 대략 반경 12킬로미터 지점에는 세관들로 감시선이 형성되어 있는데, 부산을 드나드는 모든 상품은 이곳에서 관세를 지불해야 한다. 서쪽 산줄기 저편에는 강수량이 풍부한 낙동강이 흐르고 있는데, 이 강은 이 지역의 젖줄로 선박과 화물의 이동이 매우 활발하다. 낙동강에는 약 30킬로미터도 안 되는 구간에 관세를 납부해야 통과할 수 있는 세관이 네 곳이나 있다. 이 지방에는 그와 같은 합법적인 도둑 소굴이 17개에 달하는데, 자국 상품은 상품 가치의 1퍼센트를, 외국 상품은 0.5퍼센트의 관세를 지불해야 한다!

우리는 부산과 동래 사이의 거리를 과소평가했다. 그래서 흥미로운 역사를 지닌 지방의 고도를 돌아보고 싶은 호기심과, 우리가 탑승할 증기선이 예정보다 일찍 출항할지도 모른다는 우려 사이에서 갈팡질팡했다. 중국인 통역은 아주 초조해하며 항구로 돌아가자고 재촉했다. 나야 14일 후에 다시 오는 다음 증기선을 타고 가면 되지 않으냐고 쉽게 말할 수 있을지 모르지만, 자신은 절대 그럴 형편이 못 된다고 했다. 일본과 중국 사이에 언제 전쟁이 터질지 모르는 상황인데, 정말 전쟁이라도 나면 부산에 머무르고 있는 자기는 어떻게 되겠느냐는 것이다. 중국인인 자신은 분명 일본인에게 맞아 죽을 거라고 생각했다! 게다가 피로 물든 혁명이 조선을 휩쓸고 있는 상황에서, 동래 주변도 안전한 지역은 아니라고 했다. 그는 동학혁명 세력이 조선 전역을 장악하게 될 것이며, 조선 정부는 현재 무능력한 상태이기 때문에 동래 역시 이미 동학 세력이 장악했을지도 모른다고 했다. 순진한 중국인 통역은 서툰 영어로 나더러 돌아가자고 설득하려고 이렇게 얘기했던 것이다. 그의 말이 아주 틀리다고 할 수는 없었다. 실제로 이 지역은 이미 부분적으로 공공연한 유혈 반란 상태에 있었기 때문이다. 하지만 나로서는 너무 늦게 배로 돌아가게 될지도 모른다는 것이 더 걱정이었다. 우리는 두 시간에 걸쳐 말을 타고 이동했지만, 동래까지는 아직도 가야 할 길이 많이 남아 있었다. 비록 너무나 맑고 깨끗한 대기 덕분에 도시와 그곳의 훌륭한 건물들이 우리 시야에 분명하게 들어왔음에도 불구하고 말이다. 우리 눈에 들어온 것은 큰 사원처럼 보이는 건물과 기둥이 열 지어 서 있는 현관, 그리고 한때 이 나라 역사에서 중요한 역할을 수행했으나 지금은 폐허가 된 요새였다. 왜구의 침략을 막기 위해 지어진 이 성은 1592년 5월 25일 일본 침략군이 상륙한 첫날 점령된 뒤 서울 진군을 위한 전초기지가 되었다. 300년 전에 일본인들은 800척의 전함을 이끌고 조선 해협을 건너 구관에 상륙했고, 우리가 지금 서 있는 이 길을 이용했다. 이들은 태풍처럼 조선을 휩쓸었고, 올해에 그랬던 것처럼 3주 뒤에는 수도 서울을 함락했다.

 우리는 도시 저편에 자리 잡은 너른 강폭의 낙동강을 보았다. 이 지방의 주요 교역 수로인 낙동강은 선박으로 가득 덮여 있었다. 이 강은 감영 소재지인 대구에서 약 20킬로미터 상류 지역까지 이르는 긴 거리를 운항할 수 있기 때문이다. 지푸라기 돗자리로 만든 돛을 장착한 훌륭한 정크선들이 강 위로 미끄러지듯 내려오고 있었다. 강변 양옆은 잘 경작된 듯 보였고, 이곳과 대도시 동래가 어울린 모습은 마치 이웃나라 일본의 여러 지역처럼 평화로웠다. 나는 말을 타고 좀 더 갔다가 정크선을 타고 부산으로 되돌아가고 싶었지만, 그럴 경우 2주일을 부산에서 더 체류해야 할지도 모른다는 생각에 결국 발길을 돌렸다. 자그만 조랑말은 놀랄 만큼 빠른 속도로 집으로 내달렸고, 그 바람에 담뱃대를 입에 물고 편안하게 뒤를 따르던 조선 병사는 뒤처지지 않기 위해 열심히 뛰어야 했다. 하지만 그가 뛰는 모습에서 드러난 것처럼 조선 병사들은 달리기에 익숙했다. 중국인 통역은 부산 만에 정박해 있는 우리 증기선의 돛을 찾아보기 위해 목을 길게 잡아 뺐지만 허사였다. 이마에서 식은땀을 흘리는 이 불쌍한 중국인에게 나는 연민의 정을 느꼈다. 드디어 구관에 도착했을 때, 증기선은 그 자리에 있었다! 우리는 서둘러 보트에 올라탔다. 망원경으로 보니 배의 돛대 꼭대기에 출항 임박을 알리는 '푸른 페터'* 표시가 걸려 있었기 때문이다. 우리는 30분 뒤에는 다시 선상에 있었다.

　부산에서 승선해 동행하게 된 일본인들로부터 들은 바에 따르면, 경상도 지방은 조선에서 가장 풍요로운 지방에 속한다. '경상慶尙'은 '경사스러운 축복'이란 뜻인데, 혹시 탐관오리들에게 그처럼 착취당한다는 사실 때문은 아닐까? 부산 사람들이 내게 일러주었듯이, 일본의 잦은 침략과 장기간에 걸친 군대 주둔의 영향이, 특히 이 지방 주민들의 언어와 한층 공손하면서도 개방적인 태도에서 잘 드러난다. 거리와 도로가 다른 지방보다 더 많을 뿐 아니라 훌륭하게 유지되고 있으며, 도시도 더 많고 인구도 더 밀집해 있다. 인구가 정확히 얼마인지는 알 수 없다. 조선의 인구 통계에는 여성과 아이들이 누락되어 있기 때문이다. 조선 정부의 관리들은 가구 수와 군역에 유용한 남성 인구만을 파악한다.

◆ 푸른 바탕 한가운데에 흰 사각형을 물들여 만든 국제 신호기.

chapter 4
황해를 지나

━━━━ 증기선으로 돌아가는 길에, 내가 탈 배가 중국인들을 태운 조선의 소형 선박으로 둘러싸인 것을 보았다. 어디서 이렇게 갑자기, 그리고 무엇 때문에 온 것일까? 이들은 부산에 거주하는 중국인들이었는데, 일본이 선전포고를 했다는 소식이 급속히 확산되면서 피난을 떠나기 위해 몰려든 것일까? 하늘의 자손으로 자부하며, 머리를 땋아 올린 중국인은 대부분 오래전에 일본에서 도망쳤는데, 이제 조선에 있는 중국인이 몸을 피할 차례인가? 행색이 누추한 황인종들이 짐과 보따리를 들고 흔들리는 보트에 빽빽이 들어서서, 개에 쫓기는 거위들처럼 꽥꽥거리고 있었다.

그러나 이 중국인들은 부산이 아니라 더 먼 곳에서 온 사람들이었다. 중국, 조선 그리고 일본에서도 해초는 사람들이 좋아하는 먹을거리다. 특히 우뭇가사리라 불리는 고급 해초는 삶아서 젤리처럼 만들거나 갖가지 간식에 사용한다. 또 다른 종류인 붉은색의 파래는 데쳐서 채소처럼 밥과 함께 먹는다. 다시마는 전분을 만드는 데 쓰인다. 이 세 종류의 해초 또는 해조류는 주로 조선의 북동부 해안과 두만강 하구에서 나며, 러시아 항구인 블라디보스토크의 주요 수출 품목이다. 블라디보스토크에는 값싼 노동력이 부족하기 때문에, 이곳과 상하이를 오가는 러시아 증기선들이 매년 봄에 수백여 명의 중국인 노동자들을 산둥 지방으로부터 데려온다. 6월 말과 7월 초, 중국인 노동자들은 해조류 채취로 약간의 돈을 번 뒤 다시 고향으로 돌아간다. 우리보다 먼저 입항했던 증기선인 블라디미르호는 300명가량의 산둥 사람들을 블라디보스토크에서 부산으로 데려다놓았다. 여기에서 이들은 제물포를 거쳐 산둥의 주요 항인 즈푸芝罘*로 가기 위해 우리 배에 오르고 싶어 했다. 하지만 우리가 탑승한 배는 큰 증기선이었음에도 불구하고 전쟁을 위해 제물포로 이송 중인 150명이 넘는 일본인 짐꾼들이 타고 있었기 때문에, 300명이 넘는 중국인을 더 수용할 공간이 없었다. 더욱이 열광적으로 전쟁을 환호하는 호전적인 일본인들의 분위기 때문에, 선장은 그렇게 많은 중국인들과 일본인들을 좁은 공간 속에 몰아넣는 것을 꺼렸다. 그러나 부산에 있는 일본 관헌들은 선량하지 않은 중국인 패거리들이 조선에 남는 것을 바라지 않았다. 왜냐하면 언제 갑자기 중국행 증기선의 운항이 끊길지 아무도 장담할 수 없으며, 만약 그렇게 된다면 이 중국인들은 부산 사람들을 귀찮게 할 것이 틀림없기 때문이다. 따라서 중국인의 탑승을 허용하라는 명령이 선장에게 떨어졌다. 이 소식이 알려지자마자, 중국인들은 〈아프리카의 여자〉** 제3막에 등장하는 '바스코 다 가마' 호 선상의 야만인들처럼 격분한 얼굴로 사방에서 선상으로 기어 올라왔다. 이들은 갑판 밑의 끔찍하게 덥고 음습한 화물칸 대신 갑판 위의 좋은 자리를 차지하려고 서둘렀다. 화물칸은 커다란 검은 바퀴벌레들 천지였다. 이들

◆ 옌타이烟臺의 옛 이름.
◆◆ 독일 작곡가 자코모 마이어베어Giacomo Meyerbeer, 1791~1864의 오페라.

은 극동에서 역겨운 역병과 같은 존재였다. 중국인들은 보따리와 상자를 주렁주렁 들고, 이미 청어처럼 빽빽하게 들어서서 이들의 존재를 달가워하지 않는 일본인들 사이로 밀려들었다. 이들은 서로 밀치고 찌르기 시작했고, 이내 치고받는 일이 다반사가 되었다. 칼과 단검이 번쩍이는 가운데 이들은 무기가 될 만한 것이라면 무엇이든 찾으려고 혈안이 되었다. 배 안은 끔찍한 비명과 울부짖음이 난무하는 가운데 아수라장이 되었다. 몇몇 사내는 갑판 너머 바다로 내던져졌고, 우리의 선실까지 쫓겨온 사내들도 있었다. 선장과 선원들이 이 소동에 단호히 개입하여 간신히 두 무리를 갈라놓을 때까지, 승객들은 너나없이 무기를 손에 들고 있었다. 일본인들에게는 상처를 씻고 붕대를 감을 수 있도록 우리 선실을 둘러싼 공간이 할당되었고, 중국인들은 선수부를 배정받았다. 휴전하는 동안 톰젠 선장은 몇 명의 일본 군인을 육지에서 데려오려 했으나 받아들여지지 않았다. 결국 선원들이 이 불한당들을 감시해야 했다. 금세 기상이 악화된 것은 오히려 다행이었다. 뱃멀미가 그 어떤 경찰 인력보다도 더 큰 효력을 발휘했던 것이다. 넵투누스가 징수하는 공물◆로 말미암아 에너지와 투쟁욕 그리고 열광이 몸속에서 빠져나가자, 사내들은 바람 빠진 고무풍선처럼 누워 있었다. 얼마나 다행스러웠는지! 그렇지 않았다면 다섯 명의 우리 유럽인 승객들이 무슨 일을 당했겠는가? 우리는 라인 강의 증기선이나 마인 강의 여객선상이 아니라, 대부분 산둥성 출신인 해적의 고향 황해에 있는 것이다. 무역선이 해마다 여기서 납치되어 강탈을 당한다. 이에 대한 이야기는 이 책을 위해 흥미진진한

◆ 넵투누스는 로마에서 바다의 신이며, 그리스에서는 포세이돈이다. 여기에서 '넵투누스가 징수하는 공물'이란 구토를 말한다.

한 부분을 제공할 수도 있었을 것이다!

처음 몇 시간 동안 우리는 조선 남부 해안에 있는 섬들 사이를 횡단했다. 여기서 우리는 수많은 정크선과 어선들을 만났는데, 바로 이곳이 조선 남부의 주요 교역 해로인 낙동강 하구였기 때문이다. 조선 정크선은 중국과 일본 선박의 중간 크기로, 지푸라기로 엮은 돗자리가 돛의 역할을 하고 있다. 가장 큰 종류의 조선 정크선은 길이 15미터, 폭 6미터, 깊이 3미터 정도다. 조악한 나무판으로 건조되었으며, 바닥이 평평하고 용적은 대략 200톤이다. 이 배들은 30명 정도의 선원을 태우고는 강한 해류와 무서운 태풍이 출몰하는 위험한 바다로 감히 나서는 것이다. 유럽인이라면 그렇게 초라한 선박으로 그런 무모한 항해를 하지 못할 것이다. 정크선은 쉴 새 없이 물을 퍼내야 할 정도로 엉성하게 만들어졌기 때문에 보험에 가입하기도 어렵다. 이것이 조선에서 가장 큰 배들이다! 대다수 조선 선박은 이 크기의 4분의 1이나 절반 정도에 그치며, 대략 500~800가마니의 쌀이나 콩 또는 일상적인 화물을 선적한다.

서쪽으로 갈수록 폭풍이 더욱 거세졌다. 선장은 현재 조류의 방향으로 판단할 때 수백 개의 섬과 암벽이 미로처럼 얽혀 있는 곳에서 벗어나, 조선에서 가장 큰 섬인 켈파트Quelpart◆ 쪽의 좀 더 열려 있는 해로로 향하기를 원했다. 우리는 곧 제주도에 솟은 엄청난 산을 보게 되었다. 대단한 흥미를 끄는 이 섬에 정박할 수 없는 것이 유감이었다. 사실 증기선이 이 섬에 정박하는 것은 거의 불가능하다. 왜냐하면 전체 면적이 약 2천 제곱킬로미터에 달하는 이 섬에는 안전한 항구가 하나도 없기

◆ 제주도를 가리킨다. 켈파트는 제주도의 위치를 최초로 파악해 해도에 기입한 네덜란드 항해사의 이름으로 추정된다.

때문이다. 육지에서부터 남쪽으로 대략 60해리 떨어진 바다에서 솟구쳐 나온 가파르고 희미한 산악 지형이 수없이 자리 잡은 뾰족한 봉우리 위로 솟아 있는데, 주봉을 한라산이라 하며 그 높이는 2천 미터에 달한다. 토속적인 이름에 만족하지 못하고 모든 산과 강, 땅에 영웅의 이름을 붙이고 싶어 하는 영국인들은 이 산을 오클랜드^{Auckland} 산이라고 부른다. 그들이 이 산을 웰링턴이나 빅토리아라고 부르지 않았다는 게 놀라울 따름이다. 잠시 한라산에 머물러보자. 구름에 둘러싸인 산봉우리에는 작은 호수들을 품은 세 개의 꺼진 분화구가 있다고 한다. 나중에 나는 조선의 풍경을 묘사한 어떤 책에서 이 산에 대한 다음과 같은 이야기를 읽었다. "구름과 안개가 바다를 뒤덮었다. 그리고 땅은 7일 낮과 밤 동안 무서운 천둥 아래서 떨었다. 마침내 물이 갈라지고 그곳에서 높이가 1천 피트를 넘고 둘레가 150킬로미터쯤 되는 산이 솟아올랐다. 그 산에는 식물도 나무도 없었는데, 유황으로 이루어진 산의 정상에서 엄청난 규모의 연기가 솟아올랐다." 이 산은 크라카타우◆와 같은 종류의 산인 것이다. 학교에서 아이들은 지금도 이 산 위에 최초로 창조된 세 명의 인간이 살고 있다고 배운다.

조선인들이 설명해준 바에 따르면, 제주도는 잘 경작되어 있고 기름진 옥토다. 잘 경작된 농경지는 돌담으로 둘러쳐져 있는데, 곡물과 과일 그리고 그다음으로 말과 소가 주요 산물이다. 이것들은 성곽으로 둘러싸인 세 개의 도시에서 활발히 거래되는데, 그 이유는 이 품목들이 대부

◆ 인도네시아의 자바 섬과 수마트라 섬 사이 해협에 있는 화산. 저자는 한라산을 보면서 그보다 10여 년 전인 1883년 8월에 일어난 크라카타우의 화산 대폭발을 떠올린 것 같다. 이 대폭발은 근세의 세계 화산 활동 중 최대인 것으로 일컬어진다.

분 육지로 수출되기 때문이다. 이에 대한 대가로 뭍에서는 범죄자, 강도, 살인자, 부패한 고급 관료를 제주도로 보내고 있다. 이러니 제주도 주민이 조선의 뭍 지방에서 좋은 평판을 받지 못하고 있다는 것은 놀라운 일이 아니다. 이 나라를 찾는 유럽인들이 경탄해 마지않는 엄청난 크기의 조선식 모자는 대부분 제주도에서 말총과 대나무실로 엮어 만든 것이다. 덧붙여 말하자면, 중국의 옛 문헌에도 나오듯이 제주도는 이미 1천여 년 전부터 널리 알려졌으며, 탐라라는 독립 왕국을 형성했다.

배는 제주도에서 정북 방향으로 진로를 잡았고, 다시 조선의 다도해에 있는 수백 개를 헤아리는 섬과 절벽 사이를 항해했다. 선장은 밤낮을 가리지 않고 선교에 머물렀다. 그만큼 조선의 서해안을 따라 항해하는 것은 지구상에서 가장 위험한 항해 가운데 하나였다. 대충이라도 맞는 지도조차 없는 형편인 데다 미지의 절벽과 여울이 계속 새로 발견되고 있었다. 다음 날 아침, 맑은 햇빛 속에서 이 무수한 섬들과 바다에서 가파르게 솟아오른 바위들이 한 폭의 그림 같은 정경을 보여주었다. 거침없고 그림 같은 자태를 가진 섬들이 눈앞에 끝없이 펼쳐졌다. 이 섬들은 끝이 여러 갈래로 갈라진 가파른 바위꼭대기와 빽빽이 들어선 송백나무로 인해 어두침침한 숲으로 덮여 있었다. 수많은 화강암과 현무암 암벽들이 어림잡아 600~800미터 높이로 솟아 있다. 게다가 암벽 주위의 바다는 증기선이 바로 그 곁을 지나갈 수 있을 정도로 깊다. 나는 이와 비슷한 다도해를 일주일 전에 지나갈 기회가 있었는데, 그곳은 일본 내해의 정말 그림 같은 다도해였다. 그곳의 섬들은 좀 더 낮고, 좀 더 작으며, 여기 조선의 다도해와는 비교할 수 없이 사랑스럽다. 조선 다도해의 거침없는 바위섬과 날카로운 봉우리, 아무것도 자라지 않는 회색과 암갈색의 바윗덩어리는 이후 내가 조선의 육지에서 보게 될 것과 매우 흡사했다. 마치 거대한 반도의 서부가 어떤 자연적 사건으로 인해 수백 미터 낮아져서, 여기를 덮쳐버린 바다가 높은 지대와 산봉우리만을 남겨둔 것처럼 보였다. 영국 해군본부가 편찬한 그럭저럭 도움이 되는 유일한 지도에서, 나는 대략 270개의 섬과 수백 개의 바위섬을 셀 수 있었다. 반면에 다도해 전체에 등대라고는 하나도 없었다. 특히나 이 섬들 사이에는 항상 빠른 해류가 흐르고 5월에서 8월 말까지 정기적으로 짙은 안개가 솜처럼 다도해 전체를 감싸고 있으니, 항해하는 데 있어 이보다 더 흥미진진한 일도 없을 것이다! 나머지 계절에는 항상 비와 폭풍이 몰아친다! 부산에서 제물포까지는 날이 맑으면 증기선으로 하루 반나절이면 갈 수 있는 거리다. 그러나 일반적으로 항해에 걸리는 시간은 3일에서 8일이다!

여행 둘째 날, 그런 안개가 우리에게도 다가오고 있었다. 한 시간도 안 돼 아름다운 섬들의 미로는 사라져버리고, 하얀색의 짙은 안개 기둥이 우리 배를 에워쌌다. 톰젠 선장은 속도를 반으로 줄였다. 밤낮으로 뱃머리에서 탐측석探測石을 던지는 뱃사람들의 외침이 울려 퍼졌다. 안개 경적이 2분에서 3분 간격으로 울렸는데, 이는 우리 모두의 잠을 앗아가는 끔찍한 세레나데였다. 낮에는 승무원 하나가 주변을 살피기 위해 돛대 꼭대기의 파수대 위에 있었다. 왜냐하면 돛대 꼭대기가 바다를 뒤덮은 두껍고 낮은 안개층 위로 드러나는 경우가 자주 있기 때문이다. 그럴 때 아래에서는 열 걸음 앞도 보이지 않는 반면, 위에서는 밝은 태양빛과 맑은 날씨를 볼 수 있다.

그러나 돛대 꼭대기에서도 안개 때문에 아무것도 볼 수 없게 되자, 우리는 수많은 바위섬 중 하나에 좌초하지 않기 위해 닻을 내리고 맑은 날을 기다리는 수밖에 없었다. 그렇게 우리는 처음 장소에서 몇 시간을 기다렸으며, 두 번째 장소에서도 같은 시간을 기다렸고, 세 번째 장소에서는 하루 낮과 밤을 꼬박 머물러 있어야 했다. 비록 얇은 선실 벽으로 분리되어 있긴 했지만, 언제나 냄새나고 소란스러우며 불안한 짐꾼들이 항상 바로 옆에서 수면 동료가 되었다. 배에 찾아오는 새들과 수많은 말벌들을 보면 육지가 매우 가까이 있다는 것을 알 수 있었다. 선장의 말에 따르면, 이른 아침에 우리는 수백만 마리의 청어 떼를 지나왔다. 나는 지루함을 달래느라 오랜 시간 바다를 바라보고 있었는데도 이상하게도 조그만 물고기 한 마리 구경하지 못했다. 조그만 고깃덩어리와 빵 덩어리를 던졌지만 아무런 반응이 없었다. 하지만 평상시에 이곳 바다에는 상어 떼가 배 주위로 몰려들거나 고래가 등장한다.

이곳을 항해하는 선박이 거의 없어 다른 배와 충돌할 위험은 없었다. 그럼에도 불구하고 배는 5분 간격으로 날카로운 경적을 울리곤 했는데, 이것이 전혀 의미 없는 일은 아니었다. 나는 아침 식사 후에 졸음을 쫓느라고 담배 한 개비를 피우며 우리를 둘러싼 짙은 안개를 쳐다보고 있었다. 갑자기 먼 곳에서 음악이 들리는 것 같았다. 나는 일본인들이 중갑판에서 악기를 연주하는 것이라고 생각했는데, 멀리서 희미하게 들려오던 소리가 점점 가까워지면서 또렷해졌다. 마침내 나는 이 소리의 근원이 우리를 둘러싼 깊은 적막을 뚫고 들려오는 대규모 군악대의 합주임을 알 수 있었다. 외롭고 외딴 황해의 짙은 안개 속에서 길을 잃고 고독하게 서 있다가, 유럽 어느 곳에서밖에 들을 수 없는 훌륭한 연주 솜씨로 〈수탉 행진곡〉*을 듣게 되었을 때의 놀라움을 대체 누가 묘사할 수 있을까! 환각이었을까? 생시였나, 아니면 꿈이었나? 아이올로스Aiolos의

◆ 오스트리아 제국의 군악대장이자 작곡가인 요제프 프란츠 바그너Josef Franz Wagner, 1856~1908의 행진곡.

하프 소리*나 룩소르의 노래하는 멤논 거상**처럼 어떤 자연현상은 아니었을까? 바다의 안개 속에서 그러한 소리와, 게다가 그러한 멜로디를 듣는 일이 도대체 어떻게 가능했단 말인가! 마침내 우리와 배 한 척 정도 떨어진 거리에서 음악이 들려왔다. 그때 우리 배에서 경고하는 날카로운 경적이 이 음악 소리에 끼어들었다. 곧이어 가까이에서 증기 파이프 소리가 안개를 뚫고 울려 퍼졌다. 그리고 우리는 증기기관이 증기를 내뿜는 소리를 들었다. 이제야 수수께끼가 풀렸다! 군대와 군악대를 실은 일본 수송선이 우리를 지나 우리와 같은 기항지를 향해 나아가고 있었던 것이다. 우리가 조심스럽게 닻을 내리고 있는 동안 — 하늘이 이들을 불쌍히 여기시기를! — 일본 선박은 언제 어떤 바위섬에 좌초할지 모르는 위험 속에서도 대담하게 짙은 안개 속을 항해했다! 우리 배에 탄 일본 짐꾼들은 아무것도 보이지는 않지만 그 선박에 동포가 타고 있다는 생각에 기쁨의 환호성을 터뜨렸다. 수백 명의 목소리가 메아리처럼 안개 속에서 되돌아왔다. 그러고 나서 모든 것이 지나가고 조용해졌다. 선장은 안도의 숨을 내쉬었다. 우리는 커다란 위험, 아니 재앙에서 그야말로 순전히 우연을 통해 벗어났던 것이다. 수송선이 조금만 더 동쪽으로 항해했더라면, 분명 우리 배는 구멍이 났을 것이며, 우리와 그 수송선은 구조되지도 못한 채 침몰했을 것이다.

 몇 시간 후에 격렬한 바람이 안개를 휩쓸고 지나가더니 시야가 다시 맑아졌다. 몇 해리 앞에 바로 그 수송선뿐만 아니라 네 척의 일본 함대가

---

* 그리스 신화에 나오는 바람의 신으로, 그의 하프는 바람이 불면 소리가 난다.
** 이집트 룩소스에 남아 있는 거대한 두 개의 석상 중 하나. 어느 날 아침에 종소리 같은 이상한 소리가 나서 이를 본 그리스인들이 이를 멤놈Memnon 왕이 새벽의 여신이자 그의 어머니인 에오스Eos에게 인사하는 소리라고 생각해 '멤논 거상'으로 불렀다.

서로 가까이에 닻을 내린 채 떠 있는 것이 보였다! 안개는 그들의 발길도 붙들고 있었던 것이다. 전함들은 부대 수송선을 찾아 항구까지 안전하게 안내하기 위해 제물포에서 파견된 선박들이었다. 우리 배는 그들 곁을 지나서 앞질러 나갔다. 다음 날 아침 우리는 제물포에 무사히 도착했다!

chapter 5
제물포

　　　　　지난 6월 일본의 침략군이 처음으로 조선에 상륙했을 때, 신문 독자와 편집자들은 아마도 제물포라는 항구를 지도에서 찾아보느라 꽤나 헤맸을 것이다. 하지만 대부분은 헛수고에 그쳤을 것이다. 제물포는 극소수의 지도에만 표기되어 있다. 왜냐하면 오랜 명성을 간직한 고요한 아침의 나라에서 가장 중요한 항구인 제물포는 불과 10여 년 전에 형성된 곳이기 때문이다. 도시 이름과 관련해 조선보다 더 큰 혼동을 일으키는 나라는 없으며, 코리아라는 국명조차 이런 혼란을 가중시킨다. 이 혼동의 원인은 수백 년에 걸친 중국과 일본 사이의 오랜 분쟁이다. 중국과 일본은 지속적으로 번갈아 가며 조선에 대한 주권을 행사했기 때문에, 도시와 강 이름 역시 때로는 일본식으로 때로는 중국식으로 바뀌었던 것이다. 우리는 흔히 고요한 아침의 나라를 '코리아'라고 부른다. 그러나 '코리아'라는 국명은 이곳에서 이미 500년 전에 사라진 이름이다. 현재의 지배 왕조가 이전의 왕조를 전복하고 왕좌를 차지했을 때, 나라 이름 역시 코리아에서 조선으로 바뀌었다. 코리아, 정확히 말하면 고려는 중국 말이나 조선 말로 '고상한 단아함' 또는 '숭고한 우아함'을 의미한다. 그러나 조선은 '고요한 아침'을 의미하며 현재 조선에서 유일하게 사용되는 국명이다. 어느 정도인가 하면, 1860년대에 조선 국왕은 일본 미카도◆의 서신을 개봉도 하지 않고 반송해버렸는데, 그 이유는 서한에 '조선 국왕'이 아니라 '코리아 국왕'이라고 적혀 있었기 때문이라고 한다.

동아시아의 바벨탑에서 벌어지는 언어적 혼란은, 예컨대 강이 흐르는 지역마다 강 이름이 상이하게 불리면서 더욱 가중된다. 물론 유럽의 독자들에게 강 이름은 도시 이름보다, 특히 제물포와 같이 유럽인에게 개방된 항구의 명칭만큼 중요하지는 않다. 12년 전 제물포 개발 이전까지 수도 서울의 항구는 황해에 위치한 인천이었다. 중국인들은 젠찬이라고 부르고, 일본인들은 닌센 또는 니가와라고 부른다. 제물포는 일본 증기선 항로의 가장 중요한 항구 가운데 하나임에도 불구하고 이 여행 일정표에조차 제물포라는 이름은 어디에도 없고, 앞에서 언급한 인천의 일본식 이름 대신 조선식 이름인 인천이라고 적혀 있다. 그러나 이런 와중에 다행인 것은, 일본 증기선이 인천이 아니라 제물포에 상륙한다는 사실이다. 왜냐하면 인천과 제물포는 완전히 다른 곳이고, 거리도 4.8킬로미터나 떨어져 있기 때문이다! 조선 여행길에서 나를 태운 증기선은 인천을 그냥 통과해 4.8킬로미터나 더 항해하여 제물포 앞, 육지에서 몇백 미터 떨어진 곳에 정박했다.

내 눈앞에 펼쳐진 제물포를 보았을 때 얼마나 놀랐는지 모른다! 나는 대충 중국 닝보寧波나 푸저우福州와 같이 탑과 사원들이 있고 기묘하게 휜 지붕들이 있는 아시아의 도시 모습을 기대했다. 이런 기대와 달리 내 눈앞에는 아주 근대적인 유럽의 도시가 펼쳐진 것이다! 10년 전 이 장소

◆ 천황을 말함.

에는 조선인이 거주하는 초라한 진흙집 몇 채가 고작이었지만, 이 짧은 시간 동안 제물포는 양키들과 맞먹는 성장 속도로 발전해 오늘날의 모습을 갖추었다. 시카고를 한번 생각해보라! 해안에서부터 계단식으로 그림같이 꾸며진 언덕들 위로 가옥들이 솟아 있고, 집들 사이에는 짙은 그늘을 드리운 나무들이 많은 정원이 자리 잡고 있다. 왼편 끝의 언덕에는 영국 영사의 훌륭한 빌라가 있고, 그 뒤편에는 몇몇 조선 요새가 능보와 성곽을 드러내고 있다. 오른편 끝자락에는 또 다른 언덕이 있는데, 여기에는 매혹적인 일본식 찻집과 정원이 자리 잡고 있으며, 두 언덕 사이로 유럽식 고층 건물이 있다. 그 뒤편으로 세 번째 언덕이 있는데, 이 위에는 사각형의 튼튼한 탑을 갖춘 당당한 건물이 있고, 잘 다듬어진 아름다운 정원이 그 주위를 둘러싸고 있다. 넓은 돌계단이 도시와 이곳을 이어주고 있다. 나는 그것이 아마도 조선의 수령이나 관찰사의 거주지일 것으로 짐작했다. 그러나 내가 우리 배의 선장에게 이런 내용의 질문을 하자, 그는 웃으며 다음과 같이 답했다. "여기에서 조선인은 그 어떤 것도 명령할 수 없습니다. 조선 관청도 없습니다. 저기 위에 보이는 아름다운 집은 마이어 씨 댁입니다."

조선의 마이어라니! 마이어는 전 세계 어느 곳에서도 찾아볼 수 있단 말인가! 지금까지 일곱 개의 봉인으로 닫혀 있던 땅이 유럽인에게 개방되자마자, 이 땅에 들어온 최초의 유럽인 가운데 한자리를 마이어가 차지하고 있는 것이다! 덧붙여 말하자면 마이어 상사는 조선에서 명성 있고 사랑받는 가장 영향력 있는 상사다. 그리고 마이어 상사의 사장 중 한 명인 함부르크의 마이어^{H. C. E. Meyer}는 조선이 유럽에 두고 있는 유일한 명예영사다. 고요한 아침의 나라는 유럽에 어떠한 외교적 대표부도 갖고 있지 않다. 심지어 영국에서도 없다. 그래서 유럽의 상품과 정보를 얻기 위해서 조선이 제물포에 있는 마이어 상사에 의지해야 하는 것처럼, 유럽이 조선에 대한 정보를 얻고자 한다면 함부르크에 있는 마이어 영사에게 전적으로 의지해야만 한다. 아주 드문 형태의, 아마도 세상에서 유일한 이중적 지위라 할 수 있다!

닻이 내려지자마자, 승객들을 육지로 이송하기 위해 일본식으로 제작된 삼판선이 다가왔다. 이 신생 항구에서 당분간 도크와 부두 시설을 기대하는 것은 무리일 것이다. 더욱이 썰물 때에는 나룻배로 육지에 도착하는 것조차 어렵다. 썰물 때면 해안선이 수백 미터 밀려나가고, 사람들은 제물포와 반대편에 놓인 산림이 무성한 로즈 섬◆ 사이에 있는 작은 섬들을 물에 빠지지 않고 걸어서 갈 수 있다. 하지만 밀물의 장난은 때때로 수심 10미터에 이를 정도로 매우 심하다.

우리 배와 동시에 일본 부대 수송선이 도착해 항구는 온통 일본 군인으로 붐볐다. 조선 삼판선의 다수는 일본 깃발을 달고 있었다. 일본 깃발은 도시의 수많은 건물뿐 아니라, 찻집을 둘러싸고 오른쪽으로 뻗어 있는 대병영의 천막 위에서도 휘날렸다. 상륙할 때 나는 일본군 대대들의 긴 행렬을 따라 걸었다. 큰길에 있는 집들은 일본 군인으로 넘쳤다. 내가 그나마 쓸 만한 숙소로 구한 다이부쓰大佛 호텔은 유럽식 시설을 갖추었지만 일본인 소유였다. 내 시야에 들어온 도시는 온통 일본식이었다. 이 조그만 무뢰한들은 이웃나라에서 확고하게 자리를 잡고 있는 것처럼 보였다. 그리고 이번에야말로 노획물을 쉽사리 포기하지 않을 것이다.

일본인은 제물포의 중심부를 차지하고 있다. 오른편으로는 유럽인 지구가 있고, 바로 옆으로 초라한 조선인 마을이 잇닿아 있다. 왼편에는

◆ 프랑스 함대 사령관 피에르 로즈Pierre Roze, 1818~1882의 이름을 따 월미도에 붙인 이름.

영국 영사관을 향하여 솟아오른 언덕에 영사관과 상가 그리고 아편굴을 갖춘 중국인 거주 지역이 있다. 그러나 하늘의 아들인 중국인들은 일본인들처럼 자신들의 무역 회의소를 두고 있다. 세관을 겸하는 우체국도 있다. 중국인 관세청은 이미 말했듯이 조선의 세관도 관리한다. 그들은 수입을 서울로 보내고, 베이징에 연례 보고서를 올린다. 아마도 그 반대가 중국인들에게는 더 좋겠지만 말이다.

하지만 가장 중요한 외국인 거주지는 일본인 지구일 것이다. 왜냐하면 대부분의 조선 무역을 일본인이 장악하고 있기 때문이다. 여기에서 뿌리내린 일본인은 본국이나 부산에 있는 일본인과는 완전히 다른 부류의 사람들이다. 그곳의 일본인은 전통적인 일본식으로 일하며, 대개 어부나 뱃사람 또는 짐꾼이다. 그들에 비해 제물포의 일본인은 현대적인 '신사'들이고, 고기잡이나 노 젓기, 짐 나르기 등은 조선인에게 맡긴다. 조선인들은 짐꾼들이고 일본인들에게 봉사한다. 황해에 거주하는 세 인종이 이곳 제물포에서보다 더 첨예하게 마주치는 곳은 없을 것이다. 그리고 바로 이러한 점이 제물포를 흥미롭게 만든다. 경주마에 대한 객관적인 판단은 마구간이 아니라 경주로에서 내릴 수 있다. 제물포는 그러한 경주로이며, 유럽인은 관객이다. 소수이긴 해도 일본인은 그래도 제법 중국인과 조선인보다 앞서 있다. 그다음이 중국인이고, 조선인은 그 뒤를 마치 짐 끄는 말처럼 터벅터벅 걸어가고 있다. 조선인들은 경기에 참가하고 있지 않다. 적어도 당분간은 말이다. 언젠가 교역이 좀 더 확대되고 나라가 개방되어 이 나라의 낡은 문화의 폐허 속으로 현대적 삶이 들어올 경우 상황이 어떻게 전개될지는 알 수 없는 노릇이다. 왜냐하면 조선인들은 확실히 소질을 가지고 있으며, 이미 잿더미 속에서 움직이고 있기 때문이다. 이 나라의 교역과 생산이 다음 10년 동안 두 배가 되지 않는다면 내 판단은 크게 어긋나게 될 것이다.

비록 제물포의 중심 지역이 일본인 지역이긴 해도 왜색은 거의 보이지 않는다. 호텔과 상점에서부터 우체국과 영사관 건물에 이르기까지 상당수가 유럽 스타일로 지어졌고 주민들도 각양각색의 유럽식 옷을 입고 있다. 부산은 100년이나 된 오랜 일본인 거주지라서 그림 같은 풍경을 가진 일본 제국의 여느 도시와 같이 일본식 특성을 지니고 있다. 그러나 제물포는 일본 대혁명◆ 이후 10여 년간 투자되고 건설된 도시로, 일본인의 오래된 전통 방식 대신 유럽식을 도입한 것이다. 이는 그들의 탄력성을 보여준다. 게다가 일본인 지역은 그곳에 접해 있으며 독자적인 행정권도 가지고 있는 유럽인 지구보다 훨씬 더 아름답다. 도시 전체가 1만 명을 넘어서지는 않지만, 그들은 네 곳의 자치행정 구역과 네 개의 상이한 경찰 병력, 네 개의 상이한 법정을 가지고 있으니, 지구상에서도 유일하게 별난 곳임에 틀림없다. 그러나 만일 몇 채 안 되는 가옥을 도시 구역이라고 할 수 있다면, 도시 전체보다 더 기묘한 것은 유럽인 구역이다. 군대 초소로 끝나는 일본인 구역과 유럽인 구역을 하나의 도로가 갈라놓고 있고, 다른 길 하나는 초라하고 지저분한 조선인 촌락과 경계선을 짓고 있다. 동아시아의 세 민족 사이에 끼인 채, 영국인, 독일인, 미국인, 러시아인, 프랑스인, 덴마크인, 이탈리아인, 오스트리아인 그리고 포르투갈인을 모두 합쳐 32명이 우호적인 관계를 유지하며 살고 있다! 이 소수의 유럽인 무리가 문화, 언어, 취향, 풍속이 그렇게 다름에도 불구하고 독립적인 도시 행정을 유지하고 있으며, 클럽까지 하나 갖추고 있다. 이곳에는 〈라이프치히 화보신문〉이 〈그래픽〉

◆ 메이지유신을 말함.

지와 〈르몽드 일러스트〉 옆에 놓여 있고, 작고 잽싼 일본인이 온갖 술을 섞어 만들며, 저녁에는 프랑스인이 독일인과, 러시아인이 영국인과 어울려 카드놀이를 하거나 당구를 친다. 어떤 부류는 독립적인 상인들이고, 다른 부류는 중국의 세관이나 조선 항구에 근무하는 사람들인데, 대다수는 선장이나 건축가 또는 선교사들이다. 선교사들은 유럽인 지역에서 살지 않고 먼 외곽, 그것도 조선인 마을 너머에 거주한다. 이들은 가톨릭과 장로교, 감리교, 침례교 그리고 미국의 고백파라 불리는 종파의 선교사들이다. 그들은 그곳에 편리한 설비를 갖춘 아름다운 건물을 소유하고 있는데, 상인들보다 더 나은 생활을 하고 있다. 단지 전부 프랑스인인 가톨릭 선교사들만이 검소하게 살면서 열심히 일하고 있는데, 이들은 선교 활동에서 다른 모든 선교사들을 합친 것보다 열 배나 더 큰 성과를 올리고 있고, 열 배나 더 우호적으로 대우받고 있다. 이러한 사실은 지난 몇 해 동안 선교사 두 명이 죽었을 때 분명하게 드러났다. 침례교와 감리교의 미국인 선교사 둘이 사망했을 때에는, 그들 교우 중 한 명이 내게 말해준 바에 따르면 아무도, 심지어 유럽인 거주지에서도 관심을 보이지 않았다고 한다. 그러나 가톨릭 선교사가 죽었을 때는 1천여 명의 조선인이 장례 행렬을 뒤따랐고, 다들 슬퍼했다고 한다. 이러한 사실이 온정적인 개신교도에게는 불편하게 다가올지 모르지만, 이러한 진실에 경의를 표해야만 한다. 조선에서 내가 사귄 유럽인들 모두 이러한 사실을 확인해주었다.

만약 산책을 하다가 유럽인 지구를 떠나 조선인 마을로 들어선다면, 두 눈을 가리고 있더라도 이를 즉각 느낄 수 있을 것이다. 유럽인들의 거리는 아주 청결하고 질서 있게 유지되고 있지만, 그 '거류지'가 끝나는 곳에서 깨끗함이 갑자기 사라지고 날씨에 따라 끝도 없는 먼지와 진

창이 그 자리를 대신 차지한다. 짚으로 덮인 초라한 진흙집들이 무질서하게 들어서 있고, 집들 사이로 포장 안 된 흙길이 오른쪽, 왼쪽으로 휘어지기도 하고 빙 돌아가기도 하며, 위로 아래로 형편 되는 대로 이어져 있다. 유럽인 지구 바로 옆에 조선인 '시장'이 있는데, 거기에는 사고팔 마음이 있는 사람들이나 굶주린 사람들로 가득 차 있다. 이들은 여기에서 구운 개고기나 날생선, 삶은 쌀, 껍질을 벗기지 않은 오이, 호박과 붉은 고추 등을 즐겨 먹는다. 원래는 하얗지만 먼지와 오물이 덮인 해진 옷을 두르고, 결혼 여부를 표시해주는 모자(갓)를 쓴 사람이나 그렇지 않은 사람이나 모두 입에 담배를 문 채, 지저분한 간이음식점과 싸구려 상점들 사이를 이리저리 배회한다. 또는 길거리 쪽으로 개방된 집에서 돗자리를 깔고 빈둥거리며 잠을 자거나 논다. 이들이 절대 하지 않는 게 하나 있는데, 바로 '일'이다. 아마도 죽어버린 이 나라에 일자리가 없기 때문일 것이다. 일할 기회가 좀 더 많은 항구의 조선인은 더 부지런하고 끈기가 있다. 게다가 중국인처럼 인내력 있고 만주인처럼 힘이 좋다. 시장에서 볼 수 있는 불쾌하고 역겨운 더러움 역시 고유한 사정이 있다. 시장에서는 단지 남자들만이 장사를 하며, 어떠한 방식으로든 닦거나 문지르거나 비질을 하는 것은 조선 남자들에게 명예롭지 못한 일인 것 같다. 우리가 시장을 떠나 조선인 고유의 마을에 도착했을 때, 갑자기 풍경이 바뀌었다. 길과 집들, 또 가옥을 둘러싸고 있거나 그 안에 있는 정원은 대단히 깨끗했다. 그 이유는 너무나 간단한데, 여자들이 있기 때문이다. 조선에서 집안을 돌보는 것은 여자의 몫이다. 여자들은 감동적인 부지런함과 감탄할 만한 인내력으로 그 의무를 다한다. 주민 숫자가 수천을 헤아리는 마을의 색깔은 온통 회색빛이며, 예쁜 일본식 찻집 옆에 있는 언덕에서 보면 금방 쌓아올린 한 무더기의 흙더미처럼 보인다.

오두막이라고나 해야 할 집들은 아주 좁은 정사각형 모양의 방을 겨우 하나 가지고 있다. 반은 돌로, 반은 짚과 진흙으로 만든 벽 위로 다듬지 않은 나무기둥을 올려놓는데, 의도적으로 휘고 반듯하지 않은 것을 이용하는 것처럼 보였다. 이 나무줄기를 가로질러 다듬지 않은 나뭇가지들을 걸치고, 이 이상한 지붕의 뼈대 위로 촘촘한 짚단이 층층으로 고정된다. 물론 마디와 옹이 등으로 인한 나무줄기의 불규칙함은 지붕 위에 그대로 드러난다. 고르게 만들어진 지붕은 보기 드물다. 마당을 두른 담장도 이와 비슷한 방식으로 만들어졌는데, 다듬지 않은 굽은 나뭇가지를 갈퀴 모양의 나무 위에 얹고 길게 늘어뜨린 짚단으로 덮는다. 일본 집은 밝고 청결하며, 바람이 잘 들고, 한쪽 끝에서 다른 쪽 끝을 볼 수 있을 정도로 개방되어 있다. 반면에 조선의 가옥은 폐쇄적이고, 어둡고, 숨 막히며, 축축하다. 일본 집에는 다양한 공간이 있고 지붕 하나가 그 공간들을 다 덮고 있는 반면, 조선의 가옥은 단지 하나의 공간만을 가지고 있다. 다른 공간이 필요한 경우 조선인은 첫 번째 집 옆에 다른 집을 하나 세운다. 말하자면 방 하나가 그 자체로 하나의 집인 것이다. 하수도와 상수도, 가스등 같은 것은 언급할 필요도 없다. 가난한 이 지역에서 매우 검소한 유럽인의 요구라도 어느 정도 충족시킬 수 있는 유일한 집은 수령의 관저다. 사실 그의 집은 인천에 있는데, 그는 여기서 종종 머문다. 하지만 누군가 그를 필요로 할 때는 결코 이곳에 없다. 나는 이 키 큰 고관을 그의 관저에 있는 중국 양식으로 지어진 바깥문에서 만났다. 그는 엄청나게 크고 둥근 안경을 끼고, 은제 단추를 단 크고 검은 모자를 쓰고 있었으며, 오른손에 부채를 들고 있는 노인이었다. 진홍색 소매를 단 주황색의 비단옷을 입고 그 위에 발까지 이르는 소매 없는 검은 상의를 입고 있었다. 흰옷을 입은 예쁘장한 소녀 같은 시동이 그의 가마

옆을 따랐다. 가마는 네 명의 짐꾼이 들었는데, 이들 역시 녹색 띠와 가장자리를 댄 흰옷을 입고 있었다. 긴 자줏빛 예복을 입은 두 명의 비서가 이 고관을 수행했고, 여섯 명의 군인들이 이 독특한 행렬을 앞장서 나갔다. 이들이 제물포에 주둔하고 있는 조선 수비대 전부였다! 이런 상황인데 적은 이 나라에 들어와 있다! 일본은 제물포를 점령했고, 이미 수도마저 점령했다! 그럼에도 불구하고 일본군은 조선군보다 행동거지가 더 낫다. 그들은 모든 물품을 현금으로 지불했고, 예의바르게 행동했으며, 술에 취한 채 다니지도 않으며 규율이 잡혀 있었다. 나는 일본 영사의 저택에서 열린 축하연에서 일본 장교 집단을 만났는데, 대다수가 교양 있고 예의바른 사람들이었고 하나 정도의 유럽 언어와 정중한 예절을 알고 있었다.

　제물포 상인들 사이에서 통용되는 동전은 일본의 엔화이지만, 중국인 지역에서는 중국의 은량과 은괴도 쓰인다. 은화가 아니라 단지 청동과 쇠로 만든 동전만을 갖고 있는 조선인은 일본 은화를 꺼리고 일본 동전으로 받는 것을 더 선호한다. 항만의 장은 독일인이다. 마찬가지로 조선 증기선 선단 선장들도 유럽인이다. 이 선단은 모두 네 척의 작은 해안 증기선으로 이루어졌는데, 소규모 항구들을 찾아다니며 거기에 쌓여 있는 토산품들, 주로 쌀과 콩, 생선을 제물포로 운반한다. 이렇게 일주를 하는 데에는 날씨나 안개와 같은 기상 조건에 따라 3일에서 14일이 걸린다. 내게 이 나라와 주민들에 대한 가치 있는 정보를 제공해준 선장들은 급여를 조선식 시간관념과 비교할 때 정확한 때에 받는다. 내가 체류하는 동안 그는 다섯 달 전부터 월급을 받지 못한 상태였다. 하지만 돈이 필요하면, 이 신사들은 간단하게 화물 운임료에서 자신의 월급을 빼고 나머지만 건넴으로써 곤란을 벗어난다.

chapter 6
한강에서

──── 서울로 향하는 주요 항구인 제물포에서 조선의 수도 서울까지는 그리 먼 거리가 아니다. 직선거리로 30마일 정도다. 실제로 그러한 도로가 생기려고 한다. 끔찍하게 더운 7월 초의 날씨에 군장과 무기를 챙겨들고 서울로 행군하는 것은 고려의 대상이 될 수 없었다. 하지만 나는 아주 작은 조랑말을 타는 것보다 걷는 편이 더 나을 것 같았다. 조랑말은 힘없는 귀를 길게 늘어뜨리고 짐 싣는 당나귀처럼 게으르게 이리저리 어슬렁거렸다. 채찍이나 박차를 가해도 녀석들은 맥 빠진 상태에서 깨어나지 못했다. 조랑말이 인내력 있고 야무지다는 것은 의심할 여지가 없지만, 어슬렁어슬렁 걷는 것보다 더 빠르게 걷게 할 방법은 없다. 이러니 조선에는 기병도 없다. 키가 큰 조선인들이 어떻게 이 조그만 말을 타고 기마 공격을 할 수 있겠는가? 나는 편안한 일본의 진리키샤(인력거)를 생각했다. 강하고 튼실한 장딴지를 가진 일본인이 끄는 바퀴가 두 개 달린 조그만 수레다. 나는 일본과 중국에서 거의 날마다 몇 시간씩 이 인력거를 타고 돌아다녔다. 그러나 조선에 철도나 전차가 알려져 있지 않은 것처럼, 줄여서 '리키샤'라고 불리는 이 조그만 수레 역시 알려져 있지 않다. 설사 기업가 정신이 투철한 일본인이 (현재 어떠한

일본인이 기업가적이지 않겠는가?) 리키샤 회사를 조선에 세우려 한다 하더라도, 이곳의 도로에서는 바퀴 축이 휘고 바퀴가 손상되어 수익을 내지 못할 것이다. 아무도 '고요한 아침의 나라'의 도로 사정이 어떤지 상상도 할 수 없을 것이다. 나는 멕시코에서도 이보다 더 나쁜 도로를 보지 못했는데, 아마 이 말이 모든 것을 말해줄 것이다. 수도 서울과 이 나라에서 가장 큰 항구인 제물포 사이에도 차가 다닐 만한 도로가 없고, 거세게 흐르는 넓은 한강의 지류에는 다리도 없다. 사람들이 걸어서 건널 수 있는 작은 강에만 다리가 있고, 정작 필요한 곳에는 다리가 없다. 게다가 조선에는 독특한 풍속이 있는데, 홍수가 지는 계절에 다리를 허는 것이다. 그렇게 하지 않으면 다리가 물에 휩쓸려 갈 수 있기 때문이다. 사람들은 강가의 높은 지대에 다리 만들 재료를 쌓아놓고, 큰물이 지나갈 때까지 기다린다. 사람들이 강을 걸어서 건널 수 있을 때쯤, 다리도 다시 세워진다. 이는 따라 할 만한 가치가 있는 제도인데, 왜냐하면 이렇게 해서 지방의 고관들은 많은 돈을 절약하기 때문이다. 서울과 제물포를 오가는 외교관과 조선의 고관들은 보통 네 명에서 여섯 명의 힘 좋은 조선인들이 운반하는 의자(가마)를 타고 다닌다. 그러나 가마를 타고 다른 곳으로 가려면 이른 아침에 길을 나서야 한다. 만약 해가 진 뒤에 서울의 성문 앞에 도착하면, 노숙을 할 도리밖에 없다. 왜냐하면 성문은 해가 뜨기 전에는 그 누구에게도 개방되지 않기 때문이다.

　이런 상황에서 말을 타는 것은, 비록 고양이 같은 조랑말일지라도 좀 더 편안하고 빠른 방법이다. 그래서 조랑말을 구하려고 수소문했으나, 내가 도착하기 직전 조선에 상륙하여 빠른 행군으로 이미 수도에 도착했을 일본군 역시 말을 필요로 했다. 어쨌든 나는 내가 묵는 숙소의 주인에게서 말을 하나 손에 넣는 데 성공했다. 그러나 그는 말이 매우 비싸다고 했다.

"좋습니다. 얼마지요?"

"2만 냥입니다!"

2만 냥! 나는 이 엄청난 숫자에 놀라움을 금치 못했다. 돈을 계산해보고 나는 미국의 유머 소설가인 내 친구 마크 트웨인$^{Mark\ Twain}$이 마데이라 섬에서 겪은 일과 비슷한 일이 이곳 극동에서 나에게도 벌어졌다는 것을 알았다. 마데이라에서 마크 트웨인과 그의 여행 동료들은 점심 한 끼를 위해, 내 기억으로 15만 레알을 지불해야 했다. 나는 그 액수를 '뛰어넘는' 돈을 지불해야 했는데, 왜냐하면 1천 레알이 미국 달러로 1달러에 해당하는 반면, 조선에서는 그보다 거의 여섯 배가 더 필요하기 때문이다! 6천 냥이 1달러인 것이다! 나는 조선인들이 알고 있는 유일한 화폐인 크고 둥글고 검은 동전들을 손에 넣었다. 유럽의 여인들은 금이나 은으로 물건을 살 수 있다는 사실을 다행으로 여겨야 한다. 여자들이 100마르크나 100크로네를 넣어두고자 한다면 지갑이 얼마나 커야 하겠는가!

2만 냥! 그러니까 이는 대략 3달러 반에 해당한다. 그리고 이 돈으로 말몰이꾼도 같이 가려 했다. 조선에서는 말몰이꾼 없이는 말도 없다. 말을 달리게 하려면, 고삐로 앞에서 끌거나 뒤에서 몰아대야 한다. 숙소 주인은 보통 때라면 서울까지 가는 데 말 한 마리당 5천에서 6천 냥밖에 하지 않았을 것이라고 말했다. 하지만 일본인들 때문에 어쩔 수 없다며 그는 어깨를 들썩이며 눈을 꿈벅였다. 이곳에서는 말 그대로, 말^{馬}의 무게와 돈의 무게가 서로 엇비슷한데도 불구하고 값어치로 따지면 그리 비싼 게 아니다. 나는 그에게 말을 보여달라고 부탁했다. 하지만 그 말을 보았을 때, 나는 좀 더 시간이 걸리더라도 차라리 물길로 서울까지

가기로 결심했다. 그 말은 병든 벼룩처럼 보였고, 말안장은 닭장처럼 보이는 나무로 만든 격자 상자였다.

제물포 몇 킬로미터 북쪽에서 한강이 황해로 흘러든다. 서울은 해안 가까이, 그러니까 상류 쪽으로 대략 70마일쯤에 위치해 있다. 이 강은 수량이 풍부해서 배가 다녔고, 증기선도 오갈 수 있을 것이다. 약 30년 전에는 프랑스 군함도 수도까지 밀고 들어갈 정도였다. 그래서 나는 다음 증기선이 언제 출발하는지 알아보았다. 어떤 사람이 내게 운항한다고 대답해주었다. 한강에는 증기선들이 떠 있는데, 처음에는 모두 똑같아 보인다. 게다가 우리는 일본과 중국의 증기선 노선을 이용할 수 있다. 중국 증기선은 정기적으로 운항하지만 지금은 강의 수위가 매우 낮아 모래톱에 걸려 며칠 동안 움직이지 못할 수도 있다.

그렇다면 일본 배는?

"일본 배는 더 이상 승객들을 태우지 않습니다. 일본 정부가 군 수송선으로 사용하고 있기 때문이죠."

나는 10여 척의 각국 군함이 닻을 내리고 있는 항구로 어슬렁어슬렁 내려갔다. 항구 근처에 50여 척의 삼판선과 나룻배 같은 것들이 썰물 진 갯벌 속에 놓여 있었다. 하지만 여객용 증기선은 보이지 않았다. 마침 항구를 감시하고 있는 일본 장교는 안면이 있는 사람이었다. 그는 나에게 독일어로 이렇게 말해주었다. "물론 저쪽에 중국 배가 있지요. 청룡이 새겨진 황색 깃발이 보이지 않습니까? 하지만 너무 가까이 접근하지는 마세요. 언제 폭발할지 모르니까요."

옳은 말이었다. 그러니까 저것이 증기선이란 말인가? 내 조랑말이 벼룩처럼 생겼다면, 이 배는 낡은 상자처럼 보였다. 배는 버려진 초소처럼 보였고, 그다지 크지 않았다. 배는 갯벌 속에 깊이 박힌 채 이물과 고물을 드러내고 있었다. 상자 위로 굴뚝과 중국 황제의 자랑스러운 깃발이 달린 깃대가 있었다.

처음에는 조랑말을 타고 갈까 생각하다가, 내 동료인 제물포의 일본 영사를 찾아가기로 마음먹었다. 아마도 그는 일본 수송선을 타고 가라고 허락해줄지도 몰랐다.

나는 대기실에서 한참을 기다려야 했다. 오랫동안 유럽의 강대국들에게 간섭을 받아온 일본의 지배자들은 이제 자신들이 이 나라의 지배자라고 느끼고 있었기 때문이다. 오래 기다리게 한 것에 비해 그는 아주 관대하게 내 부탁을 들어주었다. 증기선은 한 시간 안에 출항할 것이라며, 허가서를 비서를 통해 숙소로 보내주겠다고 했다. 늦지 않게 배에 오르기 위해 나는 서둘러 항구로 갔다. 항구로 가는 길에 제물포에 정주하는 독일 상인을 만났다. "아, 당신은 서울로 항해할 수 있도록 일본인의 승낙을 얻었군요? 그렇다면 혹시 서울에 있는 영국 총영사에게 보낼 광천수 한 상자를 부탁해도 될까요? 그 불쌍한 사람은 광천수가 없어서 포도주만 마시고 있답니다. 도착하는 대로 짐꾼에게 넘겨주시기만 하면 됩니다."

"좋습니다. 하지만 증기선이 30분 내에 출발합니다. 서두르셔야 할 거예요."

"조선에서는 일이 그렇게 빨리 진행되지 않아요. 아마 점심때나 출발할 겁니다, 1시쯤에요."

그렇다면 식사할 시간 정도는 있을 거란 생각이 들었다. 하지만 증기선이 제 시간에 떠난다면? 그래서 나는 노 젓는 삼판선에 올라타서 일본 증기선을 향해 갔다. 이 배는 이웃 중국 배에 비해 전혀 나은 편이 아니었다. 이물 갑판의 높이가 1미터를 넘지 않는 이 초라한 상자 위에는,

이미 10여 명의 일본군과 관리들이 돗자리를 깔고서 사지를 쭉 편 채 누워서 자고 있었다. 나에게는 디오게네스의 통 크기 정도밖에 되지 않는 객실이 배당되었다. 지금까지 내가 있었던 곳 중에 가장 좁은 곳이었다. 높이와 폭, 길이가 대략 1미터씩으로, 의자 두 개가 들어가니 공간이 꽉 찼다. 내가 앉자 머리는 천장에 닿았고 내 등은 한쪽 벽에, 발은 다른 벽에 닿았다. 게다가 객실이 기계실과 접해 있어 빵 굽는 오븐 같은 열기로 후끈거렸다.

나는 증기선으로 가면 서울까지 보통 일곱 시간에서 여덟 시간이 걸린다는 말을 들었다. 정오에 출발한다면, 성문이 닫히기 전에 도착할 수 있을 것이고, 그러면 성곽 앞에서 밤을 지새울 필요가 없었다. 그렇게만 된다면 좋을 터였다. 그러나 1시가 다 되도록 증기선은 닻을 올리지 않았다. 나는 찜통 같은 객실 안에서 땀을 뻘뻘 흘렸다. 밖으로 나갈 수도 없었다. 중국의 여름 같은 태양이 끔찍하게 내리쬐고 있었기 때문이다. 허기가 느껴져 손뼉을 치자 일본인 웨이터가 급히 달려와서는 알아들을 수 없는 일본 말로 뭐라고 지껄였다. 나는 밥, 콩, 생선, 맥주 등을 주문할 수 있을 정도의 일본어는 배워두고 있었다. 그는 당연히 평범한 일본식 식사인 삶은 쌀과 차를 가져왔다. 이제 일곱 시간 후면 서울에 도착할 것이다!

밥을 먹고 있는 동안 2시가 되었고, 장화를 신고 박차를 단 일본군 중위 한 명이 객실로 들어왔다. 그는 편히 앉아서 군복 상의와 장화를 벗고, 권총과 칼을 못에다 걸었다. 그런 다음 내 옆에 있는 의자에 앉았다. 그러니까 그가 나의 여행 동료인 셈이었다. 또 다른 사람이 들어오지 않는다면 좋으련만! 둘이라면 일곱 시간 동안 어떻게든 견딜 수 있을 것이다. 3시가 되었지만 우리는 여전히 햇볕 속에서 구워지고 있었다. 어떻게 되어가고 있는지 상황이라도 알 수 있으면 좋으련만! 사람들은 오로지 일본어로만 이야기하고 있었다. 10여 개의 언어를 할 줄 안다 하더라도 결코 세계 일주를 하는 데 충분하지 않은 것이다. 이제 기다리는 것이 지루해졌다. 오늘 밤 안에 서울에 도착하기는 틀렸으니 성곽 앞 벌판에서 기다리는 것이나 객실에서 아침까지 기다리는 것이나 마찬가지였다. 마침내 하얀 바탕에 붉은 공이 그려져 있는 일본 국기를 단 삼판선이 항구에서 떠나 증기선으로 향했다. 전보를 담은 함을 든 장교 하나가 갑판 위로 뛰어올랐다. 그리고 난처한 일이 벌어졌다! 객실이라고 불리는 화로 속에 세 사람이 들어찬 것이다! 게다가 광천수까지 고문에 가담했다. 다행히도 증기선이 출발했고, 바람이 불어와서 객실을 어느 정도 참을 만하게 해주었다. 1866년 프랑스 원정대 사령관인 로즈 제독의 이름을 따서 명명된 로즈 섬이 점차 시야에서 멀어져 갔고, 우리는 제물포와 중요하고 큰 섬인 강화도 사이에 섬들이 널려 있는 이름조차 없는 만 위에 있었다. 파도가 갑판에 몰아쳤기 때문에, 우리는 물벼락을 피해 문과 작은 창을 꼭꼭 닫아야 했다. 다행히 한 시간 뒤 조선에서 제일 큰 한강의 남쪽 하구에 도착했다. 한강은 조선의 동해안 가까이에서 발원하여 여기에서 그 더러운 물을 황해로 흘려보내는 것이다. 강화도는 한강의 하구에 둘러싸여 있는 훌륭한 땅이다! 푸른 과수원과 잘 가꾸어진 작은 논들에 둘러싸인 마을이 옹기종기 자리 잡고 있다. 마을 뒤쪽의 부드러운 언덕은 때로는 푸른 녹지로, 때로는 짙은 가문비나무와 소나무 숲을 이루고 있었다. 남중국에 있는 홍콩 주변과 비슷하게, 환상적인 형태를 띤 산 정상과 가파르게 솟아오른 뾰족 산을 가진 그림 같은 암벽들이 배경을 이루고 있었다. 넓고 누런 바다 위에는 수많은 삼판선과, 짧은 돛대와 짚 매트로 만들어진 돛을 단 한물간 돛단배들이 떠 있었다. 해안의 고지마다 포안砲眼과 단단하고 육중한 문이 달린 요새들의 성벽이 둘러져 있었다. 하지만 흉장胸牆 사이로는 잡초가 무성했고, 반쯤 폐허가 되어버린 요새들에는 대포 한 문, 군인 한 명 보이지 않았다. 그런데 적은 이미 이 나라에 들어와 있었다! 조선인은 일본인에게 미미한 저항조차 시도해보지 않았고, 천황의 군대는 마치 퍼레이드를 벌이는 것처럼 서울로 입성했다! 요새들은 일본인이 아니라 유럽인의 침략을 막기 위해 세워진 것이었다. 1860년에 소수의 영국군과 프랑스군이 톈진에 상륙하여 베이징을 점령했을 때, 당시 조선의 실권자였던 대원군은 경악을 금치 못했다. 그래서 급하게 한강변에 이 요새들을 설치하고는 초라하고 작은 대포들과 누벽壘壁총, 화승총으로 무장시켰던 것이다. 하지만 그때만 해도 아무도 조선에 신경 쓰지 않았다. 중국은 굴복했고, 중국과 함께 그 예속국도 굴복했다. 조선은 그로부터 6년 후에야 로즈 제독의 원정을 계기로 그다음 대상이 되었다. 당시 프랑스 해군뿐 아니라 프랑스 외교는 잊을 수 없는 웃음거리가 되고 말았다. 우리는 바로 그 프랑스가 패배한 현장을 지나고 있었다. 이곳은 높이가 대략 300미터쯤 되는 아름다운 산으로 두 개의 둥근 봉우리를 가지고 있으며 그 봉우리들 사이로 잎이 무성하고 나무 군락지로 덮인 계곡의 평지가 강 쪽으로 낮게 펼쳐져 있다. 산 중턱쯤에 크고 하얀 건물이 보였는데, 수도원 같기도 하고 산성 같기도 했다. 이 건물은 약 800미터 둘레의 높고 하얀 담으로 둘러싸여 있었는데, 이 담은 양쪽 산등성이를 따라 강까지 내려갔다. 내가 이 그림 같은 장소를 쌍안경으로 보고 있을 때 증기선 선장이 나를 팔꿈치로 치더니 오른손으로 채찍질하는 동작을 하며 "Falansi, fst, fst, fst"라고 말했다. 여기가 바로 조선인들이 프랑스인들에게 굴욕적인 패배를 안겨준 곳이었다. 이 흥미로운 일화는 설명할 만한 가치가 있다. 왜냐하면 바로 이 사건으로 인해 조선은 15년간 더 유럽인들부터 폐쇄되어 있었으며, 수천 명의 조선 가톨릭 신자들이 기고만장해진 대원군에 의해 극악한 방식으로 처형당했기 때문이다.

프랑스 원정대가 온 결정적인 원인은 당시 베이징에 있던 주중 프랑스 공사 앙리 드 벨로네Henri de Bellonet가 1866년 7월 13일에 총리아문의 수장인 공친왕에게 전한 메모 때문이었다. 불꽃같은 표현과 폭발적인 위협이라는 면에서 이 메모는 외교사에서 비교할 만한 것이 없을 것이다! 메모의 내용은 이랬다.

> 각하! 본인은 유감스럽게도 조그만 왕국 조선에서 벌어진 끔찍한 범죄에 대해 황제 폐하께 알려드리는 바입니다. …… 3월에 조선의 프랑스인 주교 두 명이 프랑스인 선교사 아홉 명, 조선인 사제 두 명 그리고 남녀노소를 불문한 엄청난 수의 조선 가톨릭교도와 함께, 조선 주권자의 명령에 따라 가장 끔찍한 방식으로 학살당했습니다.
>
> 황제 폐하(나폴레옹 3세)의 정부는 그러한 유혈 범죄를 잠자코 넘길 수는 없습니다. 조선의 왕이 우리의 불운한 동족에게 손을 댄 바로 그날이 그 나라 정부의 마지막 날이었습니다. 그 스스로, 본인이 오늘 엄숙하게 선언하는 그의 최후를 선포한 것입니다. 며칠 내로 우리 군대는 조선 정복에 착수할 것입니다. 그리고 우리의 숭고한 주권자인 황제 폐하는 이제부터 폐하의 판단에 따라 조선과 조선 국왕의 빈 왕좌를 소유할 유일한 권리와 힘을 갖고 있습니다.
>
> 중국 정부는 본인에게 자국은 조선에 대한 어떠한 권위도 갖고 있지 않다고 재차 선언하였고, 이것을 구실로 톈진 조약을 조선으로 확대하기를 거부했습니다. 우리는 이러한 중국의 선언을 깊이 새겨들었습니다.

그리하여 우리는 조선에 관련된 중국의 어떠한 권위도 인정하지 않을 것임을 선언합니다. 앙리 드 벨로네."

역시 공친왕에게 보낸 다음번 허풍스런 편지에는 다음과 같은 구절도 나온다. "전쟁은 우리 프랑스인이 정열적으로 사랑하는 취미입니다." 파리로부터의 지시도 기다리지 않고, 공사는 로즈 제독이 지휘하는 전함 일곱 척의 함대와 600명의 병력에게 조선에서 전쟁을 시작하라고 명령했다. 1866년 10월 중순, 함대는 한강을 거슬러 올라가며 몇 개의 요새를 점령하고 강화도의 도읍지를 파괴했다. 그리고 제독은 조선 최고 대신 세 명을 인도할 것을 요구하는 서한을 서울로 보냈다.

그러는 사이에 조선인들은 나머지 요새들을 굳건히 지켰다. 또한 북쪽 지방 출신의 악명 높은 호랑이 사냥꾼 800명을 사원으로 보냈다. 비록 화살과 화승총만으로 무장하긴 했어도 이들은 훌륭한 사수이자 용감한 군인들이었다.

제독은 이 사실을 알고 사원을 공격하라는 명령을 내렸다. 10월 27일 아침에 160명의 프랑스군으로 이루어진 한 부대가 사원 부근에 상륙한 후, 바로 공격에 나섰다. 이전의 요새들처럼 쉽게 점령할 수 있으리라고 생각했던 것이다. 그들은 총포 대신에 점심 식사를 몇 마리의 노새에 실어 날랐다. 몇몇은 공격 전에 점심을 원했지만, 대다수는 먼저 사원을 점령하고 나서 휴식을 취하면서 점심을 먹자는 쪽으로 기울었다. 이들은 한 명의 조선인도 보지 못한 채 대략 200미터를 전진했다. 모든 것이 무덤처럼 적막했다. 갑자기 사원 벽 전체에 걸쳐 요란한 소리가 나며 번쩍였다. 곧바로 80명의 프랑스군이 나자빠졌고, 부대원들은 모두 도망치기 시작했다. 그러나 프랑스군의 점심을 등에 실은 노새들은 약속이

나 한 듯이 경쾌하게 사원 쪽으로 내달려서는 그 안으로 사라져버렸다! 공격을 계속하거나 사원에서 점심을 먹는다는 것은 더 이상 생각할 수 없었다. 장교들이 어렵사리 나머지 부대를 모았고, 서둘러 부상자를 끌고 배로 되돌아왔다. 정말 믿을 수 없는 일이 아직 남아 있었다. 로즈 제독은 닻을 올리게 하고 원정을 중단한 채 조선에서 도망쳤던 것이다! 이것이 침략의 굴욕적인 종말이었다! 조선이 승리하자 기독교도에 대한 피비린내 나는 학살이 다시금 일어났다. 이때 수천 명이 살육의 희생물이 되었다!

　동아시아에서의 프랑스 정책에 관한 그다지 자랑스럽지 못한 기념물인 역사적인 사원이 시야에서 사라졌다. 조금 뒤에 나는 증기선 바로 앞에 거대한 암벽이 높이 솟아 있는 것을 보았다. 온통 높은 성벽과 단단한 성루로 덮여 있는 이곳에서, 1871년 6월 12일 미국군과 조선군이 전투를 벌였다. 당시 용감한 미국군은 조선의 강력한 이 요새를 공격하여, 마지막 한 명까지 학살했다. 암벽은 누런 물속에서 조선의 로렐라이처럼 높고 가파르게 솟아 있다. 강물은 여기서 폭이 좁아져 거친 파도를 일으키면서 쏴쏴 거리며 앞으로 나아갈 길을 찾는다. 우리의 작은 조각배는 불안하게 이리저리 흔들렸다. 파도가 갑판에 몰아쳤고, 나는 극단적인 상황에 대처할 준비를 했다. 거대한 암초들이 강바닥 한가운데 솟아 있었다. 1871년 미국 전함 모노카시Monocacy호는 큰물이 덮쳐오는 바람에 이런 암초들 중 하나에 내동댕이쳐졌다. 그렇게 육중한 배도 그런 일을 당했다면, 우리의 '증기 호두 껍데기' 배가 얼마나 심하게 요동쳤는지 상상할 수 있을 것이다. 나는 이처럼 위험한 소용돌이를, 이미 몬트리올 앞의 로렌시아 강에서, 루이지빌 근처의 오하이오에서, 콜롬비아의 막달레나 강에서 경험했다. 하지만 그때 탔던 배는 좀 더 컸다. 조정간을 반 바퀴 더 돌리거나 덜 돌렸다면 우리는 침몰했을 것이다. 그러나 선장은 능숙한 솜씨로 직접 배를 몰았다. 양옆으로 지나가는 암초들이 너무 가까워서 손을 뻗으면 닿을 것 같았다. 거품을 일으키며 솟아오르는 큰물이 우리 키보다 더 높았지만 운 좋게도 가장 위험한 순간이 지나갔고, 우리는 소용돌이와 급류, 스킬라^{Scylla}♦와 카립디스^{Charybdis}♦♦를 뒤로했다!

♦ 시칠리아 섬 앞바다의 위험한 바위.
♦♦ 시칠리아 섬 앞바다 스킬라 부근의 큰 소용돌이.

chapter 7
강화에서 서울로

---- 한강의 급류와 소용돌이를 어떻게 부르는지 알 수 없었다. 나는 그것을 '모노카시 포인트'라 부르고자 한다. 아마도 1871년 군사 원정 임무를 띠고 한강을 거슬러 올라가려다, 지금 언급하고 있는 암초에 좌초된 미국 전함의 이름 '모노카시' 보다 더 적절한 이름은 없으리라.

'모노카시 포인트' 위쪽에서 우리는 강폭이 좀 더 넓고 물살이 잔잔한 지점에 이르렀는데, 정말 믿을 수 없게도 모래톱에 걸리고 말았다. 인간은 자신의 운명을 피해갈 수 없는 법이다. 모래톱에서 빠져나가려고 온갖 노력을 기울였지만 수포로 돌아갔고, 우리는 만조 때까지 기다려야만 했다! 오른쪽 강가에서는 할 일 없는 수백 명의 조선인들이 우리의 움직임을 지켜보고 있었다. 삼판선 몇 척이 우리에게 다가왔다. 그 배에 탄 사람들은 우리의 사정에 관심을 가지는 듯했다. 이후 몇 시간 동안 그곳을 빠져나간다는 것은 가당치도 않은 일이었다. 그나마 일본인이나 조선인과도 시간에 대해서는 소통할 수 있다는 게 다행이었다. 그들도 우리처럼 로마 숫자로 된 시계를 갖고 있었던 것이다. 나는 시계를 꺼내 선장에게 보여주며, 말이 필요 없는 국제 공용어인 몸짓으로 언제 다시 출발할 수 있는지 물었다. 그는 8시를 가리켰다. 그러니까 세 시간은 여유가

있는 셈이었다. 이번에도 몸짓으로 육지로 가도 되는지 물어보았다. 그는 고개를 끄덕였고, 즉각 삼판선 중 하나에 탄 사람들과 나를 육지까지 태우고 가는 일을 교섭해주었다. 나는 사진을 몇 장 찍을 요량으로 코닥 사진기를 어깨에 메고 보트에 올라탔다. 그러고는 강화도와 강화의 도읍지를 향해 나아갔다. 해안가에 옹기종기 모여 있는 집들은 강화 시의 일부인 것 같았다. 흙벽이 높게 설치된 성곽이 전 지역을 수 킬로미터에 걸쳐 북으로 감싸고 있었다. 성곽 너머로 눈길을 돌리자 내륙 쪽 언덕 위에 성곽의 다른 부분이 보였다. 이 성곽은 베이징이나 난징의 성곽처럼 거주 지역만 둘러싸고 있는 것이 아니라 들판과 경작지까지 감싸고 있는 것처럼 보였다. 성곽의 가장 남쪽 지점은 모노카시 포인트의 암벽이었다. 그곳에서 성곽은 강가를 따라 이어졌는데, 많은 부분이 갈라지거나 거의 부서지고 나무와 덤불이 무성히 자라 있었다. 어느 곳에서도 대포나 군인은 보이지 않았다. 이것이 조선에서 가장 크고 굳건하며, 위태로운 시대에 왕과 정부가 몸을 의탁하곤 하는 군영인 강화였다! 급류 위쪽의 암벽 요새는 최소한의 무기 시설조차 없었다.

뱃사람들은 나를 강 위쪽 단구 위에 서 있는 많은 건물들이 모여 있는 곳으로 데려갔다. 이곳도 물이 빠져나간 상태였기 때문에 삼판선들이 물가 진흙 속에 있었다. 그래서 우리는 일종의 수로로 들어갔는데, 요새의 성벽이 아치형의 문처럼 이 수로 위를 가로지르고 있었다. 아치문 위로는 중국식의 휜 지붕으로 덮인 감시 초소가 있었다. 어느 돌계단 앞에서 멈춰 섰다가 이 계단을 오르면서, 나는 소위 도시라고 하는 것이 단지 100채 정도의 조그만 진흙집 군락이라는 것을 알게 되었다. 그 집들 뒤로는 잘 경작된 들판이 언덕의 꼭대기까지 섬 내륙 쪽으로 수 킬로미터 이어져 있었다. 나는 언덕의 완만한 경사지를 따라서 겉보기에 좀 더 크고 성곽으로 둘러싸인 도시를 보았다. 비로소 모습을 드러낸 이곳이 바로 '강의 꽃'이라는 뜻을 가진 강화였다. 나는 호기심에 차서 지켜보는 한 무리의 조선인들을 헤치고 방향을 바꿔 도시로 직접 연결된 훌륭하고 넓은 들판 길로 들어섰다. 내 뒤로 하얀 평상복을 입고, 가운데 가르마로 길게 머리를 땋은 수줍은 소년들 한 무리가 따라왔다. 부산과 제물포에서 본 대부분의 여자들은 흰옷만 입고 있었는데, 이곳의 마당과 들판에서 일하는 여자들은 주로 빨간 치마와 파란 상의를 입고 있었다. 적어도 내가 본 바로는 이곳의 땅이란 땅은 모두 경작되고 있는 것 같았다. 작물은 쌀, 보리, 수수, 옥수수, 담배, 순무 등이었는데, 이 모든 것들이 소중히 여겨지는 작은 들판에서 경작되고 있었다. 사이사이에 호두나무나 내가 잘 모르는 과실수들이 있었다. 악평을 듣는 나라에서 전혀 기대하지 않았던 사랑스럽고 평화로운 광경이었다.

나를 가장 매료시킨 것은 내가 빠르게 다가가고 있는 도시 자체였다. 이 도시는 이미 13세기에 중요한 곳이 되었는데, 위대한 정복자인 칭기즈칸 휘하의 몽골군이 13세기 전반 조선에 쳐들어왔을 때 이 나라의 왕이 여기로 피신했기 때문이다. 당시에 조선인들은 오늘날보다 더 용감했던 것처럼 보인다. 침략자에 대항해 봉기했고, 침략자 모두를 살해했다. 650년 뒤인 1866년, 소규모의 프랑스인들이 마치 퍼레이드 행렬이라도 벌이듯 강화로 진군하여 5미터 높이의 성벽을 기어올랐고, 약 1만 5천 명이 살던 도시를 몽땅 불태워버렸다! 그 후 강화의 조선인들은 도시를 다시 건설했고, 지금은 대략 2만 명의 주민이 살고 있다. 하지만 나를 이 도시로 이끈 것은 이런 것들이 아니었다. 나는 이렇게 오래된 도시에는 오래된 궁전과 성, 흥미로운 기념물이 있을 것이라고 기대했다. 하지만 얼마나 실망했는지 모른다! 내가 여기서도 다시 확인했듯이, 조선의 도시들은 성곽으로 둘러싸인 커다란 촌락에 불과하다. 성곽이 그나마 가장 뛰어난 건축물이다. 예외적으로 둥근 기와로 덮인 것도 있지만, 대개 지푸라기로 덮인 똑같이 초라한 흙집들에, 똑같이 초라하고 비좁은 골목길, 어떤 흥미로운 물건도 없이 똑같이 가난한 가게들이 있을 뿐이다. 강화나 그 근방 어디엔가, 수도나 조약 항 외부에 사는 유일한 유럽인인 영국인이 한 명 산다고 들었는데, 나는 그의 집을 발견할 수 없었다. 이방인의 방문도 다른 어디서나 마찬가지로 빈둥거리고 게으름 피우는 이곳 주민들을 무기력에서 깨우지 못한 것으로 보였다. 그들은 나를 호기심 어린 눈으로 쳐다보았을 뿐, 우호감이나 적대감을 표시하지는 않았다. 물론 사정은 다르게 전개될 수도 있었다. 아름다운 중국식 문을 가진 크고 위엄 있는 건물 쪽으로 계단이 나 있는 것을 보며, 나는 이것이 때때로 이곳을 찾는 왕의 여름 궁전일 것이라고 추측했다. 내가 계단을 오르기 시작하자, 나를 쫓아오던 아이들이 놀란 듯 계단 밑에 남아 있었다. 엄청 큰 모자를 쓰고 자기 집 벽 앞에서 쭈그리고 앉아 있던 수염 난 남자들이 조심스럽게 다가왔다. 궁전의 문 뒤에서 푸른 덧옷과 바지를 입은 병사 몇 명이 나타났다. 그들은 소리를 지르며 몸짓으로 출입을 막았다. 그들의 그림 같은 모습을 내 코닥 카메라에 담을 수 있는 좋은 순간을 놓치고 싶지 않았다. 나는 카메라를 꺼내서 병사들 쪽을 향했다. 그러자 정말 큰 소동이 벌어졌다. 계단 밑에 있던 조선인들은 숨어버리거나 소리를 지르며 도망갔다. 병사들은 재빨리 되돌아가 화승총을 들고 나타났다. 나는 이것이 무엇을 의미하는지 알지 못했다. 그사이에 나는 내 기구들을 상자 속에 도로 집어넣었다. 그제야 병사들은 다시 우호적이 되었다. 어쩌면 이들은 카메라를 무슨 살인 도구나 폭탄인 줄 알았을 거라는 생각이 퍼뜩 들었다. 그래서 나는 마침 주머니

속에 있던 사진 한 장을 꺼내면서 사진기를 가리켰다. 그제야 사람들은 방금 전 가졌던 근거 없는 공포에 대해 웃기 시작했고, 유럽인이 찍는 사진 속에 영원히 남기 위해 자발적으로 포즈를 취했다. 그러나 그들은 끝내 나를 궁전의 안쪽으로 들여보내 주지 않았다. 프랑스인들이 아주 풍부한 역사적 자료들과 서적들, 예술품들을 노략질한 곳이 여기일 것이다. 물론 그들이 6년 전에 베이징에 있는 중국 황궁에서 약탈했던 것에 비하면 가치가 덜하지만 말이다.

한강으로 되돌아오면서, 나는 우리의 흔들리는 상자인 증기선이 여전히 모래톱에 얹혀 있는 것을 발견했다. 나중에야 우리는 여행을 계속할 수 있었다. 하지만 얼마나 대단한 밤이었는지 모른다! 나는 두 명의 장교와 함께 구멍같이 작은 객실에서 딱딱한 의자에 쭈그려 앉은 채 졸았다. 다리를 편다거나 자유롭게 움직이는 것조차 불가능했다. 나는 내 잠자리 동료들을 불편하게 만들고 싶지 않았다. 한 명은 두 번째 의자에 앉았고, 다른 한 명은 다리를 끌어당겨서 우리들 사이의 바닥에 있었다. 얼마나 고통스러웠는지! 이 모든 것이 조선을 약간이라도 보려는 마음 때문이었다.

해가 뜬 지 얼마 되지 않아 다시 깨어났을 때, 우리는 또다시 모래톱에 걸려 한 시간이나 붙들려 있어야 했고, 강을 몇 킬로미터 거슬러 올라가다가 세 번째로 모래톱에 걸렸다! 게다가 선장은 기계가 약간 고장 났다고 설명했다. 우리는 절대 앞으로 나아갈 수 없는 것이다! 이제 우리는 더럽고 누런 강물 한복판에 서 있어야 했고, 밀물로 수위가 높아지자 화물선과 정크선들이 떠밀려 우리 곁을 지나갔다. 그런데 우리 유럽 문명이 물살이나 바람과 상관없이 다닐 수 있도록 만들어놓은 증기선 위에서 정작 우리는 꼼짝도 못하고 있었다! 그러니 조선인들이 얼마나 웃었겠는가!

밤사이에 엄청나게 많은 전신주를 실은 큰 화물선이 우리 증기선과 연결되었다. 이 전신주는 일본 하사관의 책임하에 서울로 운반되고 있었는데, 아마도 야전 전신 배선을 위한 것인 듯싶었다. 나의 객실 동료인 장교들이 선장과 상의를 하고 나자, 화물선이 증기선 한쪽으로 노를 저어 왔다. 그러자 증기선의 승객들은 가볍게 화물선으로 옮겨 탔다. 나도 똑같이 했지만, 광천수가 담긴 내 지긋지긋한 상자는 어떻게 될까? 조그만 고양이처럼 생긴 일본인 승무원들이 이 흉물스러운 상자를 강 한복판에서 흔들리는 보트로 옮기지 못하는 것은 아닐까? 다른 승객들은 더 이상 기다리지 못하고 어서 출발하라고 재촉했다. 그래서 나는 보트 위에서 발견한 작은 막대기 두 개를 가져다가 증기선에 비스듬히 걸쳐놓고는 일본인들에게 상자를 막대기를 따라 보트로 미끄러뜨릴 수 있을 거라고 암시했다. 내 아이디어에 기뻐하면서 그들은 내가 의도한 대로 했고, 그제야 우리는 증기선을 떠날 수 있었다. 그러나 오직 두 명의 뱃사공에 의해 움직이는 무거운 화물선은 얼마나 느리게 앞으로 기어갔는지 모른다! 조선의 가벼운 삼판선은 우리 곁을 경쾌하게 미끄러져 갔다. 일본 장교들이 그들에게 노 젓는 인원을 넘기라고 외쳤지만, 아무도 우리에게 신경 쓰지 않았다. 조선에서 일본인들은 악마의 화신처럼 미움을 받았던 것이다. 정말 분통이 터졌던 것은, 보호막이나 그늘도 없이 뙤약볕 속에서 타고 있을 때 갑자기 멀리서 증기선 고동 소리가 들린 일이었다. 오늘 아침에야 제물포에서 출항한 중국 증기선이 돛대 위에 청룡을 새긴 황색 깃발을 달고 뿌 소리를 내며 즐겁게 우리 곁을 지나갔다! 그 배는 서울 항에 우리보다 한 시간 먼저 도착했다! 도대체 내가 왜 일본인들을 신뢰했던 것일까!

오후 1시에야 우리는 수도의 주항 용산에 도착했는데, 수도는 동쪽으로 4마일을 더 가야 했다. 용산은 한강의 가파른 물가에 자리 잡은 그림 같은 조그만 도시다. 다른 도시들처럼 가난하지만 활기가 넘친다. 서쪽 해안 도시나 중국, 일본, 유럽과 이루어지는 모든 무역이 이곳을 거쳐 이루어지기 때문이다. 그런데도 용산과 서울 사이에는 차도가 전혀 없다! 모든 물품은 짐꾼이나 짐 싣는 가축을 통해 여기까지 운반되어야 한다. 조랑말 한 마리가 약 200파운드를 싣고 하루에 30마일을 간다. 조랑말 한 마리를 빌리는 값은 2천 냥에서 3천 냥에 달한다. 이는 대략 2마르크에 해당하는데, 이를 환산하면 톤당 1마일에 80~90페니히를 지불해야 하는 것이다! 이것이 바로 조선인들이 매우 기름지고 풍요로운 땅을 놀리는 이유다. 왜냐하면 수송료가 너무 비싸기 때문에 이들의 주산물인 콩과 쌀 그리고 다른 곡물들은 이웃나라들의 산물과 경쟁이 안 되는 것이다. 조선에 가장 필요한 것은 정직한 고위 관리가 아니라 기차다!

용산처럼 중요한 항구에서조차 우리의 큰 배는 직접 물가에 댈 수 없었다. 승객들은 작은 삼판선으로 갈아타야 했고, 나는 다시 한 번 지긋지긋한 광천수 상자 때문에 고생을 해야 했다! 다행히도 어제 서울의 독일 영사가 나에 대한 호의로 보낸 운반의자◆를 든 조선인들이 나와 있었다. 이 가여운 짐꾼들은 해 뜰 무렵부터 나를 기다리고 있었다. 마침내 그들의 어깨 위에서 서울로 향했다. 광천수는 더 이상 옮기지 않아도 되었다.

◆ 가마로 추정된다.

chapter 8
수도 서울

━━━━ 우리는 용산에서 동쪽으로 난 양지바른 돌투성이 길을 따라가면서, 가까이에 일본 침략군이 주둔하고 있는 몇 개의 마을을 지나쳤다. 푸른 언덕이든 협곡이든 총칼로 무장한 일본군 감시병들이 그림 같은 소나무 사이에 몸을 숨긴 채 서 있었다. 무장한 기병들은 도로를 순찰했다. 여기저기에 한쪽으로 기울어진, 통풍이 잘되는 지붕들이 일렬로 길게 늘어서 있었고, 그 밑에는 일본 기병대의 말들이 서 있었다. 젖은 볏짚과 낙엽들이 바람을 받는 쪽에서 한 무더기 태워지고 있었고, 자욱한 흰 연기가 불쌍한 이 짐승들을 지독한 모기떼로부터 지켜주고 있었다. 큰 소나무의 그늘 아래에는 일본군의 하얀 천막이 서 있었고, 그 위로 붉은 공이 그려진 하얀 기가 솟아 있었다. 나팔 신호와 함께 무기가 맞부딪히는 소리가 곳곳에서 들렸지만, 조선의 농부들은 논과 오이밭에서 평화롭게 일하고 있었다. 이들은 자신들의 나라를 점령하고 게다가 왕이 있는 수도를 향해 행군하는 이 오래된 숙적에 대해 신경 쓰지 않았다.

하긴 왜 그런 걱정을 하겠는가? 일본 천황의 군대가 이들에게 조선 정부보다 더 심각한 위해를 끼칠 수 있을까? 조선 정부는 마지막 푼돈까지 쥐어짜고, 쌀과 곡물을 마지막 한 톨까지 빼앗아가지 않았는가?

온 가족이 배를 곯는 것보다 더 비참한 일이 있을까?

수도라! 나는 그곳에서 15분도 채 떨어져 있지 않았지만 아무것도 볼 수 없었다. 내 앞에는 높이 2천 피트가 넘는 가파르고 삭막한 산들이 서 있었다. 정상 부위가 갈라져 있고, 눈부시게 하얗고 가파른 낭떠러지를 가진 독특한 야성을 지닌 산들이었다. 협곡에는 난쟁이처럼 빈약한 소나무들과 엉겅퀴, 질기고 키 큰 잡초 더미들이 생존을 다투고 있었다. 빗물로 생긴 개천이 산비탈에 깊은 도랑을 내고, 큰 사암 덩어리들을 떼어내어 계곡으로 흘려보냈다. 여기저기에 황토로 된 비탈이 불타는 것처럼 붉게 물들어 있었다. 다른 곳, 특히 산의 남쪽에는 짙푸른 소나무 숲이 보였다. 그러나 도시의 흔적은 어디에도 없었다. 물론 돌투성이의 좁은 길을 따라 초라한 초가지붕과 허물어져 내릴 듯한 오두막은 더 늘어났다. 길 위에서는 나귀와 노새 그리고 사람들이 엄청난 양의 건초와 짚더미, 나뭇단과 말린 생선을 등에 진 채 움직이고 있었는데, 짐에 파묻혀 거의 보이지 않았다.

하지만 수도는 어디에 있단 말인가? 내 눈에는 시나이 반도의 호렙 산◆처럼 보이는, 황량하게 하늘로 솟은 바위들 사이에 있는 것은 아닐 텐데? 다시 한 번 이 그로테스크한 형상에 놀라고 있을 때, 나는 요철 모양으로 되어 있는 높은 성곽을 발견했다. 성곽은 산등성이를 따라 계곡에서부터 약 1천 피트 높이까지 이어졌고, 마지막에는 잿빛 산허리 사이로 사라졌다. 이는 조선인들이 모방했을 중국의 성벽과 유사했다. 누더기를 걸친 내 짐꾼이 빠르게 걸어가고 있는 이 초라하고 다니기 힘든 길이 조선 왕국의 수도와 주항을 연결하는 유일한 육로다. 이 길은 아름답게 휘

◆ 모세가 이스라엘 백성을 이끌고 이집트를 탈출할 때 머문 산.

어져 있는 중국식 이중 지붕이 높이 달린 커다란 석조 문*으로 이어졌다. 몇 분 지나지 않아 나는 친분이 있는 외교관 집에서 머물게 되었다.

서울은 아마도 호텔이나 찻집, 그 밖에 유럽 여행자들을 위한 숙소를 볼 수 없는 지구상에서 유일한 수도이자 왕의 거주지일 것이다. 이곳에 체류가 허락되는 유럽인은 외교관과 선교사뿐이다. 약 10년 전만 해도 조선은 이 외교관과 선교사들에게도 폐쇄된, 전혀 알려지지 않은 전설에 둘러싸인 땅이었다. 그 이후에도 극소수의 여행자만이 이곳을 방문하고 있다.

도착한 지 한 시간 뒤 나는 산 정상에서 이 큰 도시의 풍경을 맛보기 위해, 도시의 성곽을 따라 가파르고 나무들이 우거진 남산에 올라갔다. 그제야 나는 산들이 사화산의 분화구처럼 커다란 분지를 둘러싸고 있으며, 그 분지 안에 수많은 집들이 숨어 있는 것을 보았다. 내가 알기에 이와 비슷한 지형을 가진 도시는 슈투트가르트가 유일하다. 그러나 슈투트가르트의 산들은 포도나무와 밭 그리고 집들로 뒤덮인 완만한 산비탈로 이루어졌고, 수많은 집들 위로 당당한 교회와 성 그리고 높은 탑과 화려한 건물들이 솟아 있으며, 푸른 공원과 정원들이 군데군데 조성되어 있는 반면, 서울의 집들은 단순하고 황량한 황무지나 다름없다. 땅바닥과 거의 구분이 안 되는 납작한 잿빛 오두막의 초가지붕 1만여 개가 마치 공동묘지의 회색 봉분처럼 다닥다닥 늘어서 있다. 도로도 없고, 눈에 띄는 건물이나 사원 또는 궁전도 없고, 나무들과 정원도 없다. 형언할 수 없이 슬프면서도 기묘한 이 광경은 넓게 펼쳐진 도시와 야성적으로 솟아 있는 주변 산들로 인해 조금은 숭고한 인상을 준다. 문득 비슷

◆ 숭례문을 말함.

한 풍경이 떠올랐는데, 추크 호수* 인근에 있는 골다우 계곡이었다. 지난 세기에 골다우 계곡에는 풍요롭고 유복한 사람들이 기름진 들과 정원을 경작하고 살았다. 그곳에는 작지만 번영했던 도시와 마을들이 있었다. 그런데 거대한 산사태가 발생하여, 로스 산 정상에서부터 수만 톤의 잿빛 바위들이 굴러 내려와 그 지역을 메워버렸다. 번창하던 계곡은 끔찍한 잿빛의 폐허가 되어버렸다.

서울도 이와 비슷해 보이기는 하지만, 자연의 힘이 이 비참함을 초래한 것이 아니라 탐욕스럽고 돈에 굶주린 양심 없는 정부가 이를 초래했다는 점이 다르다. 나는 나중에 어떤 조선인이 그린 정치적 캐리커처를 보았는데, 조선을 기묘한 형태의 사람으로 묘사하고 있었다. 머리는 작고 대머리에, 잔뜩 인상을 찌푸리고 있으며, 팔과 다리는 길고 가늘지만 몸통은 끔찍하게 부풀어 올라 있었다. 그 조선인은 나에게 이렇게 말했다. "이것 보세요. 이게 가난한 우리나라의 그림입니다. 여기 위에 있는 머리는 임금이고, 팔과 다리는 착취당하고 억눌린 백성이지만, 피둥피둥 살찐 몸통은 귀족과 같은 의미를 갖는 이 나라의 관료 계층입니다."

그 남자의 말은 분명히 옳았다. 나는 이러한 정황을 이 나라를 여행하면서 도처에서 보았고, 도시 바깥의 높은 곳에서도 확인했다. 어떻게 이 초라하고 무너져가는 흙집에서 사는 것이 가능하단 말인가? 수백 채 중에 하나씩 중국식 기와지붕을 인 집이 드문드문 있었지만, 그것들도 납작한 흙집보다 높지는 않았다. 아마도 서울을 통틀어 2층 높이의 건물은 두세 채에 불과할 것이며, 당연히 이 도시는 계단이라는 것을 모른다. 수 킬로미터에 걸쳐 뻗어 있는 초가지붕의 혼돈 속에서 나는 굴뚝도

---

* 스위스 중부 지방의 호수.

찾아볼 수 없었다. 집에 아궁이나 난방용 불도 없는 것처럼 말이다. 하지만 초가지붕들 사이로 짙고 검은 연기가 모락거리고 있었다. 이 연기들은 대체 어디서 온 것일까?

짚으로 덮인 오두막이 그래도 사람 사는 집과 비슷하게 보일까! 그러나 이 집의 지붕들은 불규칙하게 쌓여 있는 짚더미 같은데, 왜냐하면 다듬지 않은 굽은 나무로 서까래를 만들고 그 위에 빽빽하게 이엉을 이었기 때문이다. 거적과 흙을 던져 붙인 벽 사이사이에 있는 나무들도 굽고 휘어져 있다. 마치 의도적으로 직선을 피한 것처럼 보였다. 나는 높은 곳에서 보았기 때문에 집들의 구조를 쉽게 알아볼 수 있었다. 대부분은 다양한 각도로 서로 연결되어 있는 두 개의 날개로 이루어져 있다. 종종 수평 단면이 구불구불한 형태로 되어 있고, 여기에 역시 굽은 형태의 날개가 대어져 있다. 이런 방식으로 만들어진 작은 안마당들은, 마찬가지로 이엉을 얹은 울타리나 토담으로 둘러싸여 있다. 이 지푸라기의 바다를 활활 타오르게 하는 데는 불붙은 성냥 하나로 충분할 것이다!

게다가 저 아래를 지배하는 것은 무덤 같은 침묵이다! 산들 사이 깊은 곳에 위치한 볏짚의 도시에는 마치 아무도 살지 않는 것처럼, 수레바퀴 소리나 개 짖는 소리, 말발굽 소리, 사람 목소리는 물론이고 아무 소리도 들리지 않는다! 그 대신 때때로 성곽 밖에서 높이 울려 퍼지는 일본군의 트럼펫 소리가 들린다. 도대체 일본인들은 여기서 무엇을 찾고 있는 것일까?

서울에서 가장 인정받을 만한 건축물은 성곽이다. 베이징이나 난징 혹은 중국의 다른 내륙 도시들처럼 서울도 대략 12마일 길이의 엄청난 성곽에 둘러싸여 있는데, 팔방으로 문이 뚫려 있다. 중국식의 높은 이중 지붕으로 솟아 있는 성문은 서울에서 가장 높은 건축물이다. 이 문들은 땅

거미가 지는 황혼녘에 닫혔다가 이른 아침에 다시 개방된다. 길이가 30센티미터나 되는 엄청나게 큰 열쇠는 밤 동안 왕궁에 보관되고, 어떠한 경우에도 일찍 내주지 않는다. 무엇 때문에 이렇게 엄격해야 할까? 도시의 성곽은 여기저기 무너져 있고, 아무도 수리할 생각을 하지 않는데 말이다. 조선에서는 개선되는 것이 아무것도 없다. 성곽의 갈라진 틈 옆으로는 수년 전부터 이곳을 지키도록 배치된 보초병들이 들어갈 수 있는 초가집들이 있다. 이 부대 정도면 단 며칠 만에 파손된 곳을 고칠 수 있을 것이다. 그러나 그들은 그러는 대신에 수년 전부터 여기서 빈둥대고 있다. 이들이 잠을 자는 동안 도시의 안팎에서 조선인과 유럽인들이 그들 곁을 지나쳐 간다.

  서울의 이 기묘한 광경에 점차 익숙해지자, 나는 망원경으로 각각의 거리들을 구별할 수 있었다. 넓은 간선도로가 한눈에 들어왔다. 이 도로는 가장 중요한 두 개의 문인 동대문과 서대문을 연결하며, 지푸라기 버섯처럼 보이는 집들을 거의 동일한 크기의 두 무더기로 나누고 있다. 수백 개의 상점과 노점들로 북적이는 이 거리에서, 두 개의 큰 거리가 북쪽으로 뻗어 있다. 이 거리는 외곽 성곽에서부터 약 800미터쯤 되는 안쪽에서 두 개의 큰 문을 만나면서 끝난다. 그 문들에서부터 다시 한 번 요철이 있는 높은 성곽이 오른쪽과 왼쪽으로 이어지고, 나무숲과 정원을 갖춘 두 개의 광장을 둘러싸는데, 이곳은 단순한 잿빛 도시에서 그야말로 오아시스 같은 곳이다. 나는 푸른 나무들 사이로 여기저기 흩어져 있는 집들을 여러 채 발견할 수 있었는데, 먼 곳에서도 알아볼 수 있을 만큼 훌륭한 외관과 규모로 인해 도시의 다른 집들과 구별되었다.

  "저 건물들을 자세히 보십시오."

  동행했던 사람이 나에게 말했다.

"그곳이 왕궁이니까요. 당신이 여기에서 보는 것 이상을 볼 수는 없을 겁니다. 왜냐하면 왕에게 접근할 수 없는 것과 마찬가지로 왕궁에도 가까이 갈 수 없기 때문이지요. 특히 지금처럼 반란이 온 나라를 휩쓸고, 중국군과 일본군이라는 두 적군이 성문 앞에 있는 경우에는 더욱 그렇지요. 서쪽 궁궐 뒤편에 가파른 절벽 쪽으로 이어지는 좁은 길이 보이십니까? 황량하고 삭막한 북한산의 미로가 있는 그 뒤편으로, 다른 방향에서는 접근이 거의 불가능한 높은 지대에 왕이 뜨거운 여름을 보내는 세 번째 왕궁이 있습니다. 현재는 그 절벽 요새의 수비를 강화하기 위해 조선에서 가장 용감한 군인 500명이 주둔하고 있지요. 왕은 포로로 잡힐까 봐 두려워하고 있고, 그 위쪽이 왕의 마지막 은신처인 셈이기 때문입니다."

그러니까 이 작고 눈에 안 띄는 건물들이 500년 동안 조선을 지배해왔으며 이 넓은 세계에서 아직까지도 오로지 천자, 즉 베이징에 있는 중국의 황제가 정하는 의전에 둘러싸여 있는 오래된 이씨 왕조의 궁궐인 것이다! 보통 사람들이 접근할 수 없는 성벽 안의 그곳은 온갖 난잡한 장면과 방종한 삶이 연출되는 황량한 무대이자 왕의 측근들이 처벌받지 않고 즐기는 범죄의 무대다. 또한 그곳은 끝없는 음모의 무대이자, 조선을 예전의 강대함에서 끌어내려 더러움과 가난 그리고 비참함에 빠뜨린 여인과 환관들이 판치는 무대다!

나는 시암이나 버마, 캄보디아에서와 같은 왕궁을 기대했는데, 내 눈앞에 보인 것은 정말 초라한 건물들이었다. 다만 이 궁전 건물들 중에서 한 가지 예외가 있는데, 그것은 날아갈 듯한 중국식 이중 지붕을 가진 사원처럼 높은 건물, 즉 커다란 알현홀이다.

이것이 사원이 아니라면, 조선의 수도에는 어디에 신전이나 사원이 있는 것일까? 지금까지 내가 여행했던 곳에서는 소위 이교도의 나라에서조차 여느 건물보다 크고 아름다운, 신에게 바치는 장소가 지방마다 최소한 하나씩은 있었다. 그곳에는 신에게 봉사하는 사제들도 있었다. 그러나 이 넓은 초가집들의 사막에서는 그런 건물을 보지 못했다.

 서울에는 사원이 없는데, 그 이유는 조선인들이 우리와 같은 의미의 종교를 가지고 있지 않기 때문이다. 오래전부터 지속되어온 조상 숭배가 전부다. 동행인이 나에게 바로 우리 밑의 남산 발치에 있는 넓은 건물, 즉 왕의 조상을 모신 곳◆을 가리켰다. 왕은 조상들에게 제물로 밥을 바치기 위해 때때로 그곳을 찾는다. 아마도 이전 세기에는 서울에도 크고 아름다운 불교 사원이 있었을 것이다. 나중에 나는 도시의 이곳저곳을 산책하다가 사원의 돌로 된 잔해를 발견했는데, 그것은 조선 전체에서 가장 아름다운 건축술의 한 부분이었다. 곱고 하얀 대리석으로 만들어진 7층 석탑 하나가 아주 비참하고 더러운 흙집들 사이에 숨겨져 있었는데, 나는 이곳에 가기 위해 똥으로 가득 찬 골목길을 철벅이며 걸어가야만 했다. 그것은 중국에서도 아주 드물게 보았던 북중국풍의 걸작 조각품이었다. 아주 세세한 부분까지 뛰어나게 마무리한 장엄한 부조는 부처의 일생과 이 나라 역사의 장면들을 보여주고 있다. 아주 가까운 거리에서 나는 역시 더러운 오물로 가득한 어느 초라한 흙집 뒤뜰에 약 15피트 높이의 기념비가 서 있는 것을 발견했다. 아름다운 조각으로 장식된 비석이 돌로 만든 거북이 위에 8피트 높이로 서 있었다. 다른 도시였다면 오물을 닦아내고 안전 격자를 둘러 소중하게 다루었을 터였다. 하지만 여기서는 무너져가는 흙집들의 지지대 역할을 하고 있다. 다른 많

◆ 종묘를 뜻함.

은 것들처럼 사원도 일본군이 예전에 침략했을 때 파괴되었고, 조선의 도시들에서 불교를 앗아간 것 역시 일본의 침략이었다. 일본의 정복자들은 단호하고 용감하게 방어하는 조선의 도시들을 차지할 수 없었다. 그러자 일본인 몇몇이 승려로 변장하고 도시들을 습격했다. 마침내 평화가 찾아왔을 때 조선의 왕은 그와 유사한 사태가 또다시 일어나는 것을 막기 위해 승려들이 도시 내에 체류하는 것을 금지했다.

하지만 서울은 크고 장엄한 사원을 하나 갖고 있는데, 이 도시에서는 가장 크고 최신식인 데다 가장 아름다운 곳에 있는 건축물이다. 서울에서 제일 높은 고지대인 남산 위의 내가 서 있던 곳에서 동쪽으로, 십자가로 장식된 두 개의 높은 탑을 단 성당이 솟아 있다. 이곳은 가톨릭 서울 주교좌 성당이다! 100년 전부터 가톨릭 선교사들은 조선에서 확고한 발판을 만들기 위해 애썼다. 그만큼 이곳은 다른 곳보다 선교 사업이 훨씬 쉬워 보였던 것이다. 조선에는 십자가를 세우기 위해 무너뜨려야 할 이방신들이 없었다. 하지만 바로 여기에서 저항이 훨씬 더 격렬했다. 10년 전만 해도 두 명의 프랑스 선교사가 망나니의 도끼에 쓰러졌다. 그런데 유럽 강대국들과 조약을 체결한 지금 수도에는 말할 것도 없고 조선 전역에 수천 명의 가톨릭교도들이 있으며, 한 명의 주교와 하나의 성당이 존재한다. 성당은 그 크기와 아름다움으로 볼 때 베이징이나 주장 강변에 위치한 인구 100만의 중국 도시 광저우의 성당에 뒤지지 않는다!

지금까지 내가 보아왔던 도시 중에서도 서울은 확실히 가장 기묘한 도시다. 25만 명가량이 거주하는 대도시 중에서 5만여 채의 집이 초가지붕의 흙집인 곳이 또 어디에 있을까? 가장 중요한 거리로 하수가 흘러들어 도랑이 되어버린 도시가 또 있을까? 서울은 산업도, 굴뚝도, 유리창도, 계단도 없는 도시, 극장과 커피숍이나 찻집, 공원과 정원, 이발

소도 없는 도시다. 집에는 가구나 침대도 없으며, 변소는 직접 거리로 통해 있다. 남녀 할 것 없이 모든 주민들이 흰옷을 입고 있으면서도, 다른 곳보다 더 더럽고 똥 천지인 도시가 어디에 또 있을까? 종교도, 사원도, 가로등도, 상수도도, 마차도, 보도도 없는 국가가 있을까? 프랑크푸르트나 쾰른, 할레와 같은 도시의 사람들이 이러한 모습을 상상이나 할 수 있을까? 그런데 사람들은 이 세상에 유럽 문명이 침투하지 않은 곳이 없다고 말한다.

물은 수도를 둘러싸고 있는 여러 산에서 서울이 있는 계곡 분지로 흐른다. 특히 한여름에 자주 그런 것처럼 소나기라도 내리면, 수많은 하천이 더러운 물로 가득 찬다. 이 하천들을 따라 서울의 주요 도로가 나 있는데, 그 양쪽으로 8~10피트 높이의 작은 집들이 있다. 유럽의 도시에서는 먼저 길을 설계하고, 그다음에 하수로를 만든다. 여기서는 하천에 하수로가 먼저 존재하고, 그 옆을 따라 길이 놓였다. 그러나 그 길만으로는 충분하지 않아 다른 길들이 놓여야 했고, 이 길들은 벗어나기 힘든 미로 속에서 사방으로 이어진다. 언덕으로 오르기도 하고, 급류로 내려가거나, 막혀 있는 벽으로 향하기도 한다. 이 마지막 길들이 가장 더럽다. 오물을 씻어낼 수 있는 물이 없기 때문이다. 따라서 오물이 집 앞에 그냥 놓여 있다. 집 뒤편에는 공간이 없고, 많은 구역의 집들이 서너 줄로 다닥다닥 붙어 있다. 어떤 집에는 뒤편에 작은 채소밭이 있는데, 이런 곳은 하나도 남김없이 활용된다. 공공용지는 오직 길바닥뿐이며, 온갖 오물과 쓰레기 그리고 담장에서 떨어진 조각들은 문 앞에 버려진다. 일고여덟 살이 되도록 발가벗고 돌아다니는 아이들은 길에서도 행인들을 향해 용변을 보는 일이 흔하다. 집 안은 너무 습하고 어둡고 더우며 해충이 많아 안락하지 않기 때문에, 사람들은 모든 집안일을 길거리에서 처리한다. 밤이 되면 집 앞의 땅바닥에 돗자리를 깔고 잔다!

따라서 '거리'라는 표현은 단지 형태만 그렇다는 뜻이다. 우리가 생각하는 의미에서 거리라고 부를 수 있는 것은 단지 두 개만 존재한다. 하나는 서대문에서 동대문으로 이르는 길이고, 두 번째는 이 동서를 잇는 길과 도심에서 교차하는 길이다. 여기에 동서 방향의 길에서 두 개의 궁궐로 이어지는 다른 두 개의 넓은 대로가 있다. 나머지 길들은 모두 초라하고 울퉁불퉁하고 더러우며 비좁은 골목길이다. 여기에는 치우지 않은 쓰레기와 돌 더미들이 조그만 산을 이루고 있으며, 피해갈 수 없는 더러운 녹색 웅덩이들이 있다. 이는 탕헤르나 페스◆ 혹은 광저우와 비슷하다.

그러면서도 서울은 결코 건강에 해로운 곳이 아니며 전염병 발생도 드물다. 그 이유는 한편으로는 겨울이 매우 혹독하여 여러 달 동안 눈과 얼음 그리고 추위가 전염병의 등장을 막고, 다른 한편으로는 여름의 소나기가 오물을 씻어가기 때문이다. 그래도 남은 오물은 개들이 먹어치운다. 개들은 가장 충실하고 집도 잘 지키는 하수도 청소부다. 음식 찌꺼기나 이보다 훨씬 나쁜 종류의 유기물이 쌓이자마자, 이것들은 개들 차지가 된다. 이에 대한 보상으로 개들은 조선인들에게 잡아먹힌다. '양념에 무친 개 머리고기'나 '개꼬리곰탕'은 조선인들의 별식이다. 사람들은 개목에다 밧줄을 매고는 재빨리 빙빙 돌려 죽인다. 푸줏간 주인은 매일 개고기를 팔려고 내놓는데, 그럴 수밖에 없는 이유가 있다. 정부가 지정한 소수의 푸줏간에서는 하루에 소를 한 마리만 도축하도록 허용되어 있어, 많은 인구에 비해 육류의 양이 턱없이 부족하기 때문이

◆ 모로코의 도시들.

다. 게다가 많은 이들이 쇠고기를 사먹는 사치를 누릴 형편이 못 된다. 개고기 외에 밥과 검고 질긴 빵,♦ 해초, 날생선이 가장 일상적인 먹을거리다.

생선은 수도로 운반되기 위해 날것으로 소금에 절여진다. 독자들은 아마 그 냄새를 상상할 수 있을 것이다. 하지만 방금 잡은 생선을 날것으로도 먹는다. 나는 제물포로 말을 타고 가는 길에, 어떤 조선인이 낚시해서 잡은 물고기를 두 토막 쳐서 가시와 함께 날것으로 먹는 모습을 보았다! 가톨릭 선교사가 설명해준 대로, 조선인들은 대식가라는 점에서 비교할 만한 대상이 없다. 일본인들은 자신들의 이웃이 자신들보다 세 배나 더 많이 먹는다고 말하는데, 나는 이 사실을 중국인과 일본인, 조선인이 거의 같은 비율로 평화롭게 살고 있는 항구 도시 제물포에서 여러 번 확인할 수 있었다. 중국인과 일본인은 일정한 시각에 식사를 하는 반면, 조선인은 아무 때나 먹는다. 믿을 수 없이 많은 양의 삶은 쌀이 (조선에서 인기 있는 향료인) 커다란 붉은 고추 한 줌과 함께 순식간에 사라진다. 게다가 그들은 날생선, 날고기, 조선에서 대량으로 생산되는 참외와 오이를 조리도 하지 않고, 껍질을 벗기지도 않은 채 먹어치운다. 잔치 때 즐겨 먹는 별식은 장닭인데, 이것은 머리와 날개, 꼬리 그리고 내장을 함께 구운 수탉이다. 일상적인 음료는 물 외에 '술'이라고 부르는 일종의 쌀 증류주다. 술을 증류한 뒤에 남은 찌꺼기로는 우유처럼 생긴 덜 독한 막걸리를 만든다. 마지막으로 소주가 있는데, 이는 술을 다시 한 번 끓인 것이다. 음주에서도 이들은 절제를 모른다.

지금까지도 나에게 수수께끼로 남아 있는 것은 조선인들이 어디서 생

♦ 개떡을 묘사하는 듯함.

계에 필요한 수단을 얻는가 하는 것이다. 이른 아침이나 오후 또는 저녁에 비좁은 골목길을 돌아다녀 보았지만, 나는 남자들이 일하는 것을 한 번도 보지 못했다. 그들은 집 안이나 집 앞에서 쪼그리고 앉아 조그만 중국식 파이프를 입에 물고 빈둥거리거나, 골목길 한가운데 옹기종기 모여 앉아 놀거나 잠을 잤다. 반면에 작고 추하며 고생 때문에 여윈 여자들은 살림을 도맡으며 요리하고 빨래를 했다. 모든 노동은 여자들의 몫이다. 바로 여기서 여성을 존중하지 않는 민족일수록 문화수준이 낮다는 사실이 입증된다. 조선의 여성들은 짐 싣는 동물보다 나은 존재가 아니다. 남자들은 이른바 노예를 갖기 위해 여자와 결혼한다. 여성들은 이름도 없다. 이들은 없는 존재로 치부되며, 이들에게 적용되는 법도 없다. 그녀들의 유일한 친구는 담배 파이프인 것처럼 보인다. 조선의 남녀는 다른 어떤 나라 사람들보다 담배를 많이 피운다. 거의 우리의 산책용 지팡이만큼이나 긴 담배 파이프를 들고 있지 않은 남자를 만나기란 드문 일이며, 잠자거나 밥 먹을 때를 제외하고 담배 피우지 않는 남자를 보는 일도 드물다.

  일을 한다는 것은 생각할 필요조차 없는 것이다. 무엇을 위해 일한단 말인가? 조선 남자의 욕구는 그리 크지 않다. 그들은 스스로 자기 집을 지으며, 집 안 시설이나 가구 같은 것은 없고, 정말 필요한 살림 도구는 매우 소박한 것들이다. 아내가 그의 채소밭을 경작하고, 만약 담배나 약간의 고기를 살 돈이 필요하면, 들판에서 고용살이를 하거나 아내에게 며칠 동안 고용살이를 시킨다. 만일 그들이 정말 필요한 생계 유지비보다 더 많이 번다면 관리들에게 빼앗길 것이다. 이 관리들은 조선의 몰락과 이곳에 만연한 비참함의 가장 주요한 원인이다. 관리들의 탐욕은 이윤 획득과 소유에 대한 모든 요구와 노동 의지 그리고 모든 산업을 질식

시켰다. 아마도 서울보다 일을 적게 하는 도시는 없을 것이다. 내가 발견한 유일한 상점들은 금속 테가 달린 목재 장롱과 나무나 종이로 된 상자를 비치하고 있었으며, 다른 상품으로는 모자, 옷감, 신발, 담배 파이프, 종이가 있었다. 내가 인도나 중국, 일본을 여행하다가 어느 도시에 도착하면 이방인이 도착했다는 소식이 번개처럼 퍼졌고, 내 방문 앞이나 집 앞에는 기이한 물건을 팔려는 상인들이 몰려들어 온갖 귀중품을 펼쳐놓았다. 서울에서는 오히려 상인들을 불러달라고 부탁해야 했는데, 막상 상인들이 내놓은 것은 상자와 모자, 담배 파이프, 종이로 된 물품이 전부였다. 칼이나 부채, 단검 등은 조악하기 이를 데 없었고, 장식품은 놋쇠나 주석으로 만들어진 것이었다. 예술가나 수공업자, 상주常住 노동자들은 서울에 전혀 없는 것처럼 보였다. 그 이유는 이들이 일자리를 구할 수 없을 뿐 아니라, 물건을 만들어도 살 사람이 없기 때문일 것이다.

 이 민족 자체와 행동 양식만큼 기묘한 것이 거주 양식이다. 나는 수 킬로미터에 걸쳐 비좁은 골목길을 돌아다녔는데, 방이 두 개냐 세 개냐를 빼면 다른 집과 구별되는 집을 발견할 수 없었다. 땅바닥에서 1~1.5피트쯤 올라와 있는 침실 바닥과 외벽의 토대를 이루는 것은 다듬지 않은 큰 돌들이다. 그 위에 납작한 돌이나 판자를 얹고, 그 아래쪽을 진흙으로 바른다. 외벽은 대나무로 뼈대를 세우고 진흙을 채우거나, 3~4피트까지 돌로 올리는데, 이 돌들은 새끼줄로 유지되며 중간의 틈새는 진흙으로 채워진다. 이 벽들의 윗부분은 목재 골조와 진흙으로 만들어진다. 네 귀퉁이에 세워진 거친 대나무 줄기들은 역시 거칠게 짜여 1~2피트 두께로 덮인 볏짚지붕을 떠받친다. 이 지붕은 한쪽 면이 대략 6~8피트 정도 벽 위로 솟아 있고, 그 밑에는 측면이 개방된 부엌이 있다. 부엌에는 진흙으로 만든 아궁이와, 쌀이나 물, 고기 그리고 온갖 종류의 식료품을 담아두는 커다란 항아리가 몇 개 있다. 부엌에 붙어 있는 거실에는 골목길로 통하는 문이 있고, 때로 천장 가까이에 한두 개의 조그만 창이 나 있다. 이 창문은 나무로 틀을 짜고 그 위에 종이를 바르는데, 우리처럼 옆으로 여는 것이 아니라 위쪽으로 열게 되어 있다. 두껍고 질긴 기름종이로 방바닥을 바르고, 그 위에 대개 볏짚으로 만든 돗자리를 깐다. 대부분의 집들은 이 방 옆에 거리 쪽을 향한 돌출부가 말뚝 위에 세워져 있는데, 이것이 거리 쪽으로 이어지는 변소다. 많은 경우 바로 그 옆에 집 대문이 있다!

거주 공간의 방바닥이 땅에서 무릎 높이쯤에 만들어지는 것은 빗물이나 오물로부터 보호하려는 이유도 있지만 무엇보다 방을 따뜻하게 할 수 있기 때문이다. 부엌에서 불을 땔 때 나는 연기는 굴뚝 대신에 방바닥 밑의 빈 공간으로 스며들어 방을 고루 덥힌 후, 거리 쪽에 있는 구멍을 통해 밖으로 빠진다. 서울에 있는 집들은 바닥 가까운 곳에 대개 진흙이나 돌로 둘러진 검게 그을린 구멍을 볼 수 있는데, 비좁은 골목을 향한 이 굴뚝에서 눈이 매캐하고 숨을 쉴 수 없을 정도의 연기가 아침저녁으로 나왔다. 이 부분의 집 외벽과 지붕은 검은 그을음으로 덮여 있다. 방바닥 밑으로 스며드는 뜨거운 연기는 돌과 진흙을 입혀놓은 방바닥을 가열하고, 곧바로 침실을 빵 굽는 오븐의 열기로 뜨겁게 한다. 물론 다시 급속하게 식기는 하지만 말이다. 겨울에는 밤새 불을 때는데, 어른 남자와 여자 그리고 아이들이 이 비좁고 답답한 방에서 잠을 자면서 끔찍한 열기를 견딘다는 게 나에게는 기적처럼 보였다! 여름에 이들은 부엌에서 불을 때는 동안 이 오븐 밖에서 지내거나, 밤새 집 앞의 땅바닥에서 잠을 자는 식으로 문제를 해결한다. 침실 외에 거실을 하나 더 갖고 있는 집에서도 부엌 연기는 밖으로 나가기 전에 거실 밑을 통과한다.

나는 조선의 가옥에서 가구나 그림 같은 것을 찾으려 해보았지만 헛수고였다. 벽에는 기껏해야 중국 글씨가 새겨진 종이 몇 장이 걸려 있고, 방 귀퉁이에는 상자나 거칠게 만들어진 장롱 같은 것이 세워져 있다. 잠자는 곳에는 돗자리나 짐승 가죽이 놓여 있다. 조선인들이 베개로 사용하는 것은 대개 조잡한 나무토막이다.

집과 붙어 있는 작은 뜰 안에는 몇 개의 나뭇단과 장작이 쌓여 있다. 이곳에는 빨래통과 물통이 있는데, 그 주변에서 아이들과 개, 닭들이 뛰어논다. 집안의 노예나 다름없는 가정주부가 이곳을 관리한다. 반면 남편이자 지배자는 항상 머리에 모자를 쓴 채 담배를 피우거나 이웃을 방문한다. 두 왕궁 사이에 있는 구역에만 더 크고 좋은 집들이 있다. 이곳은 조선에서 전능한 위치에 있는 귀족과 관료층의 거주지이지만, 겉으로 보면 이 집들도 앞서 묘사한 집들보다 별반 나을 것도 없다. 단지 초가지붕 대신 기와를 얹고 있을 뿐이다. 귀족이 사는 집의 경우, 거리 쪽에 있는 작은 집들에는 하인들과 가난한 먼 친척의 식솔들이 산다. 이 작은 집 뒤에는 보통 좀 더 큰 안뜰과 정원이 펼쳐지고, 그다음에 비로소 '주인'의 집이 자리 잡는다. 이 집들도 단층이다. 2층으로 솟아 있는 집은 큰 종을 둘러싸고 있는 시내 중심 근처의 '조합 집합소'와 비단 창고 여섯 채뿐이다. 이 큰 종은 서울에서 몇 안 되는 명소다. 지붕으로 보호되고 있고 격자로 둘러싸인 이 엄청나게 큰 종은 땅바닥 약간 위에 걸려 있다. 약 4피트 길이의 수평으로 걸린 통나무가 타종 도구로 쓰이는데, 월급을 많이 받는 관리가 해가 뜨고 질 때 종 치는 일을 맡고 있다. 종소리는 성문이 열리고 닫힌다는 신호다.

여느 곳과 마찬가지로 주요 교통로의 십자로에서는 복잡다단한 삶을 볼 수 있다. 종이 드리우는 그림자 밑에서 죄인에게 매질을 하거나 정강

이를 박살내는 날에는 특히 그렇다. 죄인의 머리를 자르거나 능지처참하는 것과 같은 무거운 처형은 서소문 바깥에 집들로 둘러싸여 있는 넓지 않은 장소에서 이루어진다. 머리가 잘리거나 조각난 시체가 3일간 그냥 바닥에 있을 때에는 특히나 유쾌한 장소가 아니다.

그곳에 있는 서대문 근처의 성곽 안에는 외국 열강들의 영사관과 공사관이 있는데, 도쿄나 베이징처럼 궁궐 안에 있지 않고 단층짜리 작은 한국식 가옥에 있다. 비라도 오면 요리조리 복잡하게 나 있는 골목길을 복사뼈까지 진흙탕에 빠지지 않고서는 갈 수 없는 곳이다. 물론 담장을 들어서자마자 유럽의 한 부분을 발견하게 된다. 잘 가꾸어진 커다란 정원이 있고, 길에는 보도가 깔려 있으며, 집들은 우아하고 쾌적하게 꾸며져 있다. 하지만 그렇다고 해서 자신이 살고 있는 야생적 환경에 대한 생각을 아주 떨쳐버릴 수는 없다. 내가 서울에 도착하기 일주일 전에 독일 영사는 자기 집에서 스무 걸음 떨어진 테니스장에서 커다란 야생 고양이를 쏘아 쓰러뜨렸고, 러시아 공사는 자신의 비둘기 사육장에서 1미터가량의 뱀 두 마리를 발견했다. 언젠가 도심에서 가까운 북한산으로 소풍을 갔을 때, 그는 새끼 곰 두 마리를 붙잡아서 산 채로 서울 거리를 지나 집으로 끌고 왔다. 공사관 앞 잔디밭에는 담비와 족제비, 왜가리 그리고 엄청나게 많은 뻔뻔한 까치 떼가 돌아다니는데, 이 까치들은 서울과 조선 전역에서 까마귀 자리를 대신 차지하고 있는 것처럼 보인다.

유럽인의 건물로 가는 진입로만이라도 좀 깨끗했으면 좋으련만! 하지만 아무리 외교관이라 해도 조선의 더러움과 싸우는 일은 부질없는 짓이다. 조선인처럼 깨끗함과 불구대천의 원수인 민족은 얼마 되지 않을 것이다. 특이한 점은 이들이 오물 한가운데 살고 있으면서도 흰옷을 입는다는 것이다! 이들의 몸은 지저분하고, 머리카락과 수염에는 결코 가위를 대지 않으며, 거주지는 묵은 때와 해충으로 가득하다. 그런데도 이들의 민족의상은 아랍인들의 의상보다 더 하얀색이다!

윗옷과 복사뼈 아래를 묶은 아마포 바지는 흰색이며, 여름이나 겨울 할 것 없이 솜을 넣은 양말*도 하얗다. 무릎 위까지 내려오고 넓은 소매가 달린 겉옷은 외출할 때 입는데 이것도 하얗다. 그러니 불쌍한 여인네들은 빨래하고 다림질하고 바느질하는 데에 하루의 반을 써야 한다. 다림질은 우리와 같은 다리미로 하지 않고, 마른 옷이 어느 정도 반들반들하게 보일 때까지 딱딱한 나뭇조각으로 두들긴다. 그런 다음 잠옷 같은 겉옷의 각 부분에 풀을 먹인다. 유복한 사람들만이 겉옷을 세탁을 위해 뜯은 후 다시 바느질한다. 가난한 사람들은 겉옷을 풀로 붙이는데, 비가 오면 습기로 옷이 떨어지지 않도록 기름종이로 만든 긴 외투를 입고, 모자에 종이로 만든 차양을 씌운다.

나는 '차양'이라는 단어를 의도적으로 썼다. 왜냐하면 유럽에서는 조선 모자의 크기와 규모를 상상조차 할 수 없기 때문이다. 서울에서 가장 작은 모자도 소위 렘브란트 모자**의 크기와 비슷하다. 하지만 머리에서 수평으로 뻗어 나간 뻣뻣한 테를 가지고 있다. 높은 관이 있는 추기경의 모자와 비슷한 점도 있다. 사람들은 햇볕이나 비를 피하기 위해 이런 모자를 쓰고 있다고 생각할 것이다. 그러나 사실은 전혀 그렇지 않다. 왜냐하면 이 모자는 말총이나 그만큼 얇은 대나무 실로 체처럼 만들어져서 속이 들여다보이기 때문이다. 모자의 구멍은 머리의 절반 크기밖에 되지 않아, 검은 끈으로 턱 밑에 묶지 않으면 조금만 바람이 불어

◆ 버선을 말함.
◆◆ 테가 넓고 깃털로 장식한 여성용 모자.

도 날아가 버릴 수 있다. 그 밖에 유리알이나 호박진주가 달린 끈을 아래로 늘어뜨려서 모자를 치장하기도 한다. 남자들이 속이 보이는 모자를 쓰는 이유는, 아마도 머리 모양을 보고 결혼 여부를 알게 하기 위해서인 것 같다. 그들은 결혼할 때 머리카락을 정수리 쪽으로 빗어 올려서, 손가락 길이에 손가락 두 개 두께의 작은 소시지 모양으로 감아 똑바로 세운다. 그런 다음 머리 모양이 흐트러지지 않게 하기 위해, 말총으로 엮은 손가락 세 개 정도 두께의 띠를 검은 관(冠)처럼 머리에 두른다. 그리고 그 위에 검은 말총 모자를 쓴다. 그러나 이 모자는 아주 독특하고 기이한 형태를 가진 다른 모자들 가운데 가장 흔한 것일 뿐이다. 아마도 이런 모자들의 원형을 찾기 위해서는 유럽 복장의 역사 전체를 샅샅이 훑어봐야 할 것이다.

이들의 집이나 옷만큼 기이한 것이 풍속과 습속이다. 그것은 난징의 명 왕조가 몰락할 때까지 중국인들이 가지고 있던 것과 같은 형태다. 중국인들이 명 왕조에 이어 등장한 타타르 왕조와 더불어 만주족의 풍속을 받아들인 데 반해, 조선은 외부로부터 폐쇄되어 있던 덕에 그 이후로 거의 500년 동안 같은 풍속을 유지하고 있다. 그래서 오늘날 조선에서 볼 수 있는 것은 14세기의 조선 문화와 중국 문화가 기묘하게 혼합되어 있는 모습이다! 이제 일본군이 나팔소리와 북소리를 울리며 이 나라에 침입했으니, 곧 다른 문화도 조선에 들어오게 될 것이다. 그것이 일본 문화일지는 다른 문제다.

chapter 9
왕과 조정

―― 일본이 오래된 제국 조선으로 진주해 들어옴으로써, 이제 중국의 지배는 끝났다는 생각을 불러일으켰다. 중국은 벌써 오래전부터 지배권을 거의 행사하지 못했다. 게다가 유럽 열강에게 보내는 공식 문서에서 이러한 지배를 부인했으며, 조선의 외교 정치에 대한 모든 책임을 거부했다. 중국은 조선이 자주적으로 유럽 열강과 조약을 체결한 것과 다른 나라에 사신을 파견한 것을 암묵적으로 시인했다. 이로써 중국은 유럽의 사고방식에 따르면 조선의 독립을 인정한 것이다.

하지만 조선은 중국의 속국일 뿐이다. 중국 천제로서도 자신의 나라를 둘러싸고 있는 완충국의 제후들 가운데서 조선의 군주인 이희 왕(고종)보다 더 충성스럽고 의리 있는 봉신은 없다. 조선의 조정이 올해 내놓은 홍보물◆을 들추던 나는 1월의 소식에서 조선의 겨울 사신단이 중국 황제에게 바치는 공물을 가지고 베이징으로 떠났다는 것을 알게 되었다. 조선에서 유일하게 발행되는 이 신문의 4월 22일자 기사는 이 겨울 사신단이 조선의 왕에게 전달될 달력을 가지고 다시 서울에 도착했다고 전하고

◆ 조보朝報를 말함.

있다. 그런데 이 달력은 중국이 봉신 국가들과 맺고 있는 관계에서 아주 중요한 역할을 한다. 달력을 확정 짓는 일은 중국 황제의 개인적인 특권에 속한다. 천문학과 수학을 담당하는 여러 관리들이 필요한 조언을 하면 황제, 즉 천자天子는 황제의 인장이 찍힌 칙령으로 달력을 공표한다. 동시에 이 칙령은 모든 중국인들이 다른 달력을 쓰는 것을 금하고 있는데, 이를 어길 경우 사형에 처한다는 내용이 담겨 있다. 고위 관리들은 황제를 엄숙하게 알현하는 가운데 달력을 받기 위해 대궐에서 벌어지는 성대한 궁중 축연에 참석한다. 고관대작과 관리들은 부왕剛王들로부터 달력을 받는다. 달력을 받는 것은 충성의 표시 또는 봉신의 표시이며, 이를 거부하는 것은 공개적인 반역의 표시다. 수백 년 전부터 조선의 왕들은 달력을 받아왔다. 조선은 이를 위해 사신들을 베이징으로 보내는데, 이 사신단은 가면서 1637년의 협약에 명시된 공물을 중국에 가지고 간다. 그런데 이 공물의 양이 엄청나서, 가난한 조선으로서는 조달하지 못할 때가 많다. 그러면 중국의 황제는 관대하게도 이를 면제해주곤 한다. 유럽 사람들은 아시아 국가들의 경우 이 공물이 무엇으로 구성되어 있는지 상상하기 어렵다. 그래서 조선이 중국에 보내는 공물을 적어보겠다. 조선의 왕은 해마다 중국에 다음과 같은 물품을 보내야 한다. 100온스의 금과 1천 온스의 은, 쌀 1만 가마니, 비단 2천 필, 광목과 그 밖의 옷감 1만 필, (잘 알려져 있듯이 조선에서 특히 품질이 좋은) 한지 전지 2만 장, 좋은 칼 2천 자루, 쇠뿔 1천 개, 짚 매트리스 40개, 염료재 200파운드, 후추 열 부대, 호랑이 가죽 100장, 사슴 가죽 100장, 비버 가죽 400장 등등. 이 공물을 베이징으로 운반하는 사신단은 여행 내내 중국 영토 내부에서 황제의 손님으로 대접받으며, 베이징에서 아주 값나가는 선물을 받는다. 하지만 이들이 받는 가장 좋은 선물은 이들과 이들을 따르는 무리들이 관세 없이 자신들의 짐을 중국으로 반입할 수 있다는 것이다. 이러한 특권은 대규모로 오용된다. 수천 테일*에 달하는 아편과 옷감, 생사生絲, 그 밖의 물품들이 이런 방식으로 중국으로 밀수되는 것이다. 그리하여 왕의 사신들은 대개 부자가 되어 조선으로 돌아온다.

덧붙여 말하자면 중국이 경우에 따라 아주 완고하게 부인하고 있는 조선의 봉신적 존재는 다른 경우에도 분명하게 드러난다. 새로 조선의 왕이 되는 사람은 특별 사신단을 보내 베이징의 황제에게 서임을 요청하는 것이다. 황제는 새로운 왕에게 이름을 부여하고, 두 마리의 중국식 용이 수놓아져 있는 곤룡포를 보낸다. 서열로 보면 황제의 사신이 조선의 왕보다 높은 지위에 속한다. 그래서 조선의 왕은 서울 외곽에서 공손하게 고두叩頭로 사신을 맞아야 한다. 서울의 내 방 창에서는 서대문 밖의 베이징으로 향하는 도로에 서 있는 커다란 붉은색 문이 보인다. 이 문에서 조선의 왕은 종주국의 사신을 기다린다. 이 문은 중국이 조선에 대한 통치권을 가지고 있다는 표식이다.

그렇지만 조선 사람들은 세상에서 자신들의 왕보다 더 위대한 군주나 더 성스러운 인물은 없다고 믿고 있다. 조선의 왕은 지상의 다른 어떤 왕국보다 더한 화려함과 의전으로 둘러싸여 있다. 아주 사소한 부분까지 그처럼 세세하게 규정되는 궁정은 거의 없다. 왕의 일상과 행동거지 그리고 그가 1,200만에 달하는 백성과 맺는 관계를 위해 두터운 여러 권의 책에 기록된 엄격한 규정이 존재하는 곳은 조선 말고는 그 어디에도 없는 것이다. 심지어 하늘의 아들인 베이징의 황제조차도 이러한 점에서 서울의 왕을 약간 능가할 뿐이다. 이곳에서 내가 머무르던 처음 며칠

---

* 중국의 무게 및 옛 은화 단위인 냥兩을 외국인이 지칭하던 말. 1테일은 37.7그램.

동안 나는 1,200피트 높이의 남산을 올랐다. 그 산자락에는 서울의 수많은 집들이 저 멀리 우뚝 솟아 있는 바위산인 북한산까지 펼쳐져 있다. 나의 눈은 우선 왕의 궁궐을 찾았다. 하지만 단순한 형태와 회색빛의 낮은 초가지붕 사이에서 궁궐을 찾기는 쉽지 않았다. 높은 중국식 문을 가진 흰색의 긴 벽들이 몇 헥타르에 달하는 커다란 두 개의 구역을 둘러싸고 있는데, 이곳에는 무리를 지은 나무들과 수많은 건물들이 들어 있다. 이 건물들 가운데 오직 두 채의 건물만이 보통보다 약간 높이 솟아 있다.

그곳이 왕이 거처하는 곳이다. 일본이 진격해 들어오기 몇 주 전까지 왕은 이 옛 궁궐에 거처하고 있었는데, 어느 날 왕이 머무르는 방의 천장에서 뱀 한 마리가 바닥으로 떨어졌다. 그러자 사람들은 곧바로 내조, 즉 의전과 제사, 제의를 담당하는 부서에 문의했다. 이 부서는 뱀이 나쁜 징조라고 설명했다. 따라서 왕은 잠시 새 궁궐로 옮겨야 한다는 것이 중론이었다. 1884년 일본이 서울을 점령하고, 성난 조선의 백성들이 일본의 외교 대표부를 습격했을 때, 왕은 새 궁궐에 거처하고 있었다. 그가 내시와 시동, 무희, 궁녀, 호위병 등 궁에 딸린 사람들을 모두 데리고 새 궁궐로 옮긴 지 얼마 되지 않아, 일본인들이 진군해온다는 소식이 날아들었다. 왕은 허겁지겁 다시 옛 궁궐로 돌아갔고, 이에 덧붙여 모든 부서를 금방 수중에 두기 위해 각 부서에 속한 관리와 문서를 궐내로 옮기라는 명령을 내렸다.

서대문에서 동대문까지 서울의 전체 면적을 관통하고 있는 간선로에서 이 왕궁의 궐문까지는 넓은 대로가 뻗어 있다. 이 길의 양편으로는 각 부처가 떠난 건물들, 허물어지고 처참하며 황폐한 석조 건물들이 서 있는데, 이 건물들에서는 날개처럼 아름답게 휘어져 있는 기왓장들만이 잘 보존되어 있다. 문들은 열린 채 있고, 종이로 된 창은 너덜거리며, 실내 바닥은 틈새투성이다. 마치 이 건물들이 이미 수십 년 전에 버려진 것처럼. 대신들과 관리들이 있던 공간에는 가구는 말할 것도 없고 궤짝이나 필기구도 전혀 찾아볼 수 없다. 긴 대로의 중간쯤에는 무시무시하게 생긴 호랑이의 석상이 있는데, 이들의 얼굴은 남산을 향하고 있다. 조선 사람들은 아무 이유 없이 이 산을 휴화산으로 여기고 있는데, 끔찍하게 찌푸린 호랑이가 사악한 땅의 영이 다시 나오지 못하도록 한다고 전해진다. 여기서 여러 개의 계단을 오르면 담으로 둘러싸인 토대가 나오고, 그 끝에 대궐 전체 담장에 나 있는 엄청나게 큰 정문이 있다. 왕국의 고관대작과 외국의 사신은 가마를 탄 채 이곳까지 올 수 있다(서울에는 마차가 전혀 없었다). 이곳에서 가마를 내려 알현 장소까지 궐내의 긴 길을 걸어가야 한다. 비가 오면 궁궐 마당은 진흙과 오물로 넘쳐난다. 제복은 흠뻑 젖고, 신발과 바지는 진흙투성이가 된다. 그럼에도 불구하고 외국 열강의 사신들은 이해할 수 없는 이러한 굴욕을 지금까지 그냥 받아들였다. 반면 중국의 사신은 알현 장소까지 가마를 타고 갈 수 있다. 베이징의 천자가 그러했듯이 선량한 조선 왕의 위엄도 좀 약화되는 것이 맞지 않을까? 유럽 열강의 사신이 중국의 사신에 비해 무시당하는 것이 과연 유럽 제국의 위엄에 어울리는 것일까?

  외교 사절단의 일원과 고위 관리들에게 정해진 알현 외에는 대궐의 문을 드나드는 일은 금지되어 있다. 세 개의 입구 중 가운데 있는 문은 항상 닫혀 있다. 이 문은 왕과 중국에서 온 특별한 사신을 위한 것이기 때문이다. 다른 두 문은 열려 있지만, 각각의 문에는 조선의 병사들이 보초를 서고 있다. 붉은 가장자리 장식을 단 푸른 천의 상의에 푸른색의 짧은 바지를 입고, 꼭대기에 빨간 줄이 달려 있는 렘브란트식의 검고 챙이 넓은 모자를 쓴 채 총검으로 무장한 대궐의 보초들은 사뭇 위협적으로 보이는데, 어쨌거나 중국의 일반 병사들보다 나았다. 열린 두 개의 입구 중앙에는 1.5피트 높이에 같은 넓이의 화강암 덩어리가 박혀 있고, 입구의 벽에서 이 돌까지는 조선에서 보통 문을 차단하는 데 쓰이는 두터운 봉이 끼워져 있다. 대궐로 들어가려는 모든 장관과 고위 관리는 왕실의 관리가 쓴 문서로 신분을 증명해야 한다. 그렇지 않을 경우 입장이 허락되지 않는다. 이와 달리 여성의 경우 일반 백성이라 하더라도 출입이 금지되지 않는다. 왜냐하면 조선인들의 공식적인 삶이나 사교 생활에서 여성은 전혀 고려되지 않기 때문이다. 여성들은 공적으로 전혀 존재하지 않는 하찮은 존재다.

대궐을 출입하는 것이 얼마나 엄격하게 금지되어 있는지는 1894년 1월 29일자 조정의 홍보물에 적힌 왕의 칙령에서 분명하게 알 수 있다.

> 예전에 6급 관리였던 강홍이 어제 상소문을 가지고 주 출입문의 서쪽 출입구를 통해 대궐로 들어가 (왕의 침전 앞에 있는) 유하문流霞門◆을 두드렸다. 보초는 당연히 했어야 할 주의를 기울이지 않았다. 그랬다면 이러한 일이 발생할 수 없었을 것이다. 따라서 병조참판은 징계를 받고, 병영사무관과 보초장은 곤장을 맞아야 한다.

왕의 외교 업무와 관련이 없는 유럽인에게도 궁궐은 접근이 철저히 차단되어 있다. 최근 10년간은 몇 번 예외가 있었던 것 같다. 하지만 현재 왕이 처해 있는 불행한 상황 때문에, 궁궐의 내부를 보도록 해달라는 나의 청원이 받아들여질 가능성은 없었다. 실제로 외교부 대표에게 접

◆ 경복궁 자미당 북행각에 위치한 문.

견을 허락해달라고 요청하기에는 현재 왕의 사정이 너무 좋지 않다는 연락이 왔다. 왕이 이 말을 날씨에 연관시킨 것인지, 아니면 그의 삶을 불안하게 만들고 있는 일본인들에게 연관시킨 것인지는 명시되어 있지 않았다.◆ 그래서 나는 왕이 거처하지 않는 다른 궁궐을 방문하고, 왕의 관저를 둘러싸고 있는 산에서 망원경을 통해 왕의 관저를 보는 것으로 만족해야 했다.

 시암이나 캄보디아 왕의 관저가 지닌 형언할 수 없는 화려함이나, 그 보다는 못하더라도 일본 황궁이 지닌 간결한 세련미는 조선에서는 흔적 도 찾아볼 수 없다. 거주 공간은 작고 낮으며, 몇 개의 궤와 깔개 그리고 양탄자를 제외하면 아무것도 갖추지 않았다. 궁궐 정원의 공간들 사이 에서 아름답게 굴곡이 진 이중 지붕을 가진 높은 건물을 볼 수 있었는 데, 이곳이 외국 사신들을 맞이하는 접견실이다. 사신들이나 조선인들 이 설명한 바에 따르면, 궁궐에서 가장 크고 아름다운 이 공간에도 유일 한 장식이라곤 옥좌가 자리하고 있는 화려한 브뤼셀제 양탄자 하나와, 왕을 칭송하는 글씨 몇 점이 벽에 걸려 있는 것이 전부다. 이 접견실은 왕의 거처에서 100걸음쯤 떨어져 있다. 접견할 때 왕은 발까지 내려오 는 붉은 비단옷을 입는데, 가슴께에 있는 둥그런 패에는 두 마리의 중국 식 용이 금으로 풍부하게 자수가 놓아져 있다. 머리에는 말총으로 된 고 유의 높다란 두건을 쓰는데, 이 두건에는 뒤로 젖혀진 커다란 귓불 형태 의 천이 양쪽에 달려 있으며, 수행원이 있을 때는 귀 위로 쫑긋 세워진 다. 조선에서 왕의 위엄을 표시하는 것은 커다란 국새인데, 이것을 가지

◆ 원문에 쓰인 'heiβ'는 '날씨가 뜨겁다'는 뜻 말고도 '적막하거나 위태롭다'는 뜻을 가지고 있다. 필자의 해석은 여기서 연유한 듯하다.

고 있는 사람은 특별한 의례 없이도 왕을 알현할 수 있다. 보통 왕의 위엄을 드러내주는 부속물들인 왕관과 왕홀, 십자가가 달린 지구의 등은 조선에서는 볼 수가 없다.

왕을 알현할 때 사신들과 동행하는 사람은 보통 외무장관과 외교 사절단의 안내자다. 이들은 연한 붉은색이나 푸른색의 긴 비단옷을 입고, 머리에는 귓불 형태의 커다란 천이 달린 말총 두건을 쓴다. 이 두건은 마치 우리의 제복이나 검은 연미복처럼 왕을 알현할 때에는 필수불가결한 것이다. 이 두 고위 관리는 왕 앞에 나설 때 무릎을 꿇고 이마를 여러 번 바닥에 댄다. 알현하는 내내 이러한 자세로 있다. 옥새를 들고 있는 사람이 왕 옆에 서고, 내시들은 왕을 둘러싸고 있는데, 왕은 깍지 낀 손을 하고 사신들 앞에서 몸을 숙인 채 통역관을 사이에 두고 이들과 대화를 나눈다. 해마다 외교 사절들을 위해 궁궐이나 외무장관◆의 집에서는 네 번의 성대한 연회가 베풀어진다. 유럽식으로 차려지는 이 연회는 신년 첫날, 왕과 왕비의 생일 그리고 폭도들로부터 왕비가 구출된 날◆◆에 벌어진다. 왕이 사신들과 교류하는 것은 이 네 번의 행사와, 부채나 비단, 깔개 등을 선물로 보낼 때로 한정되어 있다.

중국의 사신이나 조선인들은 왕의 거처에서 더 가까운 접견실에서 영접을 받는다. 그곳에서는 의전도 훨씬 엄격하고 형식적이다. 왕은 조선인에게 성스러운 존재다. 누구도 그를 쳐다보거나 접촉해서는 안 된다. 만약 왕 스스로가 신하들 중 한 명을 만지게 되면 그 자리는 곧바로 성스럽게 된다. 성은을 표시하기 위해 해당자는 죽을 때까지 붉은 비단으

◆ 당시의 관직명은 통리교섭통상사무아문統理交涉通商事務衙門 독판督辦이다.
◆◆ 임오군란을 말함.

로 된 끈을 매고 다녀야 한다. 왕은 법과 이 나라의 조직 그리고 신하의 생사를 지배하는 절대군주이며, 왕의 말 한 마디면 수백 명의 목이 달아날 수도 있다. 이미 언급한 바와 같이 조선의 왕은 서임식 때 중국 황제로부터 이름을 받는데,◆ 이 이름을 부르게 되면 사형에 처해진다. 왕은 그냥 '전하'라고 불리거나 그가 죽고 나서 그의 후계자가 이름을 추서하는데, 이 이름으로 왕은 역사에 알려진다.

이와 반대로 왕이 살아 있을 때 왕의 친척들이나 신하들은 축하를 곁들여 다양한 과장된 별명을 왕에게 부여한다. 이는 조선과 중국의 특이한 관습 중 하나로, 유럽인은 이해할 수 없는 것이다.

1890년에 현재 조선을 다스리는 왕의 증조할머니가 타계했다. 왕은 왕가의 일원에게 정해진 법도에 따라 호화롭게 장사지내게 하고, 2년간 애도하도록 했다. 애도 기간이 끝나고 며칠 뒤인 1892년 7월 10일자 관보에는 다음과 같은 기사가 실려 있다.

> 어제 왕세자께서 전하께 추도사를 전하셨는데, 여기서 왕세자께서는 돌아가신 왕비마마의 애도 기간 동안 전하가 아들로서의 의무를 충실히 완수하신 것을 고려하여◆◆ 전하께 적절한 명예 칭호를 드리게 해달라고 요청하셨다.
>
> 전하께서는 승정원을 통해, 이러한 요청을 거부하는 답장을 보내셨다는 사실을 왕세자에게 알리게 하셨다.

◆ 책봉을 뜻함.
◆◆ 여기서 '왕비마마'는 신정왕후(조대비)를 뜻하는데, 고종이 익종의 대통을 계승했기 때문에 익종의 비인 신정왕후와 모자 관계가 된다.

같은 날 오후 왕세자께서 신하들을 대동하시고 전하 앞에서 다시 한 번 요청하셨으나 전하께서는 이 역시 거절하셨다.

다음 날인 7월 11일자 관보는 왕세자가 세 번째로 왕에게 자신의 요청을 전하였다는 사실을 기록하며 다음과 같이 전했다.

> 전하께서는 마침내 청원자들의 요청을 수락하셨지만, 축하연은 가을까지 미뤄야 한다는 조건을 다셨다.
> 승정원은 은퇴한 대신들과 현직 대신들이 전하를 알현하고 싶어 한다는 소식을 전했다.
> 전하께서는 이들의 알현을 허락한다는 명을 내리셨다. 이 알현에서 전하께서는 자신에게 적당한 이름을 선택하는 데에 참여할 고위 관리들을 선발하셨고, 영의정 심(순택) 대감이 의장을 맡게 될 회의가 열릴 날짜를 정하셨다.
> 정대왕(왕의 아버지)과 대왕대비(왕의 어머니) 그리고 왕대비(왕의 형제 비)를 위한 적절한 이름을 고르는 것과 관련하여, 전하께서는 부제학(추밀고문관)이 이에 대해 조언할 것을 정하셨다.
> 의전 담당 관청♦은 12월 14일을 축하연 날짜로 잡았다.

관보는 이어 적당한 이름을 선택하는 데에 착수할 고위 관리들과 고위 신분 인사들의 이름을 길게 나열하고 있다.

7월 22일자 관보는 이 다양한 인사들이 추천한 긴 결과물을 싣고 있

♦ 빈청賓廳을 뜻함.

다. 수백 년간 존속되어온 관습에 걸맞게 왕은 네 개의 복합명을 받았는데 그 이름*은 다음과 같다. '빛나는 관직', '비밀에 가득 찬 운명', '훌륭한 업적', '최상의 사명'. 비슷한 명예 칭호를 왕의 아버지도 받았다. 이 이름은 궁정에서 쓰이는 한자로 되어 있는데, 조선에서는 '강수剛粹, 경목景穆, 준혜峻惠, 연지衍祉' 라고 발음한다.

왕비는 복합명을 하나만 받았고, 왕비의 어머니는 두 개를 받았다. 하지만 그렇다고 해서 이들에게 적절한 기회, 예를 들어 생일이나 생전에 환갑을 맞을 경우에 새로운 칭호가 또 수여되지 말란 법은 없다.

정해진 날에 왕과 왕비, 왕자와 공주들 그리고 모든 신하들이 성대한 행렬을 이루어 도시 남쪽에 위치한 커다란 사당인 '선조들의 홀'**로 가는데, 이 사당에는 선조들의 위패가 보관되어 있다. 위패는 나무로 만들어져 금박을 입힌 것으로, 이 안에는 금을 입힌 작은 나무패 위에 타계한 왕족들의 이름과 이들에게 붙여진 모든 칭호가 한자로 새겨져 있다. 이곳에서 거창한 의례를 갖춰 먼저 왕이 자신과 가장 가까운 조상에게 제사를 드리는데, 이때 왕은 쌀을 담은 세 개의 접시를 조상의 위패 앞에 놓는다. 그러고 나서 왕세자가 먼저 왕에게, 이어서 왕의 아버지에게 책에 붙여져 있는 작은 대리석패를 건네는데, 이 패에는 금색 글씨로 새로운 칭호가 쓰여 있었다. 대규모 연회가 이날의 마지막을 장식했고, 왕은 자신에게 부여된 별칭에 대한 기쁨의 표시로 일련의 하사품을 내리는데, 이것도 관보에 자세히 기록되어 있다. 예를 들어 서울의 상인들에게는 3개월간 세금이 면제되었으며, 자신과 자신의 가족을 위한 칭호를

◆ 존호尊號를 뜻함.
◆◆ 종묘를 뜻함.

고르는 데 참여한 관리들은 승진하고 봉록이 올랐다. 사소한 범죄를 저질러 감옥에 갇힌 사람들은 남은 기간을 사면받았다.

조선에서 왕이 얼마나 신성시되는지는 다른 지침에서도 드러난다. 조선의 귀족들은 가족이 상을 당하면 얼굴을 가리지만, 왕의 면전에서는 예외다. 또 누구도 왕 앞에서 안경을 쓸 수 없다. 말을 탄 사람은 왕궁이 가까워지면 말에서 내려야 한다. 왕의 초상은 동전이나 우표에 찍혀서는 안 된다. 왜냐하면 왕의 초상을 백성들이 만지게 되면 이는 왕을 모독하는 것이 되기 때문이다. 따라서 조선인에게 유럽의 동전은 도무지 이해할 수 없는 것이다. 쇠로 된 물건이 왕의 몸에 닿아서는 안 된다. 1800년 정종 대왕(정조)은 악성종양으로 죽었는데, 수술용 메스로 종양을 째는 것이 바로 이 예법에 어긋났기 때문이다.

몇 년 전에 한 왕자가 자신의 팔에 수술을 행하도록 마지못해 허락했다. 다만 이후에 그는 자신의 불쌍한 주치의의 목숨을 구하기 위해 갖은 애를 써야 했다. 예법을 어긴 죄로 왕이 주치의를 참수형에 처하기로 결정했던 것이다.

왕이 궁궐을 떠나는 경우는 조상들의 무덤이나, 조상들의 위패를 모신 곳을 방문할 때뿐이다. 흉년이 지속되면, 하늘과 땅의 신전◆에서 비가 오기를 기원하면서 소를 제물로 바치기 위해 궁궐을 떠날 때도 있다. 이때 천문관과 점복 담당관은 왕이 궁을 나서는 날을 신중하게 고른다. 정해진 날에 공교롭게 비가 오면, '모인 전·현직 장관들'은 감기에 걸릴지 모르니 외출하지 말 것을 요청한다. 이렇게 왕이 궁을 나섰다 돌아오면 궁궐의 모든 신료는 접견실에 모여 왕의 건강에 대해 묻는다. 그리

◆ 사직단社稷壇을 뜻함.

고 '왕의 약을 담당하는 관리들' 과 의사들이 왕을 위해 소집된다. 그다음 호 관보에 왕은 이들이 필요 없다는 사실을 전하게 한다.

드물지만 이렇게 왕이 궁을 나서는 경우, 다른 나라와 비교할 때 부유하다고 할 수 없는 궁정은 최대한 화려함을 동원한다. 외출일과 경로가 알려지면 한성판윤은 해당 거리를 꼼꼼하게 청소하게 하고, 주요 도로변에 있는 집들을 완전히 가리며, 그 앞에 설치된 일련의 진기한 오두막들과 노점들을 철거한다. 행렬이 지나가게 될 거리의 진입로는 병사들이 막아서 백성들이 가까이 다가서지 못하게 한다. 1892년 9월 5일 왕이 행차할 때 백성들이 이 행렬에 지나치게 가까이 몰려드는 일이 발생하자, 병조판서와 시장을 문책해 석 달치 봉급을 지불하지 않았다. 거리로 난 창을 봉하고, 누구라도 왕을 쳐다보면 중벌을 받는다. 왕 앞에는 수백 명의 관리들과 병사들 그리고 고관대작들이 걸어간다. 항상 행렬의 맨 앞을 장식하는 것은 커다란 가죽가방을 든 '왕의 명패 운반인' 이다. 이 명패는 길이가 약 35센티미터이며 폭은 20센티미터 정도로, 빳빳한 흰색 종이로 되어 있고, 오른쪽 위에 작은 글씨로 조선의 왕 '이희' 라고 쓰여 있다. 세 명의 관원은 왕의 위엄을 표시하는 도끼와 칼 그리고 삼지창을 들고 간다. 그들 뒤로 조선의 깃발과, 붉은 비단 위에 수를 놓은 용으로 장식된 왕의 깃발이 기병 장교에 의해 운반된다. 왕은 앞과 옆이 트이고 호화롭게 장식된 높은 가마에 앉아 있고, 열두 명의 가마꾼이 가마를 메고 간다. 왕비는 행렬 중간쯤에서 닫힌 가마를 타고 왕의 뒤를 따른다. 왕비는 동양의 관습에 따라 다리를 꼬고 바닥에 앉아 있다.* 왕의 뒤에는 내시와 시동, 짙게 화장하고 치장한 무희 등 수백 명에 달하는 수행원들이 따라간다. 이들의 복장과 순서, 무장 등은 의전 담당 관청에 의해 세세하게 규정되어 있고, 조금이라도 규정에서 벗어나면 엄한 처벌을 받게 된다.

왕이 먹는 음식의 종류와 식사 시간 등도 정해져 있다. 음식의 종류 중에는 구역질 나게 만드는 것들이 있어 이 자리에서 언급할 수가 없다. 또한 왕은 나라에서 우유를 마실 수 있는 유일한 사람이다. 조선에서는 소의 젖을 짜지 않는다. 왕의 정찬 시간은 오전이다. 때때로 왕비도 동석하는데, 홀의 다른 쪽 끝에서 따로 작은 소반을 받는다. 시암에서처럼 조선에서도 왕과 신하들이 일하는 시간은 밤이다. 해가 질 무렵 왕은 나라가 평안한지 알아보기 위해 궁궐 건너편에 있는 남산을 관찰한다. 조선에서는 오래전부터 봉화를 사용해왔다. 여덟 개의 도에서는 매일 저녁 특정한 산 위에 봉화가 지펴지는데, 불상사나 외부로부터의 위협과 같은 위험한 상황이 발생하면 봉화는 두 배가 된다. 마치 시각적인 전보와 같이, 봉화를 올리는 모든 산 위에 재빨리 불빛이 타올라 수도에까지 이른다. 처음에는 수도의 서대문 가까이 있는 산 위에 우선 하나의 불이 빛나고, 마지막으로 남산의 돌로 된 제단 위에 네 개의 커다란 나뭇단이 점화되는데, 이는 나라가 평안하다는 표시다. 다섯 개나 그 이상의 불빛이 타오르면 적이 접근 중이라는 뜻이다. 최근에는 사람들이 왕을 불안하게 만들지 않기 위해 봉화의 개수를 늘리는 것을 단념한 것처럼 보인다. 왜냐하면 일본인들이 현재 수도를 점령하고 있음에도 불구하고 매일 저녁 남산 꼭대기에는 네 개의 불빛만 타오르고 있기 때문이다. 이

◆ 이 가마 때문에 여러 필자가 잘못된 주장을 하게 된 것 같다. 영의정 외에는 어느 가마에 왕이 타고 있는지 아무도 모르는 가운데, 왕을 위한 두 개의 닫힌 가마가 행렬 중에 함께 운반된다는 것이다. 퍼시벌 로웰은 《내 기억 속의 조선, 조선 사람들》에서 이렇게 말한다. "오로지 왕만이 궁궐의 대문 앞에 일정한 수의 계단을 가질 권리를 가진다. 참수형을 당하지 않으려면 신하 중에 어느 누구도 세 단 혹은 네 단 이상의 계단을 놓아서는 안 된다." 이 우스꽝스러운 주장에 대해서는 반박조차 할 필요가 없을 것이다. —지은이

봉화와 더불어 왕이 일할 시간이 된다. 자정이 지난 후 한 시간쯤 되면 왕은 두 번째 식사 시간을 가지며, 해가 밝을 때까지 일한다. 그리고 나면 성문을 지키는 보초가 와서 왕이 보관하고 있는 성문 열쇠를 받아 가고, 이로써 왕의 업무 시간은 끝이 난다.

현재 왕은 모든 측면에서 선하며 대단히 총명하고 나라의 안녕에 신경을 쓰는 사람으로 묘사되고 있는데, 이는 503년 전부터 조선을 다스린 왕조의 전임자들을 볼 때 예외적인 일이다. 많은 조선인들은 왕의 명령이 제대로 수행되었더라면 나라가 번영하고 행복해졌을 것이라고 말한다. 하지만 유감스럽게도 조선에서 왕은 이름만 통치자일 뿐이다. 왕비의 가문에 속한 범죄자적인 양반 무리가 정부의 고삐를 쥐고, 국가의 대소사를 어떻게 할지 왕에게 지시하고 있기 때문이다. 왕은 자신의 의지와는 달리 이들의 손에 매달려 있는 꼭두각시에 지나지 않는다. 관직은 제일 높은 값을 부르는 자에게 팔리고, 호의와 친척 관계, 복수심이 여기에 한몫을 한다. 조정을 지배하는 민씨 가문은 왕의 주위에 단단한 사슬을 둘러 왕을 백성들로부터 격리시켜놓고 있는데, 만일 왕이 이 사슬을 끊으려 든다면 이들이 가만히 있을 리가 없다. 왕은 아마 살아남기 어려울 것이며, 그의 가족 중에서 좀 더 고분고분한 후계자가 왕위에 오를 것이다.

내시와 젊고 아름다운 시동 그리고 여인들이 궁궐을 지배하고 있다. 사람들은 온갖 패륜과 범죄에 관한 끔찍한 이야기를 전하고 있는데, 왕이 알든 모르든 이러한 것들은 궁궐 안에서 일상사가 되어버렸다. 소식통이 내게 전하는 이러한 사건들의 정확성에 대해서는 다양한 정황들이 보증한다. 하지만 그것들은 세간의 눈에 띄지 않는다. 일본인과 중국인 사이에 벌어지고 있는 갈등과 억압당하고 착취당하는 백성의 반란이 현

상황을 개선할 수 있다면 좋으련만. 지금의 상황으로 보건대, 넓은 지구 상에서 조선만큼 백성이 가난하고 불행한 반면 지배층은 거짓되고 범죄적인 곳은 아마도 거의 없을 것이다.

chapter 10
왕비와 왕실

──── 고타(독일의 도시)의 궁정 달력은 조선의 왕가에 관해 다음과 같은 글을 싣고 있다.

> 조선의 왕 이희, 1851년 7월 25일 출생, 1864년 1월에 철종의 뒤를 계승. 양반가인 민씨 가문에서 1850년 9월 29일 태어난 딸과 결혼.

조선의 왕비 이름이 기록되지 않은 이유는 조선의 다른 여인들처럼 왕비도 원래 이름이 없기 때문이다. 결혼하기 전에 왕비는 '아무개의 딸'이라고 불렸으며, 결혼 후에는 간단히 '왕비'라고 불렸다. 왕비는 남편보다 한 살 많은 마흔네 살밖에 안 되었는데도 벌써 30년에 가까운 결혼생활을 하고 있다. 왕과 왕비가 격식에 맞춰 서로 마주 보며 절을 하는 혼인식을 치렀을 때 왕은 열네 살, 왕비는 열다섯 살이었다. 약혼은 이보다 몇 년 전인 더 어린 나이에 이루어진다.

그러니 왕의 결혼이 그의 자유로운 선택에 따라 이루어졌다고 주장할 사람은 없을 것이다. 자유로운 선택은 조선에서는 필요치 않으며, 왕가에서는 더더욱 그렇다.

왕이나 왕세자가 결혼이 가능한 나이, 즉 열네 살이 되면, 법에 따라 조선의 이름 있는 양반가의 결혼 가능한 모든 딸들은 그를 위해 준비하고 있어야 한다. 이들 중 한 명이 간택될 때까지 그 누구도 다른 남자와 결혼을 해서는 안 된다.

결혼 당사자가 직접 간택을 해서는 안 된다. 왜냐하면 남자는 여인과 처녀들을 볼 수 없기 때문이다. 결혼 당일에야 배우자의 얼굴을 볼 수 있다. 배우자가 아름답든 추하든, 마음에 들건 안 들건 정해진 여자와 결혼해야 한다. 결혼을 하고 나서도 바로 배우자의 실제 모습을 보지 못한다. 왜냐하면 신부는 하얀 밀가루 같은 것으로 짙게 화장을 하고 있으며, 그녀의 눈은 결혼 후 3일 동안 가려져 있고 말을 해서도 안 되기 때문이다. 사람들은 동양의 왕자는 더 자유로울 것이라거나, 혹은 이 나라의 귀족들이 예를 들어 유럽의 출판업자들이 자신의 고객에게 작품을 보낼 때 그렇듯이 "한번 살펴보고 경우에 따라 반품하도록" 할 것이라고 여긴다. 하지만 조선에서는 그런 식으로 일이 진행되지 않는다. 왕자가 벙어리나 사팔뜨기 신부와 결혼하지 않도록 하기 위해, 우선 왕의 내시들이 가장 아름답고 호감을 주는 귀족 가문의 처녀들을 선발해서 왕에게 명단을 제출한다. 그러면 좀 더 엄격한 두 번째 심사가 이어지는데, 이를 위해 처녀들은 궁궐로 들라는 명을 받는다. 여기서 처녀들은 고위 관리들과 왕비에 의해 검사를 받는다. 그리고 마침내 왕에게 일정한 수의 처녀가 제안된다. 예를 들어 지난해에 왕의 다섯째 아들인 의화군義和君이 결혼할 때 이런 식으로 일이 진행되었다. 나는 1893년 10월 15일자 조선의 관보에서 다음과 같은 글을 읽었다.

왕명에 따라 의화군의 비를 고르기 위한 3단계 심사를 위해 이번 달의 마지막 날이 선택되었다.

10월 16일자에는 다음과 같은 칙령이 실려 있다.

> 왕명에 따라 의화군의 교육을 위해 정해진 수석교사가 오늘 임명된다.
> 의전 담당 관청은 의화군의 비를 고르는 3단계 심사일 중 가장 길한 날은 (천문관의 말에 따라) 이 달의 20일이라고 보고했다.

조선의 왕은 이 아름다운 처자들을 얼굴을 맞대고 볼 자격이 있는 유일한 남자다. 후보로 선정된 처녀들은 위에 언급된 날에 친척의 손에 이끌려 궁궐로 들어오고, 여기서 궁녀와 내시의 영접을 받아 왕 앞으로 인도된다. 벌써 이날 관보는 다음과 같은 소식을 전했다.

> 왕은 김사준金思濬의 딸을 의화군의 비로 정했고, 이를 의전 담당 관청에 알렸다.
> 이 관청은 왕에게, 결혼하기에 가장 길한 날은 이번 달 29일로 여겨진다고 보고했다.

그러면 일반적인 경우보다는 빠르게, 위에 정해진 날짜에 왕자의 결혼식이 이루어졌다. 또 다른 예외는 이번에는 왕비가 속한 민씨 가문의 딸이 선정되지 않았다는 점이다. 민씨 가문은 조선 왕조의 가장 강력한 가문이다. 수백 년 전부터 이 가문은 조선을 실제로 지배해왔는데, 이 가문은 왕가뿐만 아니라 베이징의 궁정과 긴밀한 관계를 유지하는 법을 아주 잘 알고 있었기 때문이다. 조정의 가장 높은 자리와 군대 통수권 그리고 결코 사소하다고 할 수 없는 국고가 대개 민씨 가문의 손에 있었다. 민씨 가문의 영향력은 현재 왕이 이 가문의 딸과 결혼한 이래로 거의 전권이라고 할 정도로 커졌다. 왕비는 나라를 민씨 가문의 뜻에 따라, 그리고 이와 더불어 일본에 적대적인 중국의 뜻에 따라 통치했다. 일본인들이 조선에 와서 처음 한 일 중 하나가 왕으로 하여금 왕비를 몰아내도록 사주한 것도 바로 이 때문이었다.

일부 백성들도 왕비가 수년 전부터 체계적으로 이루어진 착취와 비참한 상태의 원인 제공자라고 여기고 있다. 1882년에 일어난 봉기는 주로 민씨 가문의 지배에 저항한 것이었고, 그 결과 왕비는 정말로 낭만적인 모험이라고 해야 할 시련을 극복해야 했다.◆ 백성들은 조선이 유럽인과 일본인에게 나라를 개방하는 것을 결코 원하지 않았다. 이들이 새로 조성된 항구 도시 제물포에 정주하는 것과 조선 군대를 유럽 군대식으로 훈련시키는 것,◆◆ 유럽식 무기를 도입하는 일 등에 대해 백성들은 적개심을 가졌다. 게다가 여름에 기근이 들어 작황이 좋지 않았기 때문에 민심이 더욱 사나웠다. 조선에 있는 한 줌밖에 안 되는 유럽인들의 처지는 매우 위험했다. 최근 헝가리에서 사람들이 유대인들에 대해 험담하던 것과 비슷하게 유럽인들에게 험담이 가해졌다. 이들이 아이들을 유괴해 잡아먹는다는 것이었다. 내가 서울에 있을 때 우연히 조선 외교 부서의 성명서를 손에 넣게 되었는데, 다음과 같은 내용이었다.

◆ 임오군란 당시 명성황후가 무예별감武藝別監 홍계훈洪啓薰 등에 업혀 궁궐을 빠져나와 목숨을 건진 일을 말한다.
◆◆ 1881년 창설된 최초의 신식 군대 별기군別技軍.

백성들의 아이들이 사라지고 있다는 소문과, 외국인들이 이 아이들을 요리해서 먹기 위해 사들인다는 소문이 우리 귀에 들렸다. 만약 외국인들이 아이들을 잡아먹는다는 것이 사실이라면 우리는 역겨움을 감출 수가 없을 것이다. 하지만 지금까지는 소문이 사실인지 아닌지 모른다. 그러니 다시금 누군가 아이를 훔쳐간다면 이 도둑을 쫓아가, 아이에게 무슨 일이 생기는지 알아내는 것이 좋겠다. 그 결과는 이 관청에 알리도록 하라. 그러면 우리가 외국의 대표들과 교섭해 당사자를 처벌하도록 할 것이다.

1882년 7월 23일 왕은 기우제를 드리기 위해 관례에 따라 '하늘과 땅'의 신전으로 향했다. 노쇠한 악한이자 음모가이며 왕의 생부인 대원군은 이 기회를 놓치려 하지 않았다. 이 기회를 이용해 그는 최고 실력자의 자리를 차지하고, 민씨 일가를 몰아낸 후 섭정으로 들어앉으려 했다. 그가 사주한 모반자들이 실제로 왕을 습격했다. 하지만 왕은 그를 따돌리고 왕궁으로 피신하는 데에 성공했다. 폭도들은 궁궐의 입구를 점거하고 민씨 일족 몇 명을 죽인 후, 왕비를 사로잡았다고 생각했다. 이들은 왕비에게 직접 손을 대려고 하지는 않았기 때문에 사약을 내려 이를 마시도록 강요했다. 실제로 그녀는 사약을 마셨고, 살인자들 앞에서 죽어갔다. 왕도 도망쳤으니 역도들은 이제 승리를 거두었다고 믿었다. 그 사이에 왕은 왕비와 함께 서울 뒤쪽에 있는 산으로 도피했고 중국의 도움을 청했다. 중국 군대가 곧 조선에 나타났고, 역도들이 지배했던 짧은 시간은 곧 끝났다. 자신들이 죽였다고 생각했던 왕비가 궁궐로 돌아왔다는 말을 들었을 때 이들은 크게 놀랐을 것이다. 어떤 충직한 궁녀가 왕비가 도망칠 시간을 벌기 위해 결정적인 순간에 왕비 흉내를 내는 일에 협력했던 것이다. 궁녀는 왕비의 옷을 입은 채 독배를 마심으로써 자신의 충성을 죽음으로 마무리했다! 이때부터 왕비가 구출된 날을 기념해 축제와 연회가 벌어졌다. 하지만 그 가엾은 궁녀를 생각하는 사람이 있기는 할까?

왕비는 아주 가까운 일족을 제외하고는 어떤 남성에게도 얼굴을 보이지 않는다. 왕비가 우연히 조선의 지배자가 될 경우, 대신들이 논의할 때 참석하거나 회담에 참가하기도 한다. 하지만 대혁명 전에 일본의 미카도와 비슷하게 커튼 뒤에 숨어서 그렇게 한다. 공식적 축하 행사나 연회, 무희나 곡예사의 연회에 조신朝臣들과 함께 참석하기도 한다. 하지만 얇은 천으로 되어 있는 커튼 뒤에 자리를 잡는다. 외교관을 공식적으로 맞이할 때도 마찬가지다. 서울에 전권대사로 있던 외교관이 내게 설명해준 바에 따르면 다음과 같다. 그는 처음 알현을 하는 동안, 일본식으로 얇은 종이 벽으로 알현실과 분리된 인접 부속실에서 이상한 소리가 들려왔다고 한다. 그가 통역에게 이에 대해 묻자, 통역은 왕비와 궁녀들이 손가락으로 종이 벽에 구멍을 뚫어 그와 그의 휘하를 보며 즐기고 있다고 전해주었다.

왕비가 임신 중에는 석 달 동안 소를 도살하는 일이 금지된다. 이는 '고기를 먹지 않음으로써 하늘에 경배'를 표하기 위한 것이다. 왕이 노인들에게 그러하듯이, 왕비는 1년에 한 번 여든 살이 된 늙은 여인들을 위해 그들이 천한 백성이든 아니든 상관없이 잔치를 베푼다. 첫아들이 태어나면 전국적으로 큰 잔치를 열고, 관청과 법정은 문을 닫고 죄수들은 감옥에서 풀려난다. 왕비는 결혼한 지 11년이 지나서 왕세자인 이척李坧◆을 낳았다. 하지만 그가 왕의 유일한 아들이라는 뜻은 아니다. 동아

◆ 훗날의 순종.

시아의 다른 궁정에서와 마찬가지로 조선의 왕도 다른 여인을 총애하는 경우가 있는데, 왕의 후궁의 숫자는 제한이 없다. 우리 유럽인이 저명인사에게 축하 메시지나 기념품 혹은 댕기물떼새의 알을 보내는 것처럼, 조선의 지체 높은 양반들은 때로 가장 아름다운 딸을 왕에게 선사한다. 이는 중국에서 넘어온 관습인 것 같은데, 그곳에서는 고위 관리들이 이와 비슷하게 사치스러운 — 적어도 받는 사람에게는 사치스러운 — 선물을 황제에게 바친다. 선물로 바쳐진 젊은 여성들은 적어도 훌륭한 대접을 받기는 한다. 겉으로 보기엔 동양의 관습을 완전히 타파하고 서양의 관습을 받아들인 것 같은 일본의 미카도조차도 우리의 경우 첩 제도를 인정하지 않는다는 사실을 철저히 간과했다. 그가 황후가 아닌 다른 여인에게서 낳은 아이들은 공식적인 국가 편람에 기록되어 있다. 조선 왕의 첫째 아들인 완화군完和君과 다섯째 아들인 의화군은 후궁에게서 태어났다. 조선에서 왕위는 반드시 왕비의 아들이나 장남에게 계승되지는 않는다. 전적으로 왕의 뜻에 달려 있어서 후궁에게서 나온 자식이나 또는 가족 중의 남자, 즉 형제나 아저씨, 사촌 등도 후계자가 될 수 있다. 부계 친족 중에 남자가 없으면, 이 땅의 역사에서 세 번 그랬던 것처럼 여자도 군주가 될 수 있다. 왕가의 자제들이나 '왕'이라는 칭호로 불리는 왕세자조차도 정치에 관여할 권리는 없다. 만약 이들이 정치에 관여할 경우, 유일하게 정치적인 당파를 이루고 있는 양반들이 당장 반기를 들 것이다.

  왕비는 자신만의 수하들을 거느리는데, 이들은 궁녀와 하녀, 내시들로 구성되어 있다. 왕비보다 적은 수이긴 하지만 후궁들도 자신의 수하를 거느리긴 한다. 하지만 왕비만이 왕과 함께 식사를 할 수 있다. 왕과 왕비는 같은 방에서 식사를 하긴 하지만 따로 밥상을 받는다. 각자가 자신의 상이 있는 것이다. 왕이 외교관들을 영접하는 동안, 왕비는 외교관들의 부인과 딸들을 초대하여 연회와 정찬을 베풀기도 하는데, 직접 참석하지는 않는다. 외교관의 부인들 덕택에 왕비와 그 주변의 모습에 대해 몇 가지 상세한 정보를 얻을 수 있었다. 이들이 묘사한 바에 따르면 왕비는 작고 못생겼으며, 하얗게 분칠한 얼굴에 굵은 가체로 만들어진 엄청나게 큰 머리를 귀에서 어깨까지 드리우고 있다. 이는 궁정의 여성들이 공식적으로 하는 머리 모양으로 보인다. 궁녀와 무희 그리고 왕비 주위에 있는 다른 여성들도 엄청난 머리를 얹고 다니기 때문이다. 이를 위해서는 인디언의 머리 한 다스를 모아놓는다 해도 부족할 지경이다. 그럼에도 불구하고 나에게 그처럼 특이한 머리장식에 대해 악의적으로 묘사한 부인 자신도 예사롭지 않은 커다란 머리를 하고 있어서, 그 머리 밑에 남의 머리가 숨겨져 있는 것 같다는 생각이 들었다. 게다가 우리의 선조들 역시 길게 늘어뜨린 남성용 가발을 쓰지 않았던가? 하지만 조선의 여인들 역시 이브의 딸로서 그들이 지닌 모든 강점과 약점을 동시에 지니고 있다. 유럽의 부인들이 진짜 또는 가짜 머리 위에 — 도대체 왜 그러는지 밝히려 든 사람이 있었던가? — 작은 리본과 꽃, 새 모양의 장식 달린 작고 예쁜 모자를 쓰고 나타나자, 이를 본 왕비에게 허영심에 찬 여인이 곧장 이렇게 속삭였다. 그런 모자가 그녀에게도 잘 어울릴 것 같다고 말이다. 그렇게 해서 유럽식 문화의 첫 번째 첨병으로 파리의 숙녀모가 고색창연한 조용한 아침의 나라의 궁궐로 들어오게 되었고, 외교관을 영접할 때 왕비의 머리에서 휘황찬란하게 빛나고 있다. 그때가 언제가 될지 모르지만, 코르셋 역시 이 민씨 가문 딸의 허리를 감싸게 될 것이다! 조선인의 재판제도에 대해 다룰 장에서 증명되듯이, 조선에서는 고문이 여전히 성행하고 있지 아니한가! 그러니 이 코르셋의 경우에도 왕비가 모범을 보이며 앞서가야 할까? 왕비는 아직까지는 조선의 의상을 입고 있다. 차이가 있다면 다른 조선의 여인들이 얼굴과 복사뼈에 이르기까지 모든 것을 가리되 가슴은 거리낌 없이 내놓는 반면, 언젠가 어떤 시인이 이 여인의 가슴을 지칭했듯이 '대리석의 화산'은 사람들의 시선으로부터 벗어나 있다. 알현하는 날이 되면 가장자리에 금실로 수놓은 화려한 비단과 천으로 만든 길고 주름이 풍부한 옷이 왕비를 가린다. 그 위로 왕비는 짧은 소매에 금실로 수를 놓은 붉은 비단으로 된 긴 상의를 입는데, 이 짧은 소매 바깥으로 천으로 된 저고리의 긴 소매가 나와 있다. 발에는 두터운 솜을 넣은 흰 양말을 신고 있는데, 이 때문에 마치 상피병象皮病을 앓고 있는 것처럼 보인다. 하지만 조선의 여인들은 중국식이나 유럽식으로 발을 꼭 죄어서 그런 것이 아니라 실제로 아주 여리고 작은 발을 가지고 있다. 조선은 중국인에게서 거의 모든 것을 배워왔음에도 발을 기형적으로 만드는 것만은 받아들이지 않았다. 조선 여인들은 집 안에선 신발을 신지 않는다. 왕도 양말을 신고 외교관들을 영접한다.

궁녀들과 왕비 주위에 있는 수백 명에 이르는 여인들은 비슷한 옷차림을 하고 있다. 다만 긴 재킷 대신 팔 아래까지 오는 아주 짧은 재킷 차림이 다를 뿐이다. 다소간 여린 몸매를 덮고 있는 믿을 수 없을 만큼 많은 종류의 치마는 마치 프랑스 혁명정부의 집정 내각 시절에 유럽 여성들이 입었던 것처럼 가슴 아래서 여미게 되어 있다. 소재는 대개 비단이나 망사이며, 색깔은 초록색과 노란색 그리고 빨간색이다. 많은 나이와 추한 모습을 고려할 때, 궁녀들은 자바 섬에 있는 족자카르타*의 술탄의 궁녀들보다 믿을 수 없을 만큼 많은 것을 수행한다고 한다. 이는 놀랄 만한 일이 아니다. 왜냐하면 이들은 왕의 시중을 드는 동안 결혼을 해서는 안 되기 때문이다. 결혼은 모든 것을 미화시킨다. 내시 외에 이 여인들도 왕의 시중을 든다. 그 밖에 왕은 소녀 같은 용모에 긴 머리를 한 작고 예쁜 시동을 상당수 거느리고 있다.

 이 사람들은 작은 단층집들과 이보다 크고 종이 벽과 베란다를 가지고 있는 홀이 특이하게 모여 있는 곳에 살고 있다. 하지만 모든 것이 여름 기후에 맞게 꾸며졌으며 겨울에는 전혀 난방을 할 수가 없다. 주거 공간에는 '갱坑'이라는 것이 있는 듯한데, 땅바닥보다 약간 높은 곳에 위치한 바닥을 가리킨다. 이 밑으로 옆에 있는 작은 아궁이에서 때고 있는 불의 연기가 통과하게 되어 있다. 하지만 영접실과 연회장은 난방을 할 수 없게 되어 있어 겨울에는 대단히 춥다. 그래서 외교관들은 연회 한 번 치르고 나면 대개 지독한 감기에 걸린다. 이들을 배려해 왕은 영접실에 쇠로 된 난로를 하나 설치하게 했다. 하지만 항상 가동되는 것은 아니다.

◆ 행정구역상으로 자카르타, 아체와 함께 인도네시아의 세 곳의 특별구로 분류된 곳으로 자바 문화의 중심적 역할을 해왔던 곳. 자바 섬 남해안으로부터 내륙 쪽으로 30킬로미터 정도에 있는, 지금도 활동 중인 메라피 화산 가까이에 있다.

chapter 11
조선 왕의 장례식

---   조선의 왕들은 나라와 백성들을 위해 다행히도 정말로 장수한다. 그렇지 않다면 가난한 조선인들은 빈곤과 기근에서 결코 벗어날 수 없을 것이다. 조선 왕들의 통치 기간은 평균 16년에서 17년이다. 동아시아에서 지배자는 성대하면서도 번거로운 의식에 둘러싸여 있다. 하지만 이 의식이 조선만큼 백성들의 삶에 사무치도록 깊이 배어 있거나 대단한 영향을 끼치는 곳은 없다. 중국인들의 특징인 조상숭배와 한없는 부모 경배는 조선인들에게도 전래되었다. 조선에서 왕은 백성의 아버지와 같다(이 땅의 역사가 가르쳐주듯이 항상 그런 것은 아니지만 말이다). 아버지가 죽으면 삼년상을 치르는 것과 마찬가지로 왕이 죽으면 온 백성이 이 추도 기간을 지켜야 한다. 3년 중 첫 5개월, 즉 서거와 매장 사이의 기간은 깊은 애도의 기간이다. 이 기간 중에는 죽은 부모나 친척의 장례식이 모두 금지된다. 어떤 오락이나 결혼도 행해져서는 안 된다. 죄수들은 고문을 당하거나 처형되어서도 안 된다. 백성들은 고기를 즐기는 일이 금지된다. 가장 기이한 추도 규범은 왕의 시신이 매장되기 전까지는 그사이에 죽은 사람을 묻는 것이 금지된다는 점이다. 이 규범이 엄격하게 지켜질 경우 도회지건 시골이건 시신은 5개월 동안 집 안에 머

물러 있어야 하는데, 거주 공간이 하나나 둘밖에 없는 가난한 백성들의 경우 당연히 이 법도는 지켜질 수가 없다. 따라서 이러한 시신은 상여가를 부르거나 곡을 하지 않고 밤 시간에 매장하는 것이 허용된다. 하지만 양반이나 관리들의 경우 매장 금지는 엄격하게 지켜진다!

'깊은' 애도의 기간뿐만 아니라 3년이라는 애도 기간에 지켜야 하는 그 밖의 예식에 관해서는 조선 정부가 발간한 규정집◆이 흥미로운 정보를 주고 있다. 값진 재료로 된 옷과 화려한 옷을 입는 것을 금지하고 있으며, 이를 어길 경우 감옥에 갇히게 된다. 온 백성의 상복은 아버지가 죽었을 때 아들이 입는 복장과 같다. 굵은 삼베로 되어 발목까지 내려오는 주름진 긴 상의에, 허리 부분을 끈으로 묶고, 같은 소재로 된 하의를 입으며, 어깨까지 내려와 머리를 완전히 감싸는 깔때기 모양으로 된 엄청 큰 밀짚모자를 쓴다. 왼손에는 굵은 삼베로 된 부채를 들며, 오른손으로 긴 지팡이를 짚는다. 여자들은 상복을 입지 않아도 된다. 여성은 '공식적인 추도 규범집'에 전혀 언급되어 있지 않다. 왜냐하면 여자들은 법과 같은 공공의 삶에서 아무런 역할도 하지 못하기 때문이다. 모든 오락, 음악, 춤, 축제, 놀이는 전체 애도 기간 동안 금지된다.

죽을 운명을 지닌 인간들은 왕이 살아 있을 때 이미 그를 만질 수가 없는데, 바로 이 규범이 외교관을 대할 때 두드러지게 눈에 띄는 왕의 격식, 즉 외교관에게 인사를 할 때 왕이 결코 손을 내밀지 않는 것을 설명해준다. 왕의 시신에도 이러한 금지 조항이 해당한다. 따라서 염을 하거나 방부 처리를 하고 왕의 옷을 입히는 것은 특정한 규범에 따라서만 진행된다. 시신은 애도를 위해 사원에 안치되고, 이어지는 다섯 달간 매

◆ 《국장도감의궤國葬都監儀軌》를 말함.

일 왕가의 구성원들이 참석하는 추모식이 거행된다. 우선 시신 곁에는 금과 은으로 된 그릇에 식료품, 쌀과 채소, 차※와 같은 것이 놓이고, 집사의 신호에 따라 참석자들은 큰 소리로 곡을 하며, 두 번째 신호가 있으면 다시 멈춘다. 왕은 처음 며칠 동안만 추모식에 참석하는데, 그 이유는 추측건대 국사를 돌보는 데 힘써야 하기 때문일 것이다. 일반 백성은 말할 것도 없고 고위 관리도 종묘에는 들어갈 수 없다. 그래서 관보를 통해 알려지는 추모식 때는 수도에 사는 백성들과 관리, 장교들은 궁궐 주위에 모여 곡을 하고 흐느끼는데, 이는 길면 길수록 좋다. 지방에서는 지역 인사들이 특정한 날에 고위 관리 집에 모여 얼굴을 수도 쪽으로 향하고 곡을 하는데, 고위 관리가 그만두라고 할 때까지 몇 시간 동안 계속한다. 똑같은 일이 이 나라의 가장 후미진 곳에서도 벌어진다.

죽은 후에 시신이 그렇게 오랫동안 매장되지 않는 것은 그럴듯한 이유가 있다. 조선에는 '카프친 교단의 무덤'이나 왕족이 묻히는 생드니 Saint-Denis◆가 없다. 왕의 주검이 묻히기에 적합한 무덤을 찾는 것은 쉬운 일이 아니다. 왜냐하면 먼저 '용의 핏줄'을 찾는 것이 중요하기 때문이다. 조선인들은 행운의 신이 머무는 곳과 관련해서 우리처럼 무지한 유럽인보다 훨씬 잘 알고 있다. 우리는 행운의 여신을 이리저리 찾다가 결국 발견하지 못한다. 하지만 조선에서는 지관들이 있어 그 일을 맡는다. 이들은 땅속 깊숙한 곳에 땅 위의 온갖 재물과 명예, 부유함을 약속하는 커다란 용이 살며, 조상들의 묘를 용의 기분에 맞게 쓰는 가문이 선호된다는 것을 알고 있다. 따라서 지관의 주요 과제는 가장 좋은 무덤 자리를 물색하거나, 조선인들이 말하는 것처럼 '용의 핏줄'을 찾는 것이다.

◆ 파리에 있는 바실리카.

이를 위해 지관들은 가톨릭 신부 클로드 샤를 달레(Claude Charles Dallet)가 설명한 바와 같이 동심(同心)을 가진 몇 개의 고리로 둘러싸여 있는 자기 나침반을 사용한다. 마지막 고리에는 네 개의 주요 방위와 다섯 원소의 이름이 새겨져 있다. 중국인뿐만 아니라 조선인도 우리의 4원소인 물, 불, 공기, 흙에 나무라는 한 가지 원소를 더한다. 지관들이 온갖 주문을 통해 각각 관찰한 바를 내놓은 후에, 함께 만든 보고서를 정부에 제출한다. 그러면 왕은 장관들을 소집하고, 회의를 거쳐 죽은 왕이 묻힐 곳을 고른다. 이곳은 서울에서 20~30킬로미터 떨어지거나 그보다 더 먼 지방에 위치해 있다. 보통은 부드럽게 솟아 있는 구릉이나 언덕이 선택되고, 정원사들이 잔디와 나무, 길 같은 것을 적절하게 배치한다. 무덤 주변은 말할 것도 없고 경우에 따라 수 헥타르에 달하는 지역 안에 집이 지어져서는 안 되며, 이미 들어선 집은 철거한다. 하지만 이 영역에 잇닿은 반경 수 킬로미터에 달하는 주변 지역 역시 대체로 무덤에 편입된다. 그곳에 다른 무덤이 쓰여서는 안 되기 때문이다. 지관의 마음에 썩 드는데 다른 무덤이 있는 경우에는 시신을 파서 다른 곳에 묻는다.

  마침내 능이 조성되고 장례일이 된다. 그사이 왕의 시신을 마지막 거처로 옮기기 위해 대규모 인력이 차출된다. 수백에 이르는 수도의 모든 양반 가문이 한 명 혹은 노비 여러 명에게 특정한 복장을 입혀 내보낸다. 또한 서울에 있는 많은 조합들도 운반인을 제공하는 것이 관례다. 말과 같은 다른 것들은 지방에서 공급된다. 이제 운반인들은 깃발과 숫자를 부여받고 분과로 나뉘어, 무질서를 피하기 위해 시신이 묻히기 전 몇 주 동안 훈련을 받는다. 예를 들어 1890년 대왕대비가 사망하자, 10월 14일에 거행된 장례가 있기 3주 전에 장례 행렬의 총연습이 거행되었는데, 모든 외교 사절이 참석했다. 내가 들은 바에 따르면, 수도에 자리 잡고 있는 조합들이 커다란 비단 깃발로 행렬의 앞을 장식했다. 이들 뒤를 긴 봉 위에 고인의 이름과 작위, 명예 칭호가 적힌 패를 든 의전관들이 따라갔다. 그 뒤에는 왕실 경호 부대가 말을 타고 따라갔는데, 화려한 비단 제복을 입고 공작의 깃털로 장식한 높은 고깔모자를 쓰고 있었다. 이들은 일본식 칼로 무장하고 있었다. 엄청나게 크고 호화로운 마차 여러 대가 그 뒤를 따랐는데, 이는 불교 국가에서 이러한 경우에 일반적으로 등장하는 그로테스크한 거상을 싣고 있었다. 나는 비슷한 마차를 인도와 시암에서도 본 적이 있다. 하지만 그곳에서는 같이 행진하는 나무로 된 말들이 실제보다 큰 경우가 거의 없는데, 이곳에서는 엄청나게 큰 여섯 마리의 말이 수레에 실려 이끌려간다. 그야말로 트로이의 목마라고 할 정도이며, 비단으로 된 천과 값어치가 나가는 안장으로 덮여 있다. 이 말들의 뒤를 이어 수많은 운반인의 어깨 위에 주사위 모양의 상여가 조선을 상징하는 색(파랑과 빨강)의 비단 천에 싸인 채 따라갔다.

하지만 이상하게도 조선에서는 왕가의 장례식에 똑같은 모양의 상여가 두 개 사용되는 것이 관례다. 왕과 가장 높은 세 명의 관료 외에는 아무도 둘 중 어느 상여에 시신이 누워 있는지 모른다. 이러한 관습이 어떤 목적 때문인지 나는 알 수가 없었다. 수백 명의 예비 운반자들 뒤로는 애통해하는 대신들과 고관대작들이 따라갔는데, 이들은 열 명에서 20명이 넘는 붉은 비단옷을 입은 운반인들이 지고 있는 화려한 가마에 타고 있었다. 이 행렬 뒤에 일단의 병사들이 이어졌다. 군중들이 이 특이한 구경거리를 보려고 몰려들었는데, 병사들과 포졸들이 노와 같이 생긴 긴 방망이로 무장한 채 질서를 유지시키고 있었다. 장례일 아침에 왕의 시신은 관에 안치되고, 엄청나게 크고 화려하게 장식된 가마에 올려진다. 왕가 사람들과 고관대작과 군대가 이 행렬을 무덤까지 동행한다. 그곳에서 관은 다양한 제식에 따라 무덤 속으로 들어간다. 종묘에 있는 왕의 자리에는 이제 고인의 위패가 조상을 모신 전실에 세워지고, 왕과 왕자들은 수년 동안 이 패 앞에서 절과 곡을 하며 밥과 차를 올린다. 왕이 서거하면 특별 사신단이 조선의 종주국, 즉 중국의 황제에게 이 사실을 알린다. 그러면 황제는 사신단을 조선으로 보내 왕에게 조의를 표하며, 망자의 영혼을 위해 식료품과 비단 그리고 은괴로 구성되어 있는 제물을 딸려 보낸다. 대개 이 제물은 전실 앞에 있는 테라스에서 성대하게 태워진다. 하지만 은은 타지 않기 때문에 은괴는 아주 실용적이게도 은종이로 되어 있다.

왕릉에는 돌로 된 기념비가 세워지는데, 여기에는 왕의 이름과 명예 칭호가 새겨진다. 돌로 된 단순한 형태의 이 사각형 비 양옆으로는 대개 두 개의 돌기둥이나 두 개의 동물 석상, 코끼리나 말 혹은 낙타가 세워진다. 묘비 근처에는 사원 같은 건물이 세워지는데, 이 건물은 묘역을 관리하고 제사를 드리는 사람이 거주한다. 이들은 대개 '국가고시'에 합격한 젊은 양반 자제로서, 무덤을 지키는 이 자리는 더 높은 관직으로 나아가기 위한 첫 번째 단계가 된다.

옛날에 수도였던 개성(송도)과 같이 서울 근교에는 왕릉이 상당수 있는데, 모두 잘 보존, 관리되고 있다. 왕족들 역시 비슷한 의식에 따라 묻히는데, 중국에서와 같이 조선에서도 성스럽고 건드릴 수 없는 왕의 무덤보다 철도를 건설하는 일에 더 방해가 되는 것은 없다는 말이 전해진다. 나는 이런 왕릉을 방문해보고 싶었다. 다만 내가 조선에 머무를 때 수도 근처에 유럽인에 적대적인 역도들이 날뛰고 있어서, 이 땅 깊숙한 곳으로 먼 여행을 가는 것은 위험하다는 경고를 들었다. 아니 그보다도 소요 사태 때문에 정부는 통행증을 내주지도 않았다. 그럼에도 불구하고 나는 여러 왕가의 무덤을 방문했다. 독일 전함 일티스호의 해군 소위와 독일 황제 부영사인 라인스도르프F. Reinsdorf가 동행했는데, 이 사람은 조선의 언어와 관습에 정통한 전문가이자 성실한 관리였다. 나는 그에게 도저히 열 수 없는 봉인으로 잠겨 있는 이 나라에 관해 많은 이야기를 들을 수 있었다. 서울의 동대문에서 약 10킬로미터 떨어져 있는 가장 큰 무덤은 영국식으로 꾸며진 화려한 정원 안에 위치해 있는데, 커다란 토종 수목들이 자라고 있었고, 그 그늘 아래서 우리는 능에 딸려 있는 사원을 발견했다. 바로 그 뒤, 즉 정원의 중앙에는 아름다운 잔디가 덮인 30미터 높이의 언덕이 솟아 있었고, 그 위에서 우리는 무덤 관리자들을 개의치 않고 우리의 말들에게 풀을 뜯게 했다. 언덕 꼭대기에는 석상 세 개가 앞에 세워져 있는 무덤이 있었다. 조선에는 매력적인 풍경이 풍부하지만 이 묘역보다 더 아름다운 장소를 생각할 수는 없을 것이다. 다만 산 사람이 아니라 죽은 사람에게 바쳐졌다는 사실이 유감스러웠다.

지금까지 조선에 관해 출간된 얼마 안 되는 저작들은 장식품과 보석, 많은 옷이 왕과 함께 묻힌다고 적고 있다. 동아시아에 퍼져 있는 이러한 믿음 때문에, 어떤 독일인이 이끄는 원정대는 20여 년 전에 왕릉 도굴에 나섰다. 다행스럽게도 이 시도는 성공하지 못했다. 하지만 이러한 시도가 있었음에도 조선인들은 유럽인에게 주의를 기울이지 않았다. 이 원정을 시도한 배에 북독일의 깃발이 게양되어 있었다는 사실과, 조선의 해역에 처음 들어온 독일 배가 그처럼 슬픈 임무를 띠고 있었다는 사실이 유감스러울 따름이다. 내가 서울에서 모은 정보에 따르면 왕릉에 보물이 있다는 것은 아마도 무덤이 엄격하게 감시되고 있어서 나온 떠도는 이야기일 뿐이다.

서울을 둘러싸고 있는 성곽 안에는 왕릉이 오직 하나밖에 없다. 나는 산책을 하다가 그것을 발견했다. 이 무덤은 영국 영사관과 세관 사이에 위치한 아름다운 작은 숲에 위치해 있는데, 서울이나 그림 같은 서울 주변의 풍광 중에서 정말 매력적이며 가장 아름다운 장소 중 하나다. 조선의 세관 감독을 맡고 있는 매클리비 브라운^{McLeavey Brown} 씨는 당장 오늘이라도 왕과 온 가족이 이 묘지로 순례를 나설지 모르며, 이때 궁정의 모든 대소 신료가 내시와 시동 그리고 무희들과 함께 이 행렬을 따를 것이라고 했다. 덧붙여 말하자면 이 무덤은 어떤 빈嬪의 무덤에 지나지 않는데, 이에 대해 서울 사람들은 다음과 같이 말하고 있다. 약 150년 전에 비할 데 없이 아름다웠던 그녀는 왕의 비妃로 간택되었는데, 총명하고 재기가 뛰어나 곧 왕을 좌지우지하게 되었다. 그녀는 물욕에 사로잡힌 관리들의 음모를 수포로 돌렸을 뿐 아니라 자신의 영향력 때문에 다른 빈궁들의 질투를 샀다. 결국 그들은 그녀를 제거할 방도를 찾아냈다. 그녀가 갑자기 죽자 불쌍한 왕은 어쩔 줄 몰라하며 시신 곁을 떠나려 하지 않았다. 왕을 진정시키기 위해 지관들은 '용혈'이 도성 안에 있다고 설명했다. 그렇게 해서 서울 안에 왕가의 유일한 무덤이 생겨난 것이다.

하지만 조선에서 그렇게 열심히 지켜지고 있는 조상 숭배는, 장례의식과 '조상들의 홀(종묘)'에 있는 조상의 위패에 경배를 바치는 데에 그치지 않는다. 나는 1892년 3월 15일자 관보에서 다음과 같은 왕의 칙령을 발견했다.

> 일본이 마지막으로 조선을 침략했던 시기에 다스리던 선조 대왕께 다음의 사후 칭호가 부여된다. '탁월한 다스림', '헤아릴 수 없는 운명', '대단한 업적', '숭고한 사명'. 의식은 5월 4일에 거행된다. 우리와 가족들은 이날 왕가의 종묘에 갈 것이다.

1893년 관보에는 다음과 같은 칙령이 실려 있었다.

> 황해도의 이원하李源夏와 다른 유생들이 임금께 상소를 올려, 해주 지역에 전殿을 지어줄 것을 요청했다. 왜냐하면 태조 대왕이 거기서 조선의 정복을 끝냈고, 전쟁 동안에 선조 대왕도 거기서 정사를 보았으며, 인조 대왕이 그곳에서 태어났기 때문이다.◆

> 임금께서는 이 일이 매우 중요하며 면밀히 검토되어야 한다고 대답하셨다. 이 일은 그리 일찍 마무리될 수 있는 것이 아니므로, 유생들은 집으로 돌아가 공부에 전념하는 것이 좋겠다는 말씀이셨다.◆◆

왕을 장례지내고 사후에 숭배하는 것과 관련해 독특한 의식을 치르는 나라가 조선뿐만은 아니다. 중국과 극동의 다른 나라들도 비슷한 관습을 가지고 있다. 현재 중국을 지배하고 있는 만주 왕조의 무덤은 이런 식으로 만주의 수도인 묵덴◆◆◆ 근처에 있다. 금세기 초까지 황제들은 조상 묘에 제사를 드리기 위해 베이징에서 묵덴까지 이르는 멀고 힘든 여행을 마다하지 않았다. 그 이후로 황제들은 10년마다 직접 가는 대신 중국에서 '성스러운 얼굴'이라 불리는 자신의 초상화를 보냈는데, 어쨌거나 더 간단하고 비용이 덜 드는 방법이었다. 이 와중에 이들은 이전의 왕조에서 만들어진 왕릉은 자신들과 전혀 상관이 없다고 여겨 완전히

◆ 《승정원일기承政院日記》 고종 30년 11월 27일.
◆◆ 《일성록日省錄》.
◆◆◆ 선양의 만주식 지명.

방치하고 있다. 예를 들어 나는 난징 근처에 있는 명 왕조의 유명한 무덤들이 완전히 황폐해져 있는 것을 발견했다. 아무도 무덤들을 돌보지 않고 있었다. 나는 난징의 해군사관학교 교수로 나의 동행인인 허슨 씨와 함께 무덤 사원 안으로 말을 타고 들어갔다. 황제의 거대한 상들은 잘 보존된 채 서 있었다. 다만 엄청나게 큰 동물 석상들 가운데 몇몇은 돌 더미로 덮여 있고, 몇몇은 무너져 있으며, 전체 시설은 완전히 붕괴 직전이었다.

예전에 버마나 캄보디아 지배자의 장례의식은 중국에서보다 훨씬 성대하게 치러졌다. 하지만 오늘날에도 그러한 의식이 유지되고 있는 곳은 시암뿐이다.

chapter 12
중국 황제의 사신단

---- 조선이라는 작은 왕국은 중국의 봉신 국가인가? 조선은 독립적인 나라인가? 일본 군대가 조선에 진군하는 것의 정당성은 대체로 이 논쟁거리에 대한 답에 달려 있으며, 이와 더불어 중국과 일본 사이에 벌어지는 전쟁의 정당성 역시 그 답에 달려 있다. 일본은 조선이 독립국이라 주장하고 있으며, 이와 달리 중국은 조선이 200년 이상 중국에 공물을 바쳐야 했던 봉신 국가라고 주장하고 있다. 누가 옳은가? 실제로 조선은 계약에 따라 정해진 공물을 해마다 중국에 바치고 있으며, 매년 중국의 달력을 가져오기 위해 사신단을 베이징에 파견하고 있다. 또 조선은 수도의 성곽 안에 중국의 주재관을 묵게 하고 있으니, 이러한 정황은 중국의 주장이 옳다는 것을 입증한다.

서울에 머무르는 동안 나는 조선의 종속국적 성격에 대한 증거를 더 캐내기 위해 노력했다. 그리고 우연히 다음과 같은 제목을 가진 이상한 중국 문서를 손에 넣게 되었다.

1890년 조선에 보내는 중국 황제의 사신단.* 황제(직속)위원회의 개인 비서에 의해 쓰임.

약 30장으로 인쇄된 이 문서는 중국 정부가 비용을 들여 출판한 것으로 보였다. 왜냐하면 내가 읽은 바에 따르면, 중국은 그럴 만한 정당한 이유를 가지고 있었기 때문이다. 내가 감히 말하건대, 조선과 그 궁정이 중국에 노예적으로 종속되어 있다는 것을 확인하는 데에 이보다 더 적합한 것은 없다. 그리고 그 때문에 이 문서는 현재 높은 관심의 대상이다. 하지만 정치와는 상관없는 독자들의 관심 역시 대단하다. 왜냐하면 사신단의 여행에 대한 이 묘사는 조선의 상황과 서울과 베이징 궁정의 미풍양속과 관습을 아주 특이하게 조명하는 수많은 개별 사항을 포함하고 있기 때문이다.

광서光緖 16년 4월 17일, 유럽식 시간 계산에 따르면 1890년 6월 4일 서울에서 조선의 대비 조씨가 83세를 일기로 세상을 떠났다. 이 노부인은 실제로는 왕비였던 적이 없고, 왕위에 오르기 전 죽은 왕세자 희명의 미망인이었다. 왕세자의 외아들도 일찍 죽었기 때문에 조선의 왕가 친척 중에서 아저씨뻘인 이환**이 왕위 계승자로 선정되었다. 그런데 이환도 후사 없이 죽었고, 그렇게 해서 먼 조카뻘인 현재 조선의 왕 이희에게 왕위가 계승되었다.

중국처럼 조선에서도 살아 있거나 이미 죽은 조상의 지위를 높이는 것이 일반화되어 있다. 왕의 요청에 따라 왕세자의 미망인 조씨에게 중국의 황제로부터 '왕비 미망인'이란 칭호가 수여되었다. 가계도에 따르면 이 여인은 현재 왕의 증조할머니다. 하지만 조선의 가족법에 따르면 현재의 왕은 조씨의 양아들이며, 따라서 왕은 죽은 조씨를 어머니에 대한 예우를

◆ 조제사弔祭使라 한다.
◆◆ 철종을 말함.

갖춰 애도해야 했다. 반면 생모는 공식적으로 완전히 무시되었다.

현재 조선에서는 중국에서와 마찬가지로 왕가의 대소사에 관한 의식이 곤혹스러울 정도로 상세히 규정되어 있다. 왕실 직속 부서가 그것을 기록하며, 수백 년 동안 이 의식은 전혀 바뀌지 않고 그대로 지켜지고 있다. 모든 경우, 즉 사신단을 파견하거나 영접하는 경우나 결혼이나 초상이 날 경우 오래된 기록 자료를 참고하며, 이 기록 자료에서 발췌하여 이에 따라 정확히 진행되는데, 군주라 할지라도 마음대로 바꿀 수 없다.

늙은 증조모가 죽자마자 조선의 왕은 사신을 중국의 국경으로 보내, 그곳의 기수 부대 지휘관에게 초상에 대해 알렸다. 초상이 난 지 20일 후, 조선 왕의 공식 통보를 황제에게 전하고 의식과 제식을 담당하는 부서에 제2의 통보를 전할 사신단이 베이징으로 향했다.

이로써 왕이 자신의 의무를 제대로 행했다고 생각하기 쉬운데 그렇지 않다. 사람들은 부고와 이에 이어지는 애도의 표시처럼 간단한 일에 동반되는 의식의 번거로움과 장황함을 상상도 못할 것이다.

계급에 따라 정확히 선발된 구성원들로 짜인 이 사신단은 서울에서 베이징으로 향하는 육로를 이용하는 것이 수백 년 전부터 내려온 관례였다. 사정이 좋은 경우에도 이 여행은 두 달이 걸리는데, 경비도 많이 들고 매우 힘들다. 서울의 항구에서 베이징의 외항인 톈진까지 증기선을 이용하면 며칠밖에 걸리지 않는다. 하지만 증기선을 이용하는 것은 예의범절에 어긋나는 일이다. 그렇게 해서 사신단은 떠난 지 아홉 주가 되어서야 베이징에 도착했다!

앞에서 언급한 중국 문서에는 다음과 같이 적혀 있다.

다음 날 의전부 차관(예부 시랑)과 비서관이 성장을 하고 영접홀로 향했고, 얼굴을 남쪽으로 향한 채 그곳에 섰다. 이제 통역관들이 조선의 사신들을 안으로 들였고, 이들은 조선 왕의 두 문서를 무릎을 꿇은 채 전달했다. 비서관은 이 문서를 받아 탁자 위에 놓았고, 이후 조선의 사신들은 다시 홀 밖으로 인도되었다.

조선 왕이 중국 황제에게 자신의 어머니가 돌아가셨다는 사실을 전하는 문서의 어투는 아마도 모든 의심을 넘어 조선 왕이 중국 황제에 예속되어 있는 상황을 분명하게 보여줄 것이다. 그 내용은 다음과 같다.

> 당신의 신하, 조선의 왕 이희는 제 어머니 왕비 조씨가 광서 16년 4월 17일 서거했음을 공손히 알립니다. 지금 저는 황제 폐하 앞에 큰 걱정과 슬픔에 잠겨 무릎을 꿇습니다.
> 당신의 종은 몹시 가슴 아픈 이 초상 때문에 불행한 심정으로 이 작은 나라를 바라보고 있습니다.
> 상이 종에게 닥쳐 종은 이를 공손히 폐하께 아룁니다. 종은 폐하께서 자비롭게 배려해주시기를 청합니다.
> 종은 지금 경황이 없습니다. 종은 이 보고를 공손히 폐하께 올립니다.
> 조선의 왕 이희는 이 보고를 광서 16년 9월 24일에 올립니다.◆

두 번째 문서에서는 조선의 왕이 황제에게, 황제의 애도를 전하기 위해 특별 사신단을 조선으로 보내지 말고, 이 애도를 자신의 사신단, 즉

◆ 물론 이 자리에서 언급해야 할 것은, 동아시아에서는 서신을 쓸 때 글을 쓰는 사람이 자신을 낮추고, 받는 사람을 더 높인다는 사실이다. ―지은이

조선의 사신단*에게 표명해달라고 청하고 있다.

이 같은 요청에 놀랄 필요는 없다. 지난 세기에 유럽에서도 그랬듯이 현재 동아시아의 나라들에서 외국 사신단은 국경을 넘는 순간부터 정부의 손님으로 간주되기 때문이다. 사신단에는 수백 명의 수행원이 딸리게 마련인데, 이들의 직급에 따라 접대하고 선물을 주어야 하기 때문에 엄청난 경비가 든다. 조선의 왕은 중국 황제가 애도를 표하기 위해 사신단을 보낼 경우 1년 예산의 절반을 써야 한다는 사실을 우려하여, 사신단을 보내지 말아달라는 기이한 청을 한 것이다. 조선의 왕은 문서에서 특히 다음과 같이 말하고 있다.

> 돌아가신 왕비께서는 백성의 가난을 배려하고 싶다는 소망을 피력하셨습니다. 따라서 저는 일반적인 경우 왕실 장례비를 조달하기 위해 도시는 물론 작은 마을에도 부과되곤 하던 세금을 포기했습니다. 이 때문에 중국 사신단에 어울리는 의식을 행할 만한 재원이 없는 상태이므로 중국의 체면을 손상시킬 수도 있을 것입니다.

의전 담당 부서는 이 두 가지 문서에 기초해 황제에게 올릴 보고서를 작성했다. 황제는 이 부서에 보내는 메모에서 조선의 어려움을 고려하라는 결정을 내렸다. 하지만 천자는 다음과 같은 말을 덧붙인다.

> 조선은 예부터 스스로를 중국의 봉신 국가로 여겨왔다. 그리고 우리로부터 자비와 호의의 증거를 많이 받아왔다.

◆ 고계사告計使라 한다.

애도의 사신단을 조선으로 보내는 것은 우리의 의전 규범서에 적혀 있고, 따라서 그렇게 거행되어야 한다. 왜냐하면 우리가 진심으로 애도하고 있다는 것을 우리의 봉신국에 보여주길 원하기 때문이다. 하지만 현재 조선이 큰 어려움에 처해 있으니, 지금까지는 사신단이 육로를 이용해 조선에 갔으나 이번에는 예외적으로 바닷길을 이용해도 좋다. 하지만 우리의 사신단이 조선에 당도하자마자, 조선은 규범에 정한 의전을 조금도 제한 없이 수행해야 한다. 우리의 한량 없는 은총과 우리 봉신국의 안녕에 대한 우리의 배려를 위하여 조선의 왕은 곱절로 감사를 표해야 한다. 이 명령이 우리의 의전 부서와 북쪽에 있는 항구들의 총독에게 전달되도록 하고, 조선의 왕에게도 이를 알리도록 하라.

그러자 의전 부서의 학자들은 오래된 문서들을 뒤져, 조선 왕의 어머니가 죽었을 경우 황제의 조문단은 두 명으로 구성되어야 한다는 사실을 찾아냈다. 첫 번째 사신은 황실의 일급 서열인 장관, 즉 황제 친위대의 총리나 일급 친위대의 장관들 가운데서 골라야 한다. 두 번째 사신은 내무 평의회의 만주 비서와 같은 급의 다른 인사들 가운데서 골라야 한다. 의전 담당관은 계속해서 사신 선발에 대해 규정되어 있는 선례를 샅샅이 뒤졌다.

그리하여 여러 장의 긴 청원서가 황제에게 전달되었고, 여기에 사신으로 선발 가능한 고관들의 목록이 덧붙여졌다.

같은 날 황제의 결정이 다시 의전 부서에 도착했고, 이것을 전령이 곧바로 조선 왕에게 전달했다. 이와 동시에 북쪽에 있는 항구들의 총독인 즈리直隸 총독, 즉 저 유명한 이홍장에게 사신단을 위한 여러 척의 증기선을 준비시키고 여러 항구 관리들에게 여행을 지원하고 도와줄 것을 권고하라는 명령이 내려졌다. 이홍장에게 전달된 이 급보는 여러 장으로 되어 있으며, 마치 대단한 전쟁을 준비하기라도 하는 듯 많은 세부 사항으로 장식되어 있다. 그러니 황제와 그의 관리들이 보통의 관례대로 떠들썩하게 애도를 표시하려면 얼마나 많은 시간이 걸렸겠는가! 이 급보에서 유럽의 독자의 관심을 끄는 것은 특별 사신단을 동반하는 번거로움과 화려함을 자세히 설명하고 있는 대목이다. 다음과 같은 내용이다.

> 우리는 사신들에게 수레와 노새, 말, 활과 화살, 칼과 같은 필요한 물품을 제공하라고 국방 담당 부서에 지시를 내렸다. 이와 똑같이 국방 담당 부서는 말과 배 등 필요한 운송 수단을 제공하라고 여러 곳에 지시할 것이다. 황제의 애도 편지는 말을 탄 관리가 운반해야 하고, 향과 비단, 말굽은(막대 형태로 된 중국의 순수한 은괴) 등과 같은 황제의 선물은 말에 실어 운반해야 한다. (봉에 달려 고관의 앞에서 운반되는) 신분 표시판, 지위를 나타내는 휘장, 깃발, 의전용 햇빛 가리개 역시 말을 탄 관리가 운반해야 한다.

황제의 명령에 따라 이홍장은 북양 함대의 커다란 전함 세 척을 사신단이 사용할 수 있도록 했다. 사신단은 1890년 11월 초, 그러니까 조선의 왕비가 죽은 지 여섯 달 만에 마침내 톈진을 떠났다. 조선의 관리들이 사신단과 만나는 것을 준비하도록 하기 위해, 전함 한 척이 서울의 외항인 제물포에 미리 도착했다. 이외에 사신단에 속한 하급 사신 한 명이 장문의 급보를 가지고 조선의 왕에게 파견되었는데, 여기에는 사신단의 영접과 관련한 다른 규정 외에, 이 사신들과 통역관들이 조선 왕으로부터 돈이나 물건 등의 선물을 절대 받아서는 안 된다는 내용도 들어 있다.

하지만 선물은 주지 않는다 해도 조선에서 중국의 사신을 영접하는 일에는 수천 테일이 들었다. 조선의 사신단이 제물포에서 중국인들을 영접해야 했으며, 이 사신단은 오래된 규범에 따라 중국 사신들과 동급의 고위 관리 여덟 명으로 구성되었다. 이외에 2급 '영접관' 11명, '하급 영접관' 13명, 서울의 사신단 거처에 있는 의상 담당관 19명, 일급 통역관과 2급 통역관 각 여덟 명, 비서 23명, 전령관과 경리 담당관 각각 한 명이 임명되었다. 영접 위원회에 속한 관리의 전체 숫자는 108명에 달했다. 그 밖에도 사신 영접을 위한 대대적인 준비가 이루어졌다. 제물포에서 서울까지 이르는 약 30마일 정도의 엉망인 길을 평탄하게 고르고 폭을 넓혔으며, 노란 모래를 덮었다. 어떤 곳에는 사신단과 수백 명에 달하는 수행원들이 묵을 곳을 마련하기 위해 새로 집을 지었다. 말과 마차, 가마, 군 경비대가 징발되었고, 지방의 관리들은 몇 주 동안 눈코 뜰 새 없이 바빴다. 서울에서도 왕이 직접 중국의 사신단을 성문 밖에서 영접하는 것이 관례였다. 서대문* 저쪽에는 붉은색의 큰 개선문과 수 세대 동안 사신 영접에 사용되어온 사방이 트인 영접실**이 있다. 조선의 왕은 이번에는 사신단을 서대문 앞이 아니라 남대문 앞에서 영접하기로 결정했다. 그 때문에 좁은 도로를 확장하기 위해 일렬로 늘어선 집을 모두 철거했다. 11월 6일 사신단이 성대한 의식 속에 제물포에 상륙했고, 이틀 동안의 여행길을 거쳐 수도인 서울에 접근했다. 2천 명이 넘는 담당자들이 다양하게 구성되어 있는 행렬에 참여한 반면, 호기심에 가득 찬 수십만 명의 조선 사람들이 몰려들어 길 양쪽을 점령했다. 지금 내 눈앞에 있는 긴 목록에는 2천 명이 각각 정해진 위치에 따라 행

---

* 돈의문을 말함.
** 모화관을 말함.

렬에 참여한 것을 확인할 수 있다. 여기서 나는 중국 사신 두 명의 특별 수행원만 언급하고자 하는데, 이 중국 사신단 앞에는 수많은 조선 관리들과 깃발 운반인, 악대, 의장대 등이 행진하고 있다. 제물포에서 행진하는 동안 각각의 사신이 마음대로 할 수 있는 인력은 다음과 같다. 안장을 갖춘 말 네 마리와 하인 네 명, 마부 세 명, 의전용 햇빛 가리개 운반인 한 명, 선도자 두 명, 하인 네 명, 네 명의 하인이 끄는 운반용 조랑말 네 마리, 가마 운반 감독관 한 명, 여덟 명의 가마꾼이 딸린 가마 한 대, 비옷과 방수모 운반을 위한 조랑말 한 마리, 하인 두 명, 고둥나팔수 네 명과 피리 연주자 네 명, 뿔나팔수 네 명, 깃발 신호 감독관 네 명, 징 연주자 여섯 명, 일급 포졸 여섯 명, 호위군부대 둘을 인솔하는 장교 두 명, 기수 22명, 일급 통역관 한 명, 시종 한 명, 주방장 한 명, 3급 통역관 일곱 명.

또한 중국 측의 사신단 통역관은 각자 세 명의 시종이 딸린 조랑말 세 마리와 마부 두 명, 선도자 두 명, 비옷을 운반하는 조랑말 한 마리, 하인 두 명, 깃발 감독관 두 명, 포졸 두 명, 징 연주자 두 명, 3급 조선인 통역관 두 명, 가마꾼 네 명과 가마 운반 감독관이 딸린 가마 한 대를 받았다. 중국 사신단의 하인들에게는 하인 한 명이 딸린 말 한 마리와 조선인 시종이 배정되었다.

날카로운 나팔소리와 대포소리가 울려 퍼지는 가운데 2천 명 이상의 사람과 그만한 수의 말로 구성된 행렬이 서울을 향해 출발했다. 하루에 세 번 조선 왕이 보내는 '문안 인사자'◆와 왕세자가 보내는 두 번째 인사자가 사신단에게 왔다. 이들은 사신단 앞에 엎드려 조선 왕과 왕세자

◆ 문안사問安使라고 한다.

가 보내는 1제곱피트 크기의 명함을 전달하고, 왕과 왕세자의 이름으로 사신단의 건강 상태를 묻는다. 서울로 향하는 전체 행진에서 중국 황제가 보낸 이 두 명의 사신에게 바쳐진 성대한 의식과 결부된 경배보다 더 높은 경배는 아마 신들에게도 바쳐질 수 없을 것이다. 하지만 서울의 문 앞에서 행해진 의식은 이 모든 것을 능가했다. 거대하고 호화로운 천막들이 그곳에 세워졌는데, 그중 가장 고상한 것이 사신들에게 배정되었다. 두 번째로 고상한 것은 조선 왕의 것으로, 그는 전체 기간 동안 자신의 의전관들의 공손한 종이었다. 우리가 다음에 실려 있는 의전 명령에서 추론할 수 있는 것처럼, 여기에는 '종'이라는 말 외에 다른 어떤 말도 사용될 수 없다.

> 황제의 사신들이 가까워짐에 따라 왕의 조신들과 문관들 그리고 장교들은 검은 목깃과 검은 망사 두건 그리고 검은 뿔테 허리띠를 착용한다. 하지만 왕은 날개 달린 모자와 검은 깃을 단 소박한 옷 그리고 연옥석軟玉石으로 되어 있고 검은 술이 달린 상복용 허리띠를 착용한다. 궁내부 대신과 궁내부 소속의 신하 한 명은 대기실 천막에서 왕을 모셔와 사신을 영접하기 위해 정해진 장소로 인도한다. 황제의 조문단이 당도할 때 궁내부 대신은 인사하는 자세를 취하도록 왕에게 요청한다. 왕은 몸을 숙인다. 정리인의 신호에 따라 관리들과 장교들도 같은 자세를 취한다.
>
> 황제의 사신들은 황제의 친서를 금도금된 상자에 정중하게 넣고 황제의 선물은 두 번째 상자에 넣는다. 이어서 궁내부 대신은 왕에게 일어나도록 청한다. 왕은 이제 몸을 일으켜 세운다.

이것이 문서에 쓰인 그대로다. 흥미로운 점은 황제의 사신단을 영접할 때 의전 색으로 검은색을 지정하고 있다는 것이다.

사신들에게 인사한 후에 왕은 대궐문에서 행렬을 기다리기 위해 서둘러 대궐로 향한다. 사신단과 함에 들어 있는 황제의 친서 그리고 황제의 선물이 포함된 행렬은 서울의 전체 수비대에 의해 둘러싸인 채 장엄하게 천천히 대로를 따라 이동했다. 백성들은 아무것도 보지 못한 채 이면도로에 말없이 서 있었다. 왜냐하면 사신단의 양쪽에는 이들을 군중들의 시선으로부터 보호하기 위해 병사들이 수직으로 길게 펼쳐진 비단천을 들고 행진했기 때문이다.

궁궐에 도착하자 사신들은 교서를 가지고 왕을 지나 궁으로 들어갔고, 황제의 친서와 선물을 근정전, 즉 '근면함의 홀' 중앙에 있는 화려하게 금으로 장식된 상자에 넣었다. 그러고 나서 이들은 양편에 준비된 의자에 앉았다. 이제 왕이 황제의 친서에 예를 갖추기 위해 인도된다. 이에 대해 의전서는 다음과 같이 적고 있다.

> 궁내부 대신은 왕에게 네 번 절하되 이마가 바닥에 닿을 때까지 엎드려 절한 후 다시 일어서도록 청한다. 이어서 정리인의 신호에 따라 조신들과 관리들이 같은 예를 취한다. 그다음 궁내부 대신은 왕에게 무릎을 꿇도록 청한다. 왕이 무릎을 꿇고 정리인의 신호에 따라 조신들과 관리들도 무릎을 꿇는다.
>
> 향 관리인은 향로 앞에 무릎을 꿇고 (황제의 친서 앞에서) 향로를 세 번 흔든다. 이어서 이마를 바닥에 대고 절한 후 자리를 비킨다. 왕도 같은 의식을 실시한다.

이로써 사신단의 인사는 끝난다. 이제 황제의 애도 편지와 선물은 사신에 의해 경건하게 '혼전魂殿', 즉 '떠난 영혼들의 홀'로 옮겨지고 그곳에 있는 탁자에 보관된다. 왕의 궁궐 안에 위치한 거처에 사신들이 당도하자마자, 왕과 왕세자의 커다란 명함을 들고 문안하는 신하가 찾아와 이들의 건강 상태를 물었다. 이어서 시장이 들어와 사신들에게 성문의 열쇠와 왕의 기를 전달했다.

다음 날 '혼전'에서는 애도 의식이 거행되었다. 왕가의 고인들의 신위가 세워져 있는 이 '떠난 영혼들'의 홀에, 고인이 된 미망인 왕비의 신위가 가장 중요한 위치에 자리를 잡았다. 측면으로는 사신들을 위한 자리가 있었고, 그다음에 황제의 선물을 위한 탁자가 세워졌다. 그러고 나서 사신들은 모든 발걸음과 모든 움직임이 규범으로 정해져 있는, 지나칠 정도로 면밀한 의전 절차에 따라 홀 안으로 인도되었다. 왕과 그의 조신들은 깊은 슬픔에 잠긴 채 누런빛의 거칠고 굵은 삼베로 된 옷과 이와 같은 재질로 된 엄청나게 큰 두건을 쓰고, 먼저 재전齋殿, 즉 '금식의 홀'로 향했는데, 이곳에서 이들은 몸을 씻는 대신 규범에 적힌 대로 두건을 썼었다. 커다란 두건이 왕의 시선을 가리고 있기 때문에, 이제 의전 장관이 왕이 들고 있는 순례자의 지팡이 한쪽 끝을 붙잡고 그를 혼전으로 안내한다. 의전 책자에는 그다음 절차를 이렇게 적고 있다.

> 의전 대신은 "곡!"이라고 크게 소리친다. 그러면 궁내부 대신은 왕에게 곡을 하라고 청하고, 왕은 곡을 한다. 정리인의 신호에 따라 조신들도 곡을 한다. 이어서 궁내부 대신은 사신들에게 곡을 하라고 요청하고 사신들이 곡을 한다.

궁내부 대신의 청에 따라 마침내 곡이 그쳤고, 여러 가지 장황한 의전하에 죽은 증조모의 혼령에게 술을 따랐다. 사신들은 무릎을 꿇은 시종장이 건네준 술병을 받아, 고인의 제단 앞에 놓인 세 개의 작은 잔을 채웠다.

이어서 왕이 무릎을 꿇고, 다른 조신들도 모두 따라 한다. 그런 자세로 이들은 첫 번째 사신이 황제의 편지를 읽는 것을 경청했다. 감사의 표시로 왕은 몸을 숙여 바닥에 이마를 댔다. 이제 신호에 따라 두 번째로 모두가 합창하듯이 곡을 했다. 이 애도의 표시가 끝나자 모든 일행이 성대한 행렬을 이루어 혼전의 서쪽 테라스로 향했다. 그곳에는 비어 있는 제단 위에 숯불이 타고 있는 커다란 놋쇠 항아리가 있었는데, 황제의 친서를 이 안에 넣어 태웠다. 편지에 이어 황제의 향과 황제가 보낸 선물들이 항아리 속으로 들어갔는데, 아름답고 값비싼 비단도 예외는 아니었다. 이로써 이날의 일정은 끝났다. 헤어지기 전에 한쪽에는 왕과 조신들이, 다른 쪽에는 사신들과 이들의 신하들이 상대방을 향해 땅에 엎드려 몇 번에 걸쳐 절을 했고, 마치 네 명이 짝을 이루어 춤이라도 추듯이 서로 경의를 표하는 모습을 보여주었다. 하지만 이들은 의례가 진행되는 내내 서로 한 마디도 주고받지 않았다.

오후에 왕은 다시 건강을 문안하러 사람을 보냈고, 사신에게 보내는 왕의 선물을 지참한 대리인단을 딸려 보냈지만 사신들은 선물을 받지 않았다. 선물은 세 번 권해졌고 세 번 사절되었다. 그 대신 사신들은 왕과 조신들에게 금과 비단, 은괴, 부채 등을 풍성하게 선사했다.

다음 날 사신들에게 경의를 표하기 위해 남별궁의 홀에서 축연이 벌어졌다. 이 커다란 홀의 서쪽에는 왕을 위한 자리가, 맞은편의 동쪽에는 사신들을 위한 의자가 놓였다. 북쪽에는 향로가 놓여 있는 탁자가 있었고, 남쪽에는 차를 마시기 위한 천막이 있었다. 왕과 사신들이 말없이 땅에 엎드리며 인사를 나눈 다음 자리에 앉았다. 그러자 궁정 집사들이 무릎을 꿇고 세 명의 연회 참가자들에게 차를 따랐고, 이어서 과일과 과자를 제공했는데, 손님들은 몇 개를 집긴 했지만 먹지는 않았다. 몇 분 후에 향을 바치기 위해 왕이 일어났고, 사신들에게 몸을 숙여 예를 갖춘 후 떠났다. 이것으로 연회는 끝난다.

다음 날은 사신단이 떠나기로 되어 있는 날이었다. 관습에 따라 왕은 세 번에 걸쳐 새로운 신하를 보내 사신들이 더 머물도록 청했다. 하지만 마음속으로는 이들이 초대를 받아들이지 않은 사실에 대해 안도했을 것이다. 사신들도 똑같이 좋아했을 게 틀림없는데, 왜냐하면 이곳에 머무르는 3일 동안 이들은 의전을 지키느라 중국에서 가져온 속을 넣은 빵 몇 조각 외에는 먹지도 마시지도 못했기 때문이다. 또한 이들은 자신들이 머물던 도시가 어떻게 생겼는지도 보지 못했는데, 이들이 들어오고 나가는 동안 높은 휘장이 그들 주위에 쳐져 있었기 때문이다.

떠나기 전날 저녁 의전관이 커다란 흰 종이를 들고 중국 사신들을 찾아와 출발 시간을 적어달라고 요청했다. 이는 잠이 많은 중국인들에게는 오해가 없도록 하기 위한 아주 훌륭한 방법이었다. 도착할 때와 똑같은 포성과 똑같이 화려한 방식으로 사신들은 왕과 작별했는데, 이들은 서울에 머무르는 기간 동안 왕과 한 마디도 나누지 않은 채 서울을 떠나는 셈이었다. 하지만 이 자리와 거리에서 백성들은 왕의 명령으로 "황제의 은총을 기뻐하고 만족하면서" 춤을 춰야 했다.

사신단이 제물포로 돌아가는 길에 왕과 왕세자는 건강을 묻기 위해 명함을 든 사람을 여섯 번 이들에게 보냈고, 제물포에서는 왕의 사신단이 이들을 기다렸다. 왕의 사신단은 이들이 찾아와 준 것을 왕이 얼마나 기뻐했는지 전했고, 왕이 감사의 사신단을 베이징으로 보낼 것이라는 사실을 황제에게 전해달라고 요청했다. 이 모든 것이 단 한 명, 고인이 된 증조할머니를 위한 것이었다!

중국인들이 이 특별 대사에 관한 이야기를 편찬한 것은 옳은 일이었다. 이것은 조선의 왕이 중국 황제에게 얼마나 충성스러운 신하인지를 보여주고 있기 때문이다. '봉신국'이란 단어가 대단히 강조되면서 자주 황제와 왕의 입에 올랐다. 반면 일본과의 관계에서는 이런 말이 사용된 적이 없다. 일본의 사신단을 맞이할 때는, 영국이나 독일의 대표를 맞이할 때와 똑같이 의식이 간소하다. 게다가 조선의 왕과 백성들은 마음 같아선 일본인들을 몽둥이로 쫓아내고 싶어 할 것이다. 그 어느 곳에서도 나는 조선인이 일본인을 대하는 것과 같은 깊은 증오심을 본 적이 없다. 따라서 조선이 일본에 대해 호의를 가지고 있다고 말하는 것은 양국의 관계를 모르는 무지의 소치일 뿐이다. 일본은 300년 전에 조선을 완전히 파괴하고 망가뜨린 장본인이었다. 일본은 이 같은 일을 그 이후로도 반복해왔으며, 조선 사람들은 이를 잊지 않고 있다.

중국의 사신단이 조선에서 보여준 의전은, 이것이 유럽 궁정의 여러 가지 세세한 의전의 기원을 설명해준다는 점에서도 기억할 만하다. 1890년에 조선에서 거행된 의전의 모습은 아주 오래전에 유래한 것이다. 중국인들은 아마도 이러한 의전을 서구에 기독교식 시간 계산이 시작될 때부터 이미 자신들의 여러 봉신국에 도입했을 것이다. 그리고 이 의전은 이슬람교도들의 오리엔트를 거쳐 유럽으로 전파되었다. 그렇다, 지난 18세기 후반만 해도 터키는 여전히 사신단을 빈으로 보냈는데, 이들의 행로는 헝가리와 니더외스터라이히◆를 지났고, 이들이 빈에서 영접받는 모습은 3년 전 조선에서 중국인들이 영접받던 모습과 매우 유사하다.

◆ 오스트리아 동북부의 한 주.

chapter 13
규율 없는 군대

---- 지구상에 존재하는 여러 나라에서 나는 아주 이상한 군대를 다수 알게 될 기회를 가졌다. 그중에서도 조선의 군대는 가장 기이한 군대로 보인다.

조선 정부의 공식 목록에서 나는 조선의 독자적인 군대의 인원이 120만이라고 적혀 있는 것을 발견했다. 그런데 오늘날 서울이나 '아침노을의 나라' 어느 곳에도 조선 병사는 한 명도 없다. 수도의 위수 근무와 왕궁의 감시 근무는 일본 군대가 맡고 있고, 왕과 정부 전체는 일본인들의 포로다. 일왕의 사신이 조선을 통치하고 있는 것이다. 이 모든 것이 조선인들에게 전쟁이 선포되지도 않은 상황에서 일어났다. 조선이 한 명의 병사도 내보내지 않은 가운데 일본군 여단은 조선에 상륙했다. 도대체 120만 명의 군인은 어디에 있었던 것일까? 또 수도에 정주하고 있는 국방부서와 수많은 장군들은 어디에 있었던 것일까?

조선의 '군제'에 따르면 사지가 건강한 모든 남자는 양반 계급에 속하지 않는 한 군인의 의무를 지며, 군인으로 등록된다. 이것이 바로 120만이라는 숫자가 나오게 배경인데, 군인 중 99퍼센트가 한 번도 무기를 잡아본 적이 없으며, 군복을 입어본 일이 없다. 조선의 관리들과 장교들은 뇌물을 받기로 유명한데 — 이는 현재 벌어지고 있는 전쟁의 중요한 원인 중 하나다 — 이 때문에 병사들의 명부를 작성하는 일은 아주 수지가 좋은 장사다. 고급 관리에게 돈을 주고 하급 관리가 된 사람이 병사들의 명부를 작성하기 위해 관장 구역의 도시와 마을을 매년 순시할 때면, 얼마를 주면 이 명부에서 제외될 수 있는지가 공공연하게 거론된다. 프랑스 선교사의 보고에 따르면 이 가격은 3천에서 5천 냥 정도인데, 우리 돈으로 하면 약 3~5마르크에 해당한다. 물론 유럽에서는 적은 금액이지만, 돈이 귀한 가난한 조선에서는 한 가족이 일주일 동안 살 수 있는 큰돈이다. 쏠쏠하게 재미를 본 하급 관리는 갑자기 전염병이나 기근이 돌아 백성이 절반이나 몰살한 것처럼 꾸며, 빈손으로 자신의 상관이나 국방 담당 부서를 찾아갈 수는 없는 노릇이다. 따라서 명부에는 있지도 않은 이름이 올라가며, 몇 세대 전에 죽은 가족의 이름까지 올라가게 된다.◆

조선의 군인 가운데 약 1만 명 정도가 무기를 보유하고 있다. 나는 수도에서 8천 명을 보았다. 나머지 2천 명은 방어 시설이 구축된 진영의 수비대를 구성할 뿐 아니라, 지방 관찰사의 근위병과 무기고와 감옥의 보초, 장교나 관리가 여행할 때 호위 부대로도 운영된다. 하지만 이 '상비군' 조차도 유럽적 의미에서의 군대는 아니다. 중국의 팔기군이 대부분 그러하듯이, 조선군도 여단이나 연대, 중대로 나뉘어 있는 것이 아니라 '군영'으로 나뉘어 있다. 서울은 군영을 네 개 보유하고 있는데, 군영이란 담으로 둘러싸인 낮은 집들이 모여 있고 이 안에 군인들이 살고 있는 곳을 말한다. 두 채의 왕궁 바로 옆에 각각 하나의 군영이 있고, 하

◆ 달레Dallet의 《조선 천주교회사》 참조. —지은이

나는 수도의 동쪽에, 다른 하나는 남쪽에 위치하고 있다. 수도의 병사들은 대개 수도 주변의 마을에서 차출된다. 다른 병사들은 자발적으로 지원하는데, 왜냐하면 봉급이 정기적으로 지불되기 때문이다. 그 밖에도 이들은 식사와 잠잘 곳을 제공받으며, 특정한 근무 기간이 없기 때문에 평생 필요한 것을 공급받는다. 입대할 때 이들에겐 제복을 위한 옷감이 제공되는데, 이들은 이것을 직접 깁거나 누군가에게 깁도록 시켜야 한다. 신발과 모자는 자신들의 봉급으로 구입해야 한다. 이들이 제공받는 식사는 세 끼의 밥과 콩국 또는 날생선이나 말린 생선이다. 입대한 첫 주에 이들은 훈련과 사격 연습 같은 것을 하며 보낸다. 그런 다음 각자 부서에 배치되고 3일씩 '군영'에 머물러야 한다. 이어지는 3일 동안 이들은 왕궁에 거주하며 그곳에서 보초를 서고, 그다음 3일은 휴가가 주어진다. 이들은 무기를 군영의 지휘관에게 반납하고 집으로 돌아가, 밭을 경작하는 등 가족을 먹여 살릴 일을 한다. 3일간의 휴가가 끝나면 군영으로 복귀해야 하고, 위에 설명한 순서대로 다시 근무가 시작된다.

1886년에 조선 군대는 새로 '조직'되었다. 1884년까지 외국에 완전히 폐쇄되어 접근이 불가능했던 조선에도 현대 문명의 입김이 감지된 것이다. 영국인과 프랑스인 그리고 미국인이 조선의 요새를 여러 차례 공격했지만, 조선군의 주장에 따르면 조선은 용감하게 격퇴시켰다. 다만 심각한 희생이 뒤따랐다. 활과 화살 또는 기껏해야 낡은 화승총으로 무장한 군인들은 현대식 후장총後裝銃에 상대가 될 수 없었다. 아마도 이들은 잠옷처럼 생긴 기다란 흰옷 안에 이보다 열 배쯤 두꺼운 솜으로 된 갑옷을 입었을 것이다. 하지만 이것도 윈체스터나 레밍턴 탄알이 우박처럼 쏟아지는 것을 막아주지는 못했다. 따라서 군대를 정비하기 위해 새로 차관을 들여왔고, 새로운 제복을 위한 재원을 조달하기 위해 백성들은 수확의 일부를 내놓아야 했다. 여기에 두 명의 미국인이 교관으로 임용되었다. 하지만 그중 한 명만이 군인으로 복무한 경험이 있었다.

그 결과 조선 군대는 오직 보병으로만 구성되어 있다. 조선의 희귀한 총포들은 녹슨 채 구덩이 속과 무너진 요새의 성벽 위에 놓여 있다. 수도의 원형 성곽에도 변변한 대포 하나 없다. 수도의 성곽 주위를 산책하면서 나는 총포를 하나도 보지 못했다. 아마도 지방에는 '병기창'이나 무기고도 있을 것이다. 다만 위장을 하고 전국을 여행하는 데 지금까지 유일하게 성공한 가톨릭 선교사들이 파리의 '외방선교회'에 보고한 바에 따르면, 지방에는 군복이나 탄환 그리고 쓸 만한 무기가 없다. "모든 것이 병사들에 의해 이미 다 팔린 상태였다." 그리고 쓸 만한 물품 대신에 넝마와 녹슨 쇠붙이가 쌓여 있었다. 어떤 진지한 고급 관리가 영락한 상태를 정비하려고 하면 하급 관리들이 합심하여 반기를 들었다. 그러면 그는 의지를 꺾거나 자신의 자리를 떠나야 했다. 그런데도 그가 왕가의 적대자나 반역자로 무고를 당하지 않았다면, 그것을 오히려 행복하게 여길 지경이었다.

조선의 군대에는 기병대도 없다. 어디선가 봉기가 일어나 이를 통제하기 위해 일정수의 병사가 필요할 경우, 이들은 왕궁 직속의 마구간에서 말을 보급받는다. 하지만 이 말들은 다시 왕궁에 반납해야 한다. 나는 서울의 외곽에 있는 왕궁 직속 마구간을 방문한 적이 있다. 그곳의 양지바른 넓은 마당에는 80~100마리 정도 되는 토종의 작은 조랑말들이 서 있었는데, 이 말들은 독일의 작은 당나귀만 했다. 왕조차도 커다란 말을 가지고 있지 않았다. 성질이 불같고 기품 있어 보이는 왕의 조랑말들은 따로 구별된 공간에 서 있었다. 대개 수말인 다른 조랑말들은 겉모습이 썩 좋아 보이진 않았지만, 조선의 여느 조랑말처럼 강인하고 끈기가 있었다. 물론 빠르게 달리는 것을 기대할 수는 없다. 말들은 짧은 보폭으로 어슬렁거리며 걷기 때문에, 외국의 외교 사절들이 서둘러 항구로 가거나 어디론가 여행을 하고자 할 때는 차라리 가마를 탄다. 만약 제물포에 있는 유럽 상인들에게서 일본 말이나 당나귀를 조달할 수 없을 경우에는 말이다.

조선군의 제복은 깃과 소매에 붉은 가장자리 장식이 있는 군청색의 덧옷과 복사뼈까지 내려오는 바지 그리고 중국식 면 신발이나 짚신으로 구성되어 있다. 여름에 이들은 때로 하얀 바지를 착용하기도 한다. 덧옷의 단추는 유럽이나 미국 군대의 각종 제복에서 나온 것이다. 바지는 덧옷 아래에 허리띠로 조여지는데, 이 바지에는 담배와 돈을 넣는 두 개의 주머니가 달려 있다. 덧옷 위에 있는 검은 가죽허리띠는 탄약 주머니와 총검의 칼집을 위해서 혹은 (하사관의 경우) 짧은 일본식 칼의 칼집을 위해 사용된다. 긴 머리는 조선의 총각들이 대개 그런 것처럼 땋아 등 뒤로 내려뜨리지 않고, 정수리 위에 매듭식으로 묶은 후 그 위에 테가 넓고 깃털로 장식한, 하지만 가장자리가 뻣뻣하고 평평한 크고 검은 모자를 쓴다. 이 모자는 가죽끈으로 머리에 고정된다. '재정비' 전에 기수들(늙은 병사)은 모자 위에 붉은 말총을 달았다. 이것은 아직도 군대에서 많이 볼 수 있는데, 그만큼 조선식 모자가 질기다는 증거다.

장군들(대장)은 모두 수도에 거주하고 있다. 고위 장교가 열을 지어 왕궁으로 말을 타고 가는 것보다 독특한 행렬은 없을 것이다. 그것은 다음 장에서 묘사될 장관들의 행렬과 유사하다. 맨 앞에는 두 명의 문관이 막대기에 달린 커다란 판을 들고 걸어가는데, 이 위에는 '엄숙!' 이라는 말과 '길을 비켜라!' 라는 말이 쓰여 있다. 이들 뒤로 길 중앙에는 서류함을 든 관리가 뒤따르는데, 이 서류함에는 장군 이름이 쓰인 0.5제곱피트 크기의 명패가 보관된다. 그 뒤에는 하사관 몇 명과 나팔수 두 명, 무장한 친위병 12명이 도로 양옆으로 행진하고, 마지막으로 장군이 작은 조랑말을 타고 간다. 마부 한 명이 안전을 위해 말의 고삐를 쥐고 있고, 다른 마부는 그 뒤에서 걸어간다. 말 옆에는 문관 한 명이 높은 관리의 표시인 노란색의 커다란 우산을 어깨에 지고 있는데, 이는 오로지 고관에게만 허용된다. 마지막으로 장군에 대해 말하자면, 그는 자주색 소매에 금색 수를 놓은, 잠옷처럼 생긴 긴 가운을 입고 있고, 그 위에 다시 소매가 없는 검은색 가운을 입고 있는데, 이 가운의 허리 부분은 파란 띠로 매여 있다. 이 띠의 왼편에 있는 천으로 된 붉은 칼집에는 일본식 칼이 들어 있다. 오른편에는 대장(장군)이라는 글씨가 쓰인 노란 비단으로 만든 작은 부채가 달려 있다. 장군의 머리 위에는 붉은색의 긴 말총으로 장식된, 테가 넓은 모자가 얹혀 있고, 이 모자는 커다란 호박구슬 끈을 이용해 턱에 고정되어 있다. 그의 뒤에는 한 무리의 수행원들이 따라가는데, 이들은 군인으로서의 의무와는 별 상관없는 각종 장비를 들고 있다. 첫 번째 수행원은 부채를, 두 번째는 담뱃대를, 세 번째는 담배 상자를, 네 번째는 기름종이로 된 비옷을, 다섯 번째는 펠트 신발을, 여섯 번째는 온갖 옷이 든 함을 등에 지고, 마지막으로 일곱 번째는 그물자루에 놋쇠로 된 실내용 변기를 들고 간다. 행진할 때 편의를 제공하는 이런 온갖 사소한 물품이 허락되지 않는다면 어떻게 장군이라 할 수 있겠는가?

   연대장급(영장)이나 중대장급(참군)은 이보다 적은 수행원을 데리고 거리를 행진하고, 어떤 장교들은 가마를 타고 가기도 한다. 하지만 이들 중 누구도 걸어서 혹은 수행원 없이 거리를 돌아다니지는 않는다. 이들은 심지어 사적인 일도 수행원이나 보조원 없이는 하지 않는다.

관직과 마찬가지로 장교직도 규정된 공식 시험이 있음에도 불구하고 돈으로 살 수 있다. 하지만 이것도 양반 계급에게만 허용되어 있다. 중국에서와 똑같이, 무관은 문관만큼 존경을 받지 못한다. 예를 들어 바퀴 달린 가마를 사용하는 것과 같이 문관에게 허용되는 특권은 설령 장군이라 할지라도 허용되지 않는다. (그러나 이와는 반대로) 왕의 총애를 받는 고급 문관은 관찰사이면서 동시에 어떤 지방의 장군으로 임명되는 경우도 종종 발생하는데, 연대장급의 자리는 대개 판관의 역할을 겸하기도 한다. 당연히 조선에는 유럽 군대와 같은 계급 체계는 존재하지 않는다. 관직과 마찬가지로 장교직 역시 특정한 기간 동안만, 즉 1년이나 2년 혹은 3년까지 부여된다. 하지만 이 기간이 끝난 후에도 자리에 있던 사람의 직함은 유지된다. 이 직함에는 일하던 곳의 지방 명칭도 덧붙는다. 봉급은 근무 기간에만 지불된다. 예를 들어 장군은 매달 6천 냥(약 7마르크), 쌀 세 가마, 콩 두 가마, 비단 한 필, 기름종이 몇 두루마리를 지급받는다. 중대장급은 위의 절반 정도만을 받는다. 그동안 장교들은 문관과 마찬가지로 대체로 온갖 부수입을 챙긴다.

이러한 장교단으로 볼 때 조선군의 전투력이 그다지 대단하지 않다는 것을 알 수 있다. 대다수의 장교들은 군제에 대해 아무 지식이 없다. 200년 동안 이 나라는 평화로웠기 때문에 야전 경험이나 전쟁 경험을 할 기회가 전혀 없었다. 그리고 8년 전까지만 해도 중국으로 여행하는 것 외에는 조선인이 고국을 떠나는 일도 없었기 때문에, 이들은 다른 나라의 군대 조직에 대해 아무 지식도 없다. 병사들의 자질은 대단히 훌륭해서, 중국 병사들보다 훨씬 나으며 난쟁이처럼 작은 일본인과는 비교할 수조차 없다. 서울에서 내가 볼 수 있었던 병사들은 모두 150~173센티미터 정도였다. 대부분 건장하고 우람했으며 영양 상태가 좋았고,

수염이 난 검게 그을린 진지한 얼굴을 하고 있어 친위대로서는 더할 나위 없이 훌륭했다. 하지만 지휘관이나 규율이 없어, 지금까지 자신의 능력을 증명할 기회가 없었다. 이들은 휑히 뚫린 벌판에서 적군의 공격을 받으면 지금까지의 경험에 따라 대개 도망치기에 바빴다. 하지만 성곽 뒤에 있으면 얼마 동안 잘 견뎠고, 성이 공략될 때에야 달아났다. 퇴로가 차단되었거나 도주할 가능성이 없어 보일 때에만 이들은 호랑이처럼 자신을 방어했고 죽음도 두려워하지 않았다. 프랑스인들은 이러한 것을 경험해보았고, 미국인들 역시 1870년대에 군사 원정을 감행하면서 종종 맛보았다. 지난해 초 조선군은 자신의 나라 안에서 반란군에 쫓겨 달아났고, 일본군이 7월 말 왕궁을 점거했을 때에도 달아났다. 8천 명의 병사들은 아무런 지휘를 받지 못한 채 지푸라기처럼 흩어졌고, 그 결과로 지금은 일본인들이 이 나라의 주인이 되었다.

chapter 14
정치사회적 상황

----　　조선에서 정치와 사회는 동반자 관계다. 이 둘은 서로 분리될 수 없다. 왜냐하면 조선에서 사회를 구성하고 있는 유일한 계층은 양반이기 때문이다. 조선에서 권력과 영향력을 지닌 유일한 계층인 고급 관료와 장교 그리고 관리도 양반가의 일원으로만 구성되어 있다. 대단한 의지를 지닌 현재의 왕은 관리직과 장교직을 일반 백성에게도 개방하려는 시도를 이미 오래전에 했다. 실제로 일반 시민 가정의 자식들도 소위 국가시험이라고 하는 것에 응시할 수 있다. 하지만 이들은 국가시험을 탁월한 성적으로 통과해야 하며, 이 경우에도 고위 관직은 고사하고 아주 드문 경우에만 관리직이 부여된다. 깨뜨릴 수 없이 굳건하게 결탁해 있는 양반 무리가 전체 국가 경제를 손에 쥐고 있으며, 왕조차 이들 앞에서는 힘이 없다. 현재 조선에서 활보하며 총검과 대포로 수도를 점령하고 있는 일본인들은 이처럼 백성에게 참을 수 없이 되어버린 부실 경영이 오직 외세에 의해서만 극복될 수 있다고 주장하는데, 이는 옳은 말이다. 다른 나라에서는 관리가 군주와 백성들 사이를 중재한다. 조선에서는 관리들이 왕과 백성을 서로 분리시키는 단단한 벽을 형성하고 있다. 이들만이 궁중과 내각에 접근할 수 있으며, 수도에서든 지방에서

든 돈벌이가 되고 수입이 짭짤한 자리는 이들의 수중에 있다. 백성들이 비참함과 가난 속에서 허덕이고 있는 동안에도, 이들은 상업과 농업 그리고 이 나라의 전체 수확에서 착취한 부를 탕진하고 있다. 반면 이들 역시 기생충에게 피를 빨리고 있다. 이들과 왕 사이에는 두 번째의 단단한 벽이 솟아 있는데, 바로 후궁과 내시들의 무리다. 이 벽은 금으로 된 열쇠로 열어야 한다. 가장 높은 장관직도 이들로부터 사야만 하는 것이다. 공공연하게 행해지는 뇌물은 직접적으로 왕 개인에게까지 이른다. 그는 자신의 주위에서 무슨 일이 벌어지고 있는지 잘 알고 있다. 하지만 수백 년 전부터 깊이 뿌리내린 폐해를 제거할 힘이 없다. 만약 그가 이러한 시도를 한다면 왕위와 목숨까지 위태로울 것이다.

왕좌에서부터 변방 지역의 소도시에까지 이르는 강탈의 연결 고리 속에서, 쉬쉬하지도 않고 아주 공공연하게 한쪽이 다른 쪽의 뒤를 봐주며 한 관리가 다른 관리에게 돈을 지불하고 매수한다. 게다가 나는 조선에 온 영국 사신단이 1894년 런던의 외무부에 보낸 보고서에서, 백성들이 겪고 있는 가난과 상공업의 폐해와 연관되어 있는 다음과 같은 부분을 발견했다.

> 이 나라의 모든 관직은 (뇌물을 통해) 구해야 하며, 귀족의 손에 달려 있다. 가장 보잘것없는 관직만이 귀족 계급이 아닌 자들에게 주어진다. 그것도 일종의 세습 귀족인 양반의 일원일 때만 가능하다. 따라서 상인들은 부를 획득하고자 할 만한 동기가 전혀 없다. 왜냐하면 이들은 이 부를 가지고 관직을 사서 귀족층의 반열에 오를 수 없기 때문이다.

하지만 명예욕을 제쳐놓더라도, 1,200만의 불행한 국민이 살고 있는 이 땅에서 상인이나 기업가, 농부, 목축업자들이 자신과 가족의 생계에 필요한 것 이상으로 획득하는 것은 의미가 없는 일일 것이다. 그럼에도 불구하고 우연이나 좋은 수확 덕에 약간의 돈이 수중에 들어오면, 그들은 돈을 땅속에 묻거나 비밀에 부친다. 그렇지 않을 경우 고급 관리들이 곧바로 달려들어 빼앗아가기 때문이다. 행정관이나 판사 역시 매수가 가능한 탓에 이러한 일이 발생하더라도, 어떤 보호를 기대할 수도 없다.

국세는 아무 의미도 없다. 예를 들어 국세는 수확량의 약 20퍼센트 정도밖에 안 된다. 하지만 관리들이 30~40퍼센트를 뜯어간다. 조선의 상인들 역시 — 구문ᄆᄎ이라고 불리는 — 세금을 관리에게 지불하지 않으면 물건을 팔 수 없다. 도로세를 내지 않고는 여행을 하거나 물건을 보낼 수도 없다. 노동조차 값이 매겨져 있다. 왜냐하면 필요한 경우에 정부가 나라의 종복들에게 하루 종일 일할 것을 요구할 권한을 가지고 있는데, 이들은 이 노동에서 특정한 금액을 내고 벗어날 수 있기 때문이다.

조선인들은 관리들로부터 도둑질을 당해도 용케 참고 있다. 하지만 앞서 언급한 영국 관리의 말을 다시 인용해보자.

> 그러나 관리들이 넘어서는 안 되는 선이 있다. 만약 이 선을 넘어설 경우 백성들이 '봉기'를 일으켜 그들을 추방한다. 관리들이 저항할 경우 백성들은 그들의 집을 약탈하고 파괴하며, 심지어 목숨까지 앗아가는 일도 있다.

공식적인 보고서는 계속해서 다음과 같이 기록하고 있다.

> 중앙정부는 대체로 그러한 봉기가 해당 관리의 부적합성을 보여준다고

판단해 면직시킨다. 그리고 백성들이 왜 봉기했는지에 대해서는 관심을 기울이지 않은 채, 그들의 자리는 곧 다른 지원자에게 팔린다.

1890년대까지 관직은 2년 또는 3년 단위로 팔렸다. 이 기간이 끝나면 지역의 모든 관리는 관찰사에 의해 새로운 관리로 대체되었다. 물러나는 관리는 다른 지역에서 새로운 자리를 살 수 있었다. 하지만 거대하고 강력한 귀족 가문인 민씨 일가가 속해 있는, 주도권을 쥐고 있는 당파가 임기를 1년으로 줄이자, 관리들은 과거에 2~3년간 해먹은 것을 1년 동안에 마쳐야 했다. 바로 이러한 조치가 지난해인 1894년 초에 일어났던 대규모 봉기를 일으킨 계기가 됐다. 이때 전 지역이 정부에 대항해 일어났고 관리를 쫓아내거나 죽였다. 반란을 일으킨 자들이 수도로 점점 가까이 밀고 들어오자, 정권을 쥐고 있는 당파는 태도를 바꿔야만 했다. 이들은 역도를 진압하기 위해 중국에 호소했고, 다른 한편으론 억압받는 백성 편에 서는 척하며 탐관오리 몇몇을 태형에 처하고 추방하는 벌을 내렸다. 나라가 이처럼 부실하게 경영되고 있는 것이 왕에게 얼마나 충격을 주었는지는, 왕이 올해 7월 8일자 조선의 관보에 실게 한 성명서에서 짐작할 수 있다. 감동적이기까지 한 이 성명서는 다음과 같다.

나의 생각과 뜻은 밤낮으로 백성과 국가의 안녕을 향해 있다. 하지만 나는 이들을 위해 더 많은 것을 하길 원한다. 도처에서 나는 몰락과 가난을 목격하고 있다. 백성들은 원인이 무엇인지도 모른 채 분노에 사로잡혀 있다. 이 모든 것이 내게는 커다란 짐이다. 왜냐하면 나는 선조들이 걸어온 길을 이어서 걸어갈 수 있는 방법을 모르기 때문이다. 법질서가 혼란을 겪게 되었고, 모든 것이 엉망이 되었다. 상벌은 아무 효과를 내지 못하고, 거짓말과 위조가 판을 치고 있다. 재정 담당 부서와 군사 담당 부서에서는 주도적인 원칙이 무시되고 있고, 관리들은 그 자리를 감당할 능력이 없으며, 모든 것이 퇴보하고 무너지고 있다. 관리들은 의무를 다하고 있다고 주장하지만, 최고위 관료들조차도 더러운 소유욕을 보이고 있다. 반면 이들은 부하들을 다루는 데는 너무 관대하다. 그들이 의무를 위반해도 처벌하지 않고, 내일 무슨 일이 일어나든 오늘만 괜찮으면 신경 쓰지 않는다. 이러니 국가가 어떻게 유지될 수 있겠는가? 나는 너무나도 슬프고 부끄럽다. 총체적인 개혁과 단호한 조처 없이는 이 나라를 구할 수 없다. 하지만 이는 '조정(삼정승)'의 의무다. 이를 위해 이들은 민간 행정과 재무 행정 그리고 장군과 긴밀히 연결되어 있어야 한다. 나는 이들이 아무것도 숨기지 않고 정확히 보고를 해주길 원한다. 말하는 것이 의무인데 그렇게 하지 않는 자는 심각한 죄를 짓는 것이다. 하지만 말을 하기는 해도 듣는 사람이 없다면 그 죄는 내게 있다. 내 말을 명심하라! 그대들에게 의무를 다하라고 두 번 요구하지 않기를 바란다! ◆

왕이 이런 식으로 공공연히 관리들에게 말해야 할 지경이라면, 그 나라는 아주 심각한 상태에 있는 것이다. 나는 이 성명서를 독일어로 번역하도록 했다. 왜냐하면 이것은 사실 그 자체로서 의미가 있을 뿐만 아니라, 조선 반도의 영락한 국체國體를 지배하고 있는 상황을 가장 높은 자리에서 확인해주고 있기 때문이다. 그렇게 하지 않으면 독자들은 조선의 상황을 믿기 힘들 것이다.

한편 우연히 혁명 지도자의 선언서가 내 수중에 들어오게 되었는데,

◆ 《승정원일기》, 고종 31년 갑오(1894) 6월 6일(양 7월 8일).

조선말로 된 이 선언서는 너무나 분명하게 쓰여 있어서 다른 설명이 필요 없었다.

주인은 종에게 관대해야 하며, 종은 주인에게 순종해야 한다. 만약 우리의 고향과 법이 이러한 가르침에 기반을 두었다면 우리는 영원히 행복을 누릴 수 있었을 것이다. 현재의 주인인 우리의 왕은 관대하고, 공평하며, 자비롭다. 천지신명이 그가 깨끗하다는 것을 증명한다. 정직하고 근면한 신하들이 그를 보좌했다면, 우리는 요순(황금시대)의 덕치와 문제文帝·경제景帝시대의 치세를 누렸을 것이다. 하지만 우리는 의무를 게을리 할 뿐만 아니라 정부의 재정을 훔치고 있는 현재의 장관들의 행위를 이해할 수 없다. 이들은 우리 임금의 지혜가 우리에게 보이는 것을 막는 동시에, 임금께는 우리의 소망을 알리지 않고 있다. 이들에게 우리의 비참한 상황을 호소하면, 이들은 우리가 사악하고, 무지하며, 불성실하다고 치부하며 우리의 호소를 물리친다. 왕좌 가까이에는 충성스러운 관리가 한 명도 없다. 그들은 모두 무지하다. 따라서 우리 백성들은 불안하고 무질서한 상태에 있다. 이러한 상황이 날마다 더욱 심각해지고 있다. 우리는 더 이상 살 수가 없으며, 매일 정부의 폭압으로 인해 고통 받고 있다. 사방에서 우리는 분노의 소리를 듣는다. 주인과 종 사이에 진정성이나 신뢰라곤 없다. 높은 자나 낮은 자의 운명은 마땅히 그러해야 할 어떤 것이 아니다. 삶 자체가 우리에게는 짐이다.

관자(관중)는 사람들 사이와 사회에 불화가 만연하면 그 나라는 망한다고 가르쳤다. 그런데 지금 사태는 옛날보다 더 심각하다. 장관들은 나라를 위협하는 커다란 위험에 신경 쓰지 않고, 자신의 부를 채우기에만 급급하다. 시험장은 수입이 짭짤한 사업이 되었고, 관직은 돈으로 살 수 있다. 관리들은 왕조의 금고를 채우는 대신 자신의 주머니를 채운다. 그 결과 나라는 부채로 허덕이고 있다. 우리의 팔도는 고기와 생선을 빼앗겼고, 백성은 비참한 지경에 있다. 매수와 온갖 종류의 타락이 우리를 둘러싸고 있다. 그것이 우리가 이처럼 가난하고 비참하게 사는 이유다. 백성들은 파탄 직전이며 곧 망할 것이다.

우리는 무지한 농사꾼일 뿐이다. 하지만 위험이 다가오는데도 그냥 앉아서 당할 수는 없다.

수천 명에 달하는 우리는 이러한 상황에 대해 서로 협의했고, 우리의 생명과 재산을 기꺼이 희생하고, 우리의 군주인 임금이 나라와 백성들의 행복을 증진시키기 위해 노력할 때 함께하기 위해 서로 손을 잡았다. 어려운 날들이 올 것이다. 하지만 우리는 여러분이 각자 하던 일을 평화롭게 계속하도록 요청하는 바이다. 우리는 그대들을 적대하는 것이 아니다. 우리는 그대들을 위해 싸울 것이며 그대들을 위해 죽을 것이다. 그대들의 행운을 빈다. 임금께서 만수무강하시길! ◆

역도 집단인 동학도의 지도자가 쓴 이 성명서에는 조선의 곤경이 잘 묘사되어 있다. 백성들을 진정으로 생각하고 있는 왕을 백성들은 사랑한다. 하지만 주도권을 쥐고 있고 양심의 가책 없이 나라를 노략질하고 있는 대신들과 관리들의 '무리'에 맞서기에는 왕과 백성들 모두 무력하기 짝이 없다. 모로코나 중동의 다른 나라에서조차 이보다 더 못된 소매치기와 방탕하고 무지한 협박자들의 무리는 보기 드물다. 사람들은 나에게 관리에 의해 자행된 도적질과 살인에 관한 소름 끼치는 얘기를 들

◆ 전봉준,〈무장동학배포고문茂長東學輩布告文〉.

려주었다. 형리들이 들이닥쳐 집을 점거하여 수색하고, 값나가는 물건과 옷, 가축, 곡식을 강탈해가며, 수감자들은 죽임을 당한다. 조선에서 소유란 전설 속에나 존재하는 것이 되었다.

망국의 책임은 이미 얘기했듯이 귀족들에게 있다. 조선 귀족에게는 고유의 칭호가 없다. 귀족은 수 세기 전부터 존재했던 최고 지휘관과 정치가의 자손들이며, 전국적으로 퍼져 있는 수많은 가문들로 구성되어 있다. 이들은 각자 다른 이름을 가지지 않고, 스코틀랜드의 캠벨 가문이나 해밀턴 가문, 스콧 가문과 비슷하게 대다수가 같은 이름의 '일족'에 속한다. 이들 가운데 일정한 수의 가문만이 귀족계급이다. 이와 마찬가지로 조선에서는 같은 이름을 가진 커다란 가문이 존재하며, 이들 가운데 특정한 가문만이 귀족계급에 속한다.

최상류의 귀족 가문은 이씨, 민씨, 김씨, 서씨, 홍씨, 조씨이며, 이들 가문이 가장 많은 구성원을 거느리는 만큼 영향력도 가장 막강하다. 가지를 많이 친 가문은 더 많은 행정직과 관리직을 가지게 되며, 결국 이처럼 확대된 관계를 통해 지배권을 갖기가 더 수월해진다. 따라서 아직 결혼하지 않은 아들들은(조선에서 여성은 아무런 역할도 하지 못한다) 기꺼이 민씨 가문이나 김씨 가문의 양자가 된다. 물론 그렇다고 해서 이들이 직계 혈통의 귀족과 같은 명망을 얻게 되는 일은 결코 없다. 하지만 이들은 가족 수를 늘려주며, 중요한 것은 바로 이것이다. 부패가 만연하면서 최근 많은 명문가의 일원들이 많은 돈을 주고 더 높은 관직을 사서 귀족 칭호를 얻는 데에 성공했다. 하지만 이들 역시 '주도적인 사회층'으로부터 인정을 받지 못한다.

작위의 숫자가 적은 만큼 특별한 귀족 품계 역시 많지 않다. 그 대신 귀족은 일정한 특권을 지닌다. 일반 형리는 함부로 귀족을 체포할 수 없으며, 하급 귀족에게도 손을 대지 못한다. 귀족이 아닌 자가 말을 타고 길을 가다 귀족을 만나면 말에서 내려야 하며, 귀족이 옆에 있으면 담배를 피워서도 안 되고, 대화를 할 때는 윗사람에게 어울리는 공손한 말을 써야 한다. 궁궐에서 문관 출신의 귀족은 왕의 오른편에 앉고, 무관 출신의 귀족은 왕의 왼편에 앉는다. 귀족은 수공업을 하거나 장사를 해서는 안 되며 일을 해서도 안 된다. 만약 귀족이 이런 일을 하게 되면 귀족 신분을 잃게 된다.

수백 년간의 세습으로 인해 백성들은 귀족을 먹여 살리고 그들의 재산을 불리는 데 익숙해 있기 때문에, 일정한 시점까지는 결코 저항하지 않고 오히려 기꺼이 그렇게 한다.

한번 수공업에 발을 들인 귀족은 관리가 될 수도 없고, 되어서도 안 된다. 따라서 귀족이면서도 권력을 갖지 못한 가문은 대단히 비참한 상황에 처하게 된다. 조선에는 소규모 당파 외에 두 개의 커다란 정치적 당파가 존재한다. 주요한 사안이 있을 때마다 중국 친화적인 보수파와 일본인들에게 아양을 떠는 자유주의적 개혁파가 대립한다. 일본이 진군하기 전 여러 해 동안 보수파의 주축이 된 것은 탐욕스럽고 무분별한 민씨 가문으로, 왕비도 민씨 가문 출신이다. 따라서 일본인들이 제일 먼저 한 일 중 하나가 이 가문 사람들을 귀향 보내도록 하고, 전체 부실 경영의 진정한 원인인 왕비를 쫓아내도록 왕에게 강요하는 것이었다. 왕이 성인이 될 때까지는 그의 아버지 대원군이 섭정을 했다. 대원군은 민씨 가문은 말할 것도 없고 중국에도 적대적이었다. 또한 모든 외국인을 증오해서 기독교도들을 박해했으며, 가장 잔혹한 방법으로 이들 수천 명을 고문하고 처형했다. 지금의 왕이 성인이 되었을 때, 몇 나라가 조선을 상대로 통상조약과 평화조약을 맺는 데 성공했다. 그러자 조선을 보호국으로 여기고 있는 중국은 이후로 조선에 정주하며 무역 활동을 하는 유럽인들에게 무슨 일이 생길 경우 자신들이 보상을 해야 할까 봐 두려워했다. 중국은 여전히 대원군을 뒤에서 왕을 좌지우지하는 실세로 보고 있었는데 이 같은 판단은 틀리지 않았고, 따라서 대원군을 제거하는 것이 중요했다. 조선 밖에서는 이러한 일이 어떤 식으로 일어났는지 전혀 알려져 있지 않다. 하물며 조선 내에서도 소수만이 그것을 알고 있다. 1882년 일본인들의 조선 원정 기간 동안 이 주요 배반자이자 범죄자는 다시 한 번 책동을 부리기 시작했다. 서울로 들어오는 항구인 제물포에는 당시 수천 명의 중국군을 태운 함대가 사신단을 보호하기 위해 정박했다. 이 군대는 서울로 들어가라는 명령을 받았고, 사신은 공손하지만 긴박하게 대원군에게 와서 제물포의 함대를 시찰하도록 청했다. 왕의 아버지는 망설였다. 그는 아들과 작별 인사를 나눌 시간이 필요하다는 핑계를 대며 주저했다. 하지만 결국 중국 '친위 의장대'에 대한 배려에서 '자발적으로' 제물포로 가는 것을 마지못해 승낙했다. '시찰'을 위해 중국 배에 올라타자마자 닻을 올린 배는 톈진으로 출발했다. 대원군은 톈진에서 다시 베이징으로 호송되었고, 4년간이나 유폐되었다.◆ 그는 조선의 정사에 개입하지 않을 것이며 서울에 있는 중국 공관의 감시를 받는 생활을 수용하기로 맹세한 후에야 자유로운 몸이 되었다. 그는 중국에 붙잡혀 있는 동안 탈출 시도를 게을리하지 않았다. 뇌물을 좋아하는 관리에 익숙해 있던 그는 베이징에 있는 영국 사신에게 만약 자신을 자유롭게 해준다면 상당한 액수(수천 냥)를 제공하겠다는 약속을 서슴없이 했다. 이러한 내용을 담은 편지는 베이징의 사신단 문서 보관

◆ 실제로는 톈진 보정부保定府에 억류되었다.

소에 아직도 보관되어 있다.

　중국에 의해 교묘한 방법으로 권력에서 제거되자 대원군은 천자天子를 철천지원수로 여기게 되었고, 자연스럽게 일본의 친구가 되었다. 동아시아의 나라들은 일본인들이 서울로 진군한 후에 권력에서 밀려난 대원군을 다시 불러들여 모든 조선인 가운데 가장 매수당하기 쉽고 끔찍하며 탐욕스러운 그를 섭정 자리에 앉히고, 조선의 개혁을 담당할 임무를 맡겼다는 사실에 놀라워했다! 앞서 일어난 일련의 사건에 대해 들은 사람들은 일본의 정책을 인정하진 않더라도 이해는 할 것이다!

　정권을 쥐고 있는 당파가 돈벌이가 되는 자리를 꿰차고 앉은 덕분에 부유함을 누리며 호의호식한 반면, 반대당의 일원들은 돈에 쪼들려 상당수가 굶주림에 시달렸다. 하지만 정권을 잡고 있는 귀족 가문의 일원들 가운데도 비참한 상태에 있는 사람이 많았다. 왜냐하면 관직 숫자보다 이들의 인원이 훨씬 많았기 때문이다. 많은 이들은 관직을 살 수 있는 밑천도 없었다. 이들은 높은 관리들에게 기생하는 존재다. 높은 자리를 얻은 자는 가족과 친척, 처가 식구까지 신분에 걸맞게 부양할 의무가 주어졌다. 이들은 백성들을 가능한 한 많이 착취하지만, 관직 기간이 짧아 부자가 되는 경우는 없다. 대신의 경우도 마찬가지다. 이처럼 불행한 전체 시스템 위에는 마치 저주라도 씌어 있는 것 같다. 오랜 관례에 따라 내시와 수백 명의 시동, 왕의 주변에서 시중드는 자들은 봉급을 전혀 받지 않는다. 하지만 왕에게 미치는 영향력은 대단하며, 대신들이 자신들의 봉급을 지불하도록 한다. 이처럼 조선에서는 노동자부터 최고 관리에 이르기까지 모두가 착취를 당한다.

　이미 언급한 것처럼 조선의 귀족은 칭호나 문장, 혹은 특별한 직인이나 휘장을 가지고 있지 않다. 하지만 관리들에게는 그러한 것이 존재한다. 이들의 복장은 재단 형태와 관련해서는 일반 시민의 복장과 같다. 테가 넓은 검은 모자에 잠옷같이 생긴 긴 가운을 입는데, 허리 대신에 가슴께를 묶는다. 반면 관리들은 모자 위에 색깔 있는 끈을 두르고, 모자를 머리에 고정시키는 검은 턱 끈 대신에 여러 가지 색깔의 턱 끈을 맨다. 예를 들어 외교 업무를 담당하는 관리는 모자 위에 보라색 끈을 두르고, 내무부서의 관리들은 빨간 끈을, 민간 행정을 담당하는 관리는 노란 끈을 두른다. 3급 이상의 고급 관리만이 비단 복장을 하는 것이 허용되어 있다. 가장 높은 관리만이 특별한 표시로 손바닥 크기만 한 은제 두루미를 모자 꼭대기에 단다. 궁궐 안에서는 챙이 넓은 모자 대신 페르시아인의 모자처럼 높고 검은 모자를 쓴다. 다만 이 모자는 체 모양으로 말총으로 짜여 있으며, 모자 꼭대기에 천이 붙어 있거나 날개 모양의 장식이 달려 있다. 그리고 흰색 또는 검은색의 가운 대신 장미처럼 붉거나 엷은 청색의 비단 가운을 입는다. 허리께에는 넓은 허리띠를 매는데, 이 위쪽으로는 앞쪽에 두 마리의 두루미가 은실이나 하얀 비단실로 수놓아져 있다.

  사람들이 관리를 알아볼 수 있는 것은 이러한 표시보다는 이들의 수행원이다. 계급이 높으면 높을수록 거느리는 수행원이 많다. 나는 여기 서울에서 나이 많은 영의정이 왕을 배알하러 가는 모습을 본 적이 있다. 그의 앞에는 도로 양편으로 관리들이 일렬로 늘어서서 걸어가고 있었다. 행렬의 맨 앞에는 두 사람이 긴 봉에 달려 있는 패를 들고 갔다. 한쪽에는 "엄숙!"이라고 쓰여 있었고, 다른 쪽에는 "길을 열라!"라고 쓰여 있었다. 다음 열의 한 사람은 야전용 접의자를, 두 번째 사람은 커다란 서류철을 운반했는데, 이 안에는 거의 같은 크기의 붉은색 장관 명패가 들어 있었다. 그다음에는 몇 명의 병사가 따랐고, 그 뒤로는 대신이 책

상다리를 하고 아주 불편한 자세로 앉아 있는 화려한 가마가 뒤를 이었다. 가마는 화려한 가운을 입은 네 명의 가마꾼 어깨에 얹혀 있었다. 가마 양옆으로는 포졸들이 호위병으로 동행했고, 가마 뒤로 다시 하인들로 구성된 수행원들과 열두 살쯤 된 예쁘장한 시동이 뒤를 따랐다. 한 명은 높은 신분의 상징인 노란색 커다란 우산을 들고 있었는데, 이는 대신과 장군에게만 허용되는 것이다. 다른 사람은 기름종이로 된 비옷을, 네 번째 사람은 비슷한 방수모를 운반했다. 담뱃대와 부채, 담배쌈지를 든 세 명의 특별한 운반인도 있었다. 그리고 하인 하나가 펠트 신 한 켤레를, 다른 하인은 뭐가 들었는지 알 수 없는 여행용 가방을 운반했다. 마지막 하인은 대신이 가는 도중 생리적인 욕구를 느낄 경우를 대비해 놋쇠로 된 용기를 들고 있었다!

수행원이 없다면 조선에서는 아마 어떤 고급 관리도 거리에 나서지 않을 것이며, 걷는 경우도 없을 것이다. 이들은 주로 가마를 타거나 말을 탄다. 중국과 마찬가지로 조선의 관료 계급은 아홉 개의 등급으로 나뉘며, 거기에 따라 다른 품계와 봉급을 받는다. 봉급은 아주 독특한 방식으로 지급된다. 예를 들어 제일 높은 관리는 매달 6천 냥을 받는데, 왠지 상당한 액수로 들린다. 하지만 열다섯 냥이 독일 화폐로 1페니히라는 점을 감안한다면, 6천 냥은 4마르크밖에 되지 않는다. 이 관리는 여기에 쌀 세 가마와 콩 두 가마를 더 받는다. 6등급의 관리는 매달 3천 냥(2마르크)에 쌀 한 가마와 콩 한 가마를 받고, 9등급의 관리는 그 절반을 받는다. 고관이 특정한 관직에 임명되면 봉급은 상당히 오른다. 봉급은 1만 냥에서 1만 5천 냥으로 오르고, 현물 외에 특정한 양의 종이와 비단, 멍석 등이 지급된다. 하지만 이것은 명목상의 숫자일 뿐이다. 왜냐하면 앞서 언급했듯이 돈을 내고 관직을 산 사람들은 그다음부터는 편안히 앉아 하급 관리와 백성들로부터 쥐어짜 내기 때문이다.

왕국의 가장 높은 관청을 '조정'이라 하는데, 세 명의 최고위 대신으로 구성된다. 이 모임의 장*인 영의정은 이슬람 국가의 재상과 거의 비슷하다.

이 최상위 위원회에 속한 세 명의 '정승' 밑에, 민간 행정과 재정, 국방, 법률, 공공시설, 의전을 담당하는 여섯 명의 대신이 있었는데, 모두 수입이 많아 누구나 탐내는 자리였다. 10년 전부터는 외무를 담당하는 대신도 있다. 하지만 일종의 좌천되는 자리로 여겨지기 때문에 다들 가고 싶어 하지 않는다. 왜냐하면 이 자리에는 뜯어내거나 훔칠 만한 것이 없기 때문이다. 이 대신들 밑에 다시 여덟 개 도의 관찰사가 자리 잡고, 그 밑으로 관할 구역의 장과 작은 고을의 책임자들이 있다.

그전에는 이러한 관리 조직 외에 왕실 소속의 감독관들이 있었는데, 이들은 비밀리에 나라를 돌아다니며 관리들의 행정 업무를 조사하고 직권의 오남용을 낱낱이 왕에게 보고했다. 어떤 경우에는 자신의 권한으로 지방 수령들을 즉각 파면할 수도 있었다. 예전에 뛰어난 성과를 보여 주었던 이 조직은 아직도 명맥을 유지하고 있지만, 이 감독관들도 다른 관리들처럼 뇌물의 영향으로부터 자유롭지 못한 상황이며, 지방 관리들에게는 공포의 대상이 되어버렸다. 이 감독관들에게 얼마나 많이 베푸느냐에 따라 지방 관리의 목숨이 달려 있기 때문이다.

이런 식으로 모든 것이 착취에 의해 유지되고 있는데, 결국 백성들이 모든 것을 지불해야 한다. 그렇다고 법에 호소할 수도 없다. 그래봐야 더 큰 권력을 지녔거나 가장 많은 돈을 지불하는 자에게 유리한 판결이 내려지기 때문이다. 개인이 관리에게 저항하는 것은 불가능하기 때문에, 도시에서는 서로 다른 업종의 소유주들은 말할 것도 없고 자리가 높건 낮건 간에 공통의 관심을 가진 사람들이 각자의 장*과 규칙 그리고 재산을 가진 협회나 조합을 결성해 손을 잡았다. 시골에서도 개별 마을의 주민들이 연합했다. 제조업 종사자나 상인, 승려, 정원사, 농부, 짐꾼, 전령 등 거의 모든 업종의 사람들이 각자 '도당'을 가졌고, 이는 나라 안의 권력이 되었다. 서울에 주재하는 외국의 외교관들이 공사관 건물을 짓기로 결정했을 때, 이들은 미장이와 철물공, 목수 등이 정해진 조합 가격을 견지하며 한 푼도 깎으려 하지 않는다는 것을 알게 되었다. 예를 들어 화가 나서 정당한 이유도 없이 부리는 사람을 해고했다간 괴로운 일이 생긴다! 해고된 사람들은 독일로 치면 악명 높기로 소문난 일종의 노동조합 같은 곳에 소속되어 있기 때문에, 고용주는 더 높은 임금을 주고도 새 직원을 구하기가 쉽지 않다.

이러한 연합을 통해 백성들은 어느 정도까지는 고급 관리들의 착취 시도를 막아낸다. 하지만 관리들은 곧 탈출구를 찾아냈다. 예를 들어 몇몇 도시에서는 도축장 주인들까지도 연합을 형성하고 있다. 그러면 해당 도시의 어떤 관리는 정부로부터 일정 기간 동안 도축장 주인으로부터 모든 쇠가죽을 낮은 가격으로 구입할 수 있는 독점권을 산다. 도축장 주인은 면허를 잃지 않으려면 그 관리에게 쇠가죽을 넘겨야 한다. 이러한 일이 왕에 이르기까지 모든 분야에 만연하고 있다. 인삼은 조선의 가장 중요한 수출 품목 중 하나다. 중국인들은 특별한 효험이 있고 활력을 증진시키는 효과가 있다고 여겨지는 조선 인삼의 중요한 고객이다. 그런데 인삼 재배 독점권을 소유하고 있는 사람은 조선의 왕이다. 왕은 상당한 금액을 받고 그 대가로 상인 협의회에 수출 독점권을 양도했다. 몇 년 전 상하이 항구에 조선으로부터 중국 배가 들어왔는데, 이 배에는 오로지 인삼만 실려 있었다. 인삼은 독점 품목인지라 세관 책임자는 수상한 생각이 들었다. 그래서 그는 서울의 세관 책임자에게 전보로 문의를 했다. 서울의 책임자는 다시 외무대신에게 문의했는데, 이 적재품이 왕에게 속한 것이니 소동을 일으키지 말라는 전갈이 왔다!

chapter 15
조선인의 오락

─── 　조선에서 보고 들은 것을 종합해볼 때, 나는 조선인들이 이웃해 있는 만주인이나 중국인에 비해 훨씬 오락을 즐기는 민족이라고 부르고 싶다. 하지만 이들은 자신들만의 방식으로 즐긴다. 중국과 일본에는 드라마와 음악 작품, 온갖 종류의 마술이 공연되는 극장이 있다. 하지만 조선인들은 두 나라와 수백 년간 관계를 맺어왔음에도 불구하고, 극장이 무엇인지도 전혀 모른다. 수도인 서울에도 연극 무대가 하나도 없다. 그런 이유로 유럽을 여행하는 조선인에게 우리의 커다란 오페라하우스의 공연보다 더 큰 놀라움과 황홀함을 선사하는 것은 없을 거라는 생각이 든다. 이 자리에서 덧붙여 말할 수 있는 것은 지금까지 단지 네 명의 조선인만이 우리의 구대륙을 방문한 적이 있다는 사실이다. 이 여행은 이들에게 좋지 않은 결과를 가져다주었다. 왜냐하면 이들이 그곳에서 얻은 자유로운 관점을 조선에서 표현해보고자 했을 때, 머리가 잘리는 처벌을 받았던 것이다.◆ 그 이후로 유럽에서 조선인을 더 이

◆ 미국 사절단 보빙사報聘使의 일원인 홍영식, 서광범, 유길준 등이 갑신정변으로 죽거나 망명했던 사실을 말하는 듯하다.

상 보지 못하는 것은 놀라운 일이 아니다.

하지만 조선인들은 수단이 허용하는 한 자신들의 방식대로 아주 잘 즐긴다. 이들은 음악과 카드놀이, 야외 놀이, 권투, 씨름, 연날리기, 활쏘기 등을 열정적으로 좋아한다. 춤도 대단히 좋아하는데, 다만 직접 춤을 추진 않는다. 지중해나 아시아의 대다수 민족들과 똑같이 조선인들은 춤추는 것을 체면이 깎이는 짓이라 여기고 있으며, 우리 유럽인들이 여자를 팔에 안고 음악에 맞춰 껑충껑충 뛰어다니는 것을 절대 이해하지 못한다. 이들에겐 대신 돈으로 살 수 있는 무희들이 있다! 우리 역시 어떤 상업 고문관이 극장의 발레 공연에서 함께 춤을 춘다면 아주 기이하게 생각할 것이다. 우리가 발레를 보는 방식과 마찬가지로 조선인들은 모든 춤을 그렇게 본다. 물론 이들의 춤은 미끄러운 마룻바닥 위를 멋지게 날아가거나 반쯤 벗은 아가씨들이 불가능한 자세로 몸을 꺾는 것과 같은 식이 아니다. 우리의 가장 단정한 폴카조차도 이들에겐 너무 소란스럽고 격앙된 것으로 보일 것이다. 진지하고 절제된 움직임과 동작들, 천천히 방향을 바꾸고 도는 것, 이것이 전부다. 하지만 이러한 조선의 춤사위도 배워 익혀야만 하는 어떤 기술을 요한다. 서울에는 독자적인 무용 학교가 있는데, 이곳에서는 나이 들어 '은퇴한' 기생들이 젊은 후계자들에게 조선식 안무의 전통을 가르친다. 왕은 적은 무리의 가수와 무희, 마술사, 음악가를 궁궐 안에 데리고 있다. 왕이 때때로 외교 사절단과 고관들에게 베풀곤 하는 연회에 이어, 왕이 거느리는 '궁정 가수'와 '궁정 악사'의 연주가 대개 이어지는데, 왕실 수입의 많은 부분이 이 가수들의 넓은 주머니로 흘러 들어간다. 대신과 장군, 고급 관료와 귀족들도 이러한 왕의 본보기를 따른다. 베이징으로 가는 사신들과 자신이 다스리는 지역을 순회하는 수령들은 독자적인 악단을 대동하며,

때로는 이야기꾼과 마술사 등을 데리고 가기도 한다.

조선 수도의 가수들은 일본 도시들의 게이샤들과 같은 커다란 역할을 한다. 서울에만 수백 명의 가수가 있다. 조선의 다른 직종이 그렇듯이, 기생들도 특정한 규정과 고정된 가격 체계를 가진 고유의 조합이 있으며, 이 규범을 벗어나는 경우 조합에서 쫓겨나게 된다. 도처에 퍼져 있는 가난과 돈이 부족한 상황을 고려할 때, 기생들의 연주 가격은 기이할 정도로 높다. 조선에는 공공 오락 시설이 없기 때문에, 나는 기생들의 춤과 노래를 체험하고 싶어서 통역관에게 이들을 하룻저녁 불러달라고 요청했다. 하지만 그 비용으로 70달러를 요구한다는 얘기를 듣고 얼마나 놀랐는지 모른다! 게다가 이 젊은 아가씨들은 이 '초빙'에 지원하고 나서지도 않았다. 이들의 숫자가 너무 많았기 때문에, 나는 이 가난한 나라에서 이들을 위한 돈이 어디서 오는지 놀라지 않을 수 없었다.

일본에서와 마찬가지로 조선에서도 기생은 대개 가장 낮은 계급 출신이다. 이 나라에서도 아름다움과 우아함은 일종의 재산이지만 기껏해야 기생이 되는 것 말고는 이를 다르게 활용할 데가 없다. 부모들은 딸들에게 춤과 노래를 배우게 한다. 이들은 실력에 따라 인정을 받게 되며, 궁궐로 들어가기도 한다. 그러고 나서 이들은 화려한 색깔과 그림이 그려져 있는, 길고 주름이 많은 성긴 천으로 된 고유한 복장을 한다. 이들의 복장에는 붉은 비단으로 된 허리띠가 허리께에 둘려 있고, 허리띠에는 몇 개의 작은 공작 깃털로 되어 있는 브로치가 달려 있다. 하얀 아마포 양말을 신고 있는 이들의 작은 발을 녹색 비단으로 된 신발이 감싸고 있다. 이들의 특이한 차림새 중에서 가장 기이한 것은 머리 장식이다. 사람들의 말에 따르면 동양 여성의 '쪽 진 머리'의 악습은 독일의 부인들에게까지 소문이 나 있을 정도라고 한다. 다만 조선의 무희들이 하고 있는 기형적인 형태의 머리 모양은 다른 어느 곳에서도 찾아볼 수 없을 것이다. 서울 거리에서 그러한 모습을 한 무희를 처음 만났을 때, 나는 그 여인이 수류탄으로 무장한 병사가 검은 곰 가죽으로 된 나지막하고 넓적한 모자를 쓰고 있는 줄 알았다. 가까이서 보니 사람의 머리카락을 이용해 기술적으로 엮은 검은색 쪽 진 머리였고, 그 속에는 은제 비녀와 화려한 종이꽃과 리본이 꽂혀 있었다.

　이들의 춤, 아니 팬터마임에 가까운 움직임은 일본 게이샤의 그것과 비슷하다. 하지만 게이샤는 대개 여성 악사가 샤미센으로 반주를 하는 반면, 조선의 기생들은 여러 악기를 연주하는 남성 악사들로 구성된 악단의 음악에 따라 춤을 춘다. 춤에는 우아한 몸짓과 표정의 유희로 표현되는 어떤 줄거리가 깔려 있다. 하지만 이 독특한 춤이 묘사하는 것이 사랑 이야기나 전쟁에 관한 줄거리일 때도 춤을 추는 사람은 전부 여자다. 어떤 춤은 악기로 연주되는 음악 외에, 선율이 아름답고 말을 하는 듯한 방식으로 부르는 노래를 곁들이기도 한다. 몇 년 전 미국 여성에 의해 우아한 스커트 댄스가 개발되었고, 이어서 뱀춤이 등장했다. 이 두 춤은 센세이션을 일으켰고 지구를 한 바퀴 돌 정도로 유행했다. 기이하게도 이런 춤들은 조선에는 이미 수백 년 전부터 잘 알려져 있다. 서울의 기생들은 여기에 다양한 색으로 된 가볍고 주름이 풍부한 망사 옷을 여러 겹 입고는 아주 능숙하게 몸을 돌리고 휘감아 매력적인 효과를 불러일으킨다. 이 효과를 높이기 위해 전등 불빛도 빠지지 않는다. 조선 전국에서 가로등은 볼 수도 없고 당연히 가스도 전혀 알려져 있지 않지만, 왕은 자비를 들여 증기기관으로 돌아가는 전등 조명을 궁궐에 도입했는데, 전국에서 하나밖에 없다.

당연히 조선에서는 인쇄된 안내지나 연극 프로그램 같은 것이 없다. 하지만 관객에게 무희나 공연되는 춤의 이름을 알리기 위해, 기생들은 자신의 이름과 춤 이름이 쓰인 긴 비단 띠나 종이 띠를 허리띠에 달아 늘어뜨린다.

음악적 관점에서 볼 때 조선인은 중국인보다 훨씬 앞서 있고, 20년 전 일본인의 상황보다 나은 것처럼 보였다. 이런 점에서 보면 조선에 대해 지금까지 출간된 저작들은 조선인에게 매우 부당한 태도를 취하고 있는 셈이다. 아마도 이 저작들의 내용이 대부분 일본의 원전을 참고했기 때문일 것이다. 나는 조선에서 유럽의 악곡처럼 들리는 기악과 가요를 들었다. 물론 악보라는 것이 조선인의 손에 들어간 적이 없으니 그럴 리는 없지만 말이다. 하지만 신기하게도 음계는 우리의 것과 비슷하다. 조선의 오케스트라는 상당한 수의 악기로 구성되어 있다. 커다란 기타와 같은 거문고, 일종의 만돌린mandolin인 가야고, 25개의 현을 가진 하프의 일종인 슬, 그리고 다섯 줄로 되었고 바이올린 같은 소리를 내는 해금. 여기에 피리와 태평소, 고둥, 자바라 그리고 다양한 크기와 형태의 북들이 등장한다.

조선에서 유랑하는 이야기꾼과 광대들의 작품은 우리의 연극에 해당한다. 이들은 내가 카이로와 다마스커스에서 보았던 사람들과 비슷하다. 떠돌아다니는 가수들은 길가에 천막을 치거나 거리에 있는 집들 앞의 간이 지붕 아래 자리를 잡은 다음, 이야기나 광대놀이를 시작한다. 그러면 곧 관객들이 모여든다. 관객들에게는 그릇이 돌려지는데, 거기에 얼마나 많은 동전이 떨어지는가는 그들의 표현 기술에 달려 있다. 이들 중에는 진짜 예술가들이 많이 있다. 이들은 놀랄 만한 재능을 가지고 혼자 구성한 전체 드라마를 제공한다. 이들은 개별 인물들의 목소리와 말발굽 소리, 몽둥이로 때리는 소리, 총소리, 화살이나 총알이 날아가 맞는 소리 외에도 수천 가지 다양한 소리를 그대로 재현한다. 사이사이에 재치 있는 대목이나 익살스러운 장면, 다툼, 손기술 속임수가 선보인다. 수백 명의 연기자들이 조선의 이곳저곳을 떠돌면서 상당한 돈을 벌어들이고 있는데, 특히 명성을 얻게 되면 고급 관리나 부자들의 집에 불려가서 더 많은 돈을 벌 수 있다.

장기, 골패, 카드로 하는 온갖 노름이 엄청난 인기를 끌고 있다. 조선인들은 열정적인 노름꾼이며, 많은 사람들이 노름을 하면서 대부분의 시간을 보낸다. 궁궐의 경비실이나 내각 청사의 사무실, 사택이나 사원 그리고 거칠 것 없는 시골길에서조차 나는 가는 곳마다 — 항상 남자들인 — 조선인들이 파이프 담배를 피우며 노름을 하기 위해 모여 앉아 있는 모습을 보았다.

가난한 백성들의 집은 여럿이 모이기에는 너무 작고 어둡기 때문에, 이웃들은 좁은 골목길의 복판에 웅크린 채 땅바닥에서 노름을 한다. 가마를 타고 돌아다닐 때 나는 심심치 않게 그런 모습을 볼 수 있었는데, 나와 동행하던 포졸이 나를 위해 길을 터야 했다. 내가 지나가자마자 노름꾼들은 집이나 마당 주위에 다시 모여 앉아 노름을 했다. 이들이 얼마나 노름에 빠져 있었던지, 정부는 몇 년 전 카드놀이를 법적으로 금지해야만 했다. 하지만 비밀리에 혹은 밤이나 안개를 틈타 노름이 성행했기 때문에, 이를 완전히 단속하진 못했다. 조선의 카드는 내가 본 것 중에 아메리카 인디언의 가죽 카드 다음으로 독특하다. 길이는 14센티미터에 폭이 2센티미터 정도인 노랗고 두꺼운 기름종이로 된 이 카드에는 조선의 문자와 연속된 숫자가 쓰여 있다. 가장 널리 퍼져 있는 카드놀이는 투전이라고 불리는데, 이는 돈 싸움이란 뜻이다. 이 카드는 모두 60장으로 되어 있는데, 여섯 개 조로 나뉘어 있으며 각각의 조는 1부터 10까지의 숫자로 편성된 여섯 개의 다른 조가 있다. 참가자는 각각 세 장의 카드를 받으며, 이때 가장 높은 조와 가장 높은 숫자를 받은 사람이 이기게 된다. 다른 카드놀이도 있는데, 모두 80장의 카드로 되어 있고 수투전數鬪牋이라 불리며, 숫자–종이라는 뜻이다. 장기는 중국의 장기와 같고, 골패에서는 비교적 많은 수의 아주 작은 돌이 사용된다.

지체 높은 가문에서는 시를 짓거나 서화를 즐기는 등으로 시간을 소일한다. 조선으로 오는 중국 사신들에게 이 친필에 대한 열광은 대단한 골칫거리다. 이를 보고 우리 독일과 가까운 이웃 지역의 비슷한 상황을 떠올리지 않을 사람이 있을까? 다만 조선인들의 경우에는 호텔에 맡겼다가 다시 찾아가는 서명장(사인북) 같은 것이 없으며, 유럽에서 유명한 인사에게 보내곤 하는 작은 종이쪽지 같은 것도 없다. 해당자의 시문이 붓글씨로 커다란 전지에 쓰여, 주거 공간의 벽 장식으로 마치 그림처럼 걸린다. 이러한 관습은 중국과 일본에서도 일반적으로 통용된다.

중국 황제의 사신인 기영耆英은 1876년에 베이징에서 서울로 여행한 것을 다음과 같이 흥미롭게 묘사하고 있다.

> 서울에 도착한 날 나는 할 일이 무척 많았다. 학술원의 사람들이 나를 방문했는데, 이들 대부분은 친필과 시문을 요청했고 그 대신 자신들이 지은 시구를 선사했다. 나는 늦게야 휴식을 취할 수 있었는데, 흥분되고 무리했기 때문에 밤새 잠을 이루지 못했다.

베이징으로 돌아가는 길에 그는 최근에 중국과 일본 사이에 벌어진 전투◆로 잘 알려진 평양에 머물렀다. 사신은 또 이렇게 적고 있다.

> 그곳에서 나는 시를 지었고, 이 시의 운에 맞춰 전주라는 이름을 가진 평양부사가 다른 시를 지었다. 그는 이 시를 부채에 써서 내게 건네주었다. 나는 그에게 헌사하는 두 번째 시를 써서 그의 예의에 보답했다.

3일 후 이 외교관은 조선과 중국의 경계를 긋고 있고 최근에 자주 언급되는 압록강에 도착했다. 의주라는 도시에서 그는 왕의 형제로부터 그에게 헌정된 시 세 편을 받았다. 중국 사신은 계속해서 다음과 같이 적고 있다.

> 나는 이 시의 운을 사용해 세 편의 다른 시를 지어, 시를 가져온 전령을 통해 왕의 형제에게 돌려보냈다. 제포의 고급 관리는 난초 그림 두 장을 보냈다. 나는 이 난초와 관련된 내용의 시를 지어 그에게 보냈다. 다음 체류지에서 나의 조선 측 수행원인 이종부가 작별을 고하면서 세 편의 시문을 건넸다. 나는 그의 시와 같은 운을 사용해 세 편의 시를 써서 그에게 전했다.

이틀 동안 시 일곱 편을 지어야 했다니 얼마나 불쌍한 사람인가! 조선인들이 야외에서 즐기는 오락 중에 가장 인기 있는 것은 활쏘기다. 조선인들은 활을 아주 잘 쏜다. 중국에서와 비슷하게 조선 정부도 활쏘기를 장려하고 있다. 귀족들과 고급 관료들은 자신들의 집 정원에 있는 사격

◆ 청일전쟁을 말함.

장에서 연습을 하며, 때로 가장 유명한 궁사들의 대회를 열기도 한다. 이 나라의 유력 인사들에게는 휘하에 궁사들을 두는 것이 품격에 어울리는 일이다. 1년 중 특정한 시기에는 도시건 농촌이건 할 것 없이 온 나라에서 활쏘기 연습을 하는 것을 볼 수 있다. 조선인들은 권투나 격투기도 많이 한다. 이웃한 마을들은 자신들의 가장 노련한 선수들을 내보내 대결하도록 한다. 이 운동에 너무나도 열광한 나머지, 전 주민이 여기에 휩쓸려 들어가 심한 상처를 입거나 사상자가 생기기도 하는 유혈 패싸움이 되기도 한다. 대개 서울에서는 여러 도시의 '우승자들'이 격돌한다. 하지만 개별 가족이나 '파벌' 간의 다툼이 있을 경우에도, 늦가을이나 새해 첫 주에 이런 식으로 결판을 낸다. 때로 이들 간의 다툼은 아주 사소한 이유, 예를 들면 아이들끼리 치고받는 싸움이나 이웃 간의 말다툼에서 비롯된다. 그러면 이 싸움에 관련된 사람들 가운데 해당 '파벌'에서 싸움이 가능한 모든 남자들이 소집된다. 이들은 모두 어깨까지 내려오는 커다란 짚모자를 머리에 쓰고, 결투의 표시로 짚이나 잔가지 또는 종이로 된 띠로 이것을 다시 휘감는다. 이런 차림으로 이들은 성벽 바깥에 있는 너른 공터로 행진해 가서, 전열 앞으로 자신들의 가장 노련한 선수를 내보내며, 돌을 던지고, 교대로 상대편을 향해 돌진했다가 접전을 벌이지는 않고 다시 되돌아온다. 대개 양쪽 편에 몇십 명의 부상자가 발생하는 이 싸움은 해가 져야 끝이 난다.

이보다 평화스러운 오락은 종이연 날리기인데, 이 오락이 가장 광범위하게 퍼져 있는 시암이나 중국과 같은 형태로 이루어진다. 이 운동에서 즐거움을 찾는 것은 어린아이들뿐만이 아니다. 모든 나이의 남성들이 여기에 참여한다. 종이연은 질긴 기름종이로 만들어지며 매우 커서, 바람이 많이 부는 두 달간의 겨울에 이 연을 잡고 있으려면 남자 한 명,

아니 두 명이 온 힘을 쏟아야 할 정도다. 공중에서 다양하게 대형을 바꾸는 것이나 연들이 줄지어 나는 것, 높은 공중에서 연의 끈을 끊어버리는 것 등을 수많은 구경꾼들이 흥분하여 지켜보는데, 내기에 따라 상당한 액수의 돈이 다른 사람의 손으로 넘어간다.

  조선인들은 날짜를 일주일 단위로 나누는 방식을 모르기 때문에 일요일이라는 것이 없다. 그 대신 부처를 위한 연례 기념일이나 계절별 축제, 새해와 왕의 탄생일 등 국가 경축일이나 종교적 경축일이 있다. 부잣집이나 유력 인사의 집에서는 가족의 생일에 선물을 하고 잔치를 열어 축하하며, 가난한 집에서는 아버지의 생일만 챙긴다. 조선인의 삶에서 가장 큰 잔칫날은 환갑이라고 불리는 60회째 생일이다. 조선인은 중국인과 마찬가지로 이날을 삶의 전환이라고 생각한다. 자식들이나 친척들에게 이 잔칫날은 그다지 큰 즐거움을 주진 못한다. 이들에겐 값진 선물을 해야 할 의무가 있기 때문인데, 선물로 최우선적으로 고려되는 것은 비단옷이다. 그리고 나서 잔치와 연회, 음악회와 무도회를 열고 친구와 아는 사람들을 넉넉히 대접한다. 넉넉하게 대접한다는 말은 조선인들의 후한 대접과, (식탐까지는 아니라고 하더라도) 이들의 엄청난 식욕을 모르고서는 이해할 수 없다. 이웃들의 주린 배, 아니 전체 마을 사람들이 이날을 기다리며, 무위도식자, 부랑자, 온갖 종류의 기생충 같은 인간들이 배를 채우기 위해 이 기회를 놓치지 않는다. 보통 가정에서 자식들이 주머니를 탈탈 털어야 할 정도라면, 왕의 환갑잔치는 얼마나 화려할지 상상할 수 있다. 그러한 잔치는 조선으로서는 정말로 국가적 재난이다. 이미 고인이 된 왕의 어머니의 60회 생일잔치가 몇 년 전에 벌어졌다. 온 백성은 이 행사를 위해 기부금을 내야 했으며, 고급 관리와 공무원, 장교들은 값진 선물을 해야 했고, 관공서는 한동안 문을 닫았다.

그 대신 감옥 문이 열려 모든 죄수들의 죄가 사면되었다. 60회 생일이 정부 차원에서도 얼마나 대단한 행사인지는 다음과 같은 사실만 봐도 잘 알 수 있다. 죄수의 아버지가 환갑을 맞으면 죄수는 이 잔치에 '걸맞은' 축하를 하기 위해 감옥에서 나오는 것이 허락된다. 물론 잔치가 끝나면 죄수는 다시 감옥으로 돌아가야 한다.

조선의 지체 높은 사람들은 사냥을 운동이 아니라 하층 백성들의 생업의 일종으로 생각한다. 따라서 수렵권이나 금렵기 같은 것에 대해서는 당연히 아는 바가 없다. 누구나 마음대로 총을 쏘거나 사냥을 할 수 있다. 지금까지 유럽의 사냥꾼들이 인도나 아프리카를 찾아가는 대신 이처럼 야수가 많은 나라를 찾지 않았다는 것은 참 신기하다. 왜냐하면 조선은 가장 크고 강한 호랑이의 고향이기 때문이다. 특히 압록강 유역과 북쪽에 위치한 평안도와 함경도 지방에는 호랑이들이 엄청 많아서, 전문 사냥꾼들은 해마다 검고 긴 호랑이 가죽 수백 장을 원산과 평양의 시장에 가져온다. 하지만 중국 속담에는 이런 말이 있다.

조선인들은 1년의 반은 호랑이를 사냥하고, 반년은 호랑이에게 쫓긴다.

이것은 참으로 적절한 말이다. 왜냐하면 수백 명의 목숨이 매년 희생되고, 주민들이 호랑이를 피해서 살던 마을을 떠나야 하기 때문이다. 노루와 여우, 늑대와 같은 동물도 당연히 존재하며, 만주 국경 근방에는 검은 담비도 다수 출몰한다.

chapter 16
조선의 경축일

　　　　이미 말했듯이 조선에는 일요일이란 것이 없으며, 다양한 국가 경축일과 종교적 경축일로 이를 대체한다. 집안에서는 생일이나 결혼기념일이 휴일의 역할을 하는데, 이런 날에는 우리와 비슷하게 선물을 하고 식사를 하거나 여러 가지 오락을 하며 축하한다.

　해가 바뀌는 날은 온 백성이 특별히 화려하게 보낸다. 이날은 이웃 나라 중국과 마찬가지로 조선에서도 중요한 의미를 가지며, 비슷한 방식으로 이날을 축하한다. 한 해의 마지막 날 3일 전부터 다른 일들을 젖혀 놓고 축제 준비를 한다. 관공서와 법원은 문을 닫고, 공무원과 군인, 판사 등은 휴가를 받아 가족에게 돌아간다. 새로 체포되는 사람도 없고, 비교적 가벼운 죄를 짓고 감옥에 갇혀 있는 수감자는 새해를 가족과 함께 보낼 수 있도록 며칠 동안 석방되기도 한다! 상인들은 연말 결산을 하는데, 가장 아름다운 풍습 중의 하나는 새해가 밝기 전에 빚을 다 정산하는 것이다. 조선인들도 우리처럼 새해 아침에 친지와 윗사람에게 축하 인사를 건넨다. 다만 이러한 습속이 조선에서는 우리보다 훨씬 엄격하게 시행된다. 새해에 방문을 하지 않는 것은 친교를 끊겠다는 뜻이나 다름없다. 새해 첫날의 가장 중요한 행사는 조상의 신위와 선조의 무덤에 제사를 드리는 것이다. 똑바로 세워진 작은 신위 앞에 밥과 차, 쌀로 만든 술을 올리고, 향을 피우며, 정해진 횟수만큼 무릎을 꿇고 절하는 것은 모든 조선인들이 빠짐없이 해야 하는 의무다. 가족묘가 집에서 가까운 곳에 있으면 가족들은 모두 그리로 가 '고두'를 행해야 한다. 묘소를 찾는 일은 무슨 일이 있어도 첫 달이 가기 전에 해야 한다. 조상 성묘가 끝나면 비로소 본격적인 축제가 시작된다. 우선 새해 선물을 분배해 각각 상자에 담고, 가족과 친척, 친구에게 전한다. 이는 특히 높은 신분이면서 종가인 경우에는 비용이 많이 드는 일이다. 왜냐하면 이 선물에는 대개 새 옷과 신발, 모자, 장신구, 어린아이를 위한 장난감, 과자와 간식거리가 포함되기 때문이다. 이 모든 것은 우리 독일에서 행해지는 것과 동일하다. 새해의 첫 5일 동안 회식과 술자리, 음악이나 춤, 방문 등 이런저런 축하 행사가 꼬리를 물고 이어진다. 엿새째가 되어야 다시 업무가 시작되는데, 그래도 축제 분위기는 몇 주 동안 더 계속된다. 독특한 세시 풍속 중 하나는 집 앞에 작은 모닥불을 피워놓고 머리카락을 태우는 일이다. 1880년대에 출판된 조선에 관한 유일한 책◆에서 미국인 저자인 퍼시벌 로웰$^{Percival\ Lowell}$은 조선인들은 자른 머리카락을 1년 동안 조심스럽게 모았다가 신년 초에 불 속에 던진다고 설명하고 있다. 하지만 나는 정말 그런지는 확인하지 못했다. 우선 조선인들은 머리카락을 절대 자르지 않고 그냥 자라게 놔두며, 신년 초에 머리를 빗을 때 빠진 머리카락을 모아 불에 태울 뿐이다. 내가 어떤 조선인에게 이 기이한 습속의 의미에 대해 묻자, 그는 악취를 풍겨 나쁜 귀신을 집안에서 몰아내기 위한 것이라고 대답했다! 그 밖에도 1년 내내 미신적인 습속이 떠나

◆ 《내 기억 속의 조선, 조선 사람들 The Chosun, The Land of Morning Calm》.

지 않는다. 예를 들어 재수가 안 좋은 해를 맞이한 사람들은 첫째 달의 14일에 나쁜 귀신을 물리치기 위해 짚으로 인형을 만들어 자신의 옷을 입히고, 날이 어두워지면 이 인형을 길거리에 버린다. 그리고 자신은 이 날 밤 술을 마시며 보낸다. 조선에서 통용되고 있는 미신에 따르면, 밤 사이에 짚 인형에게 일어나는 모든 일은 과거의 자신에게 일어난 것이나 마찬가지다. 이런 식으로 조선인들은 운명 또는 나쁜 귀신을 속이는 것인데, 귀신이 짚 인형을 보고 그 사람으로 착각하도록 그럴싸하게 꾸민다. 반면 당사자는 새로운 옷을 입고 새 사람이 되어 귀신의 손을 빠져나가는 것이다.

첫째 달의 15일에도 비슷한 방식으로 귀신을 내쫓는데, 이를 '다리밟기'라고 부른다. 사람들은 술을 마시거나 주전부리를 먹으면서 거리를 돌아다니는데, 저녁에 달이 뜬 후에 일곱 개의 다리를 건너면 한 해 동안 사고 없이 지낼 수 있다고 믿는다.

조선인들의 매달 5일, 15일, 25일은 우리로 치면 금요일에 해당하는 날이다.◆ 이날 조선에서는 어떤 일도 새로 벌이지 않는다. 조선인들은 어떤 해를 불길하게 여겨서, 이때에는 옷과 음식, 새로운 사업 등과 관련된 것들을 특별히 조심한다.

둘째 달의 10일(독일식으로 2월 10일이 아니라 조선에서 사용하고 있는 중국식 시간 계산에 따른 것으로 대략 3월 중순쯤이 된다)은 집안 대청소의 날이다. 마치 1년 중 이날만 청소가 가능한 것처럼 서울 전역에서 먼지를 털고 닦으며 세탁을 한다. 조선인들은 그 외엔 청결 개념이 투철하지 않다. 이런 사정이니 일본이 자신들이 점령한 나라에 새로운 시간 계산법 대

◆ 정서 방향에 손 있는 날인 음력 5, 15, 25일을 가리키는 것으로 추정됨.

신 청소하는 날을 며칠 더 도입했더라면 좋았을 것이다.

둘째 달에 살아 있는 사람들의 집을 청소하는 날이 있다면, 셋째 달에는 죽은 자들의 집, 즉 무덤을 청소하는 날이 있다. 특정한 날 가족들은 커다랗고 아름다운 정원이나 공원 한가운데 있는 가족묘나 공동묘지로 가서 조상에게 제사를 드리고 묘비를 닦는다.

셋째 달의 3일은 봄의 시작으로, 우리의 오월제 첫날에 해당한다. 이날 조선인들은 성곽 밖으로 소풍을 나가 복숭아꽃이 피는 과수원을 방문하며, 자유로운 즐거움에 흠뻑 취한다. 당연히 먹고 마시는 일이 빠지지 않는다.

이와 비슷한 방식으로 넷째 달의 8일에도 축제가 열린다. 저녁이 되면 시내까지 다양한 색깔의 종이 등으로 빛을 밝힌다. 이 종이 등들이 다른 날에는 빛을 발하지 않는 것은 아주 유감스러운 일이다. 왜냐하면 조선에는 가로등이라는 게 없기 때문이다. 그래서 저녁에 거리로 나서려고 하면 등 운반인을 대동한다. 별이 빛나는 밤에 베가(거문고자리의 일등성)와 염소자리가 만나는 날에는 '사랑하는 별들의 축제'가 펼쳐지는데, 이날은 조선의 선남선녀가 특히 즐거워한다. 아이들은 화려한 종이쪽으로 장식된 긴 대나무 막대를 들고 돌아다니며, 엄청난 양의 단 음식, 특히 '붉은 밥'◆을 먹어치운다. '가키'◆◆와 '모치(찹쌀떡)'도 먹는데, 이 역시 쌀로 만들어지며, 삶은 쌀을 짓찧어 끈적끈적한 덩어리로 만들고 설탕과 양념으로 간을 한다. 나는 수도의 길거리나 시골 마을에서 자주 행상인을 만났는데, 이들은 우리 나라에서 터번을 두른 상인이 '(꿀

◆ 팥을 말함.
◆◆ 찰떡을 썰어놓은 가키모치.

을 바른) 터키 과자'를 팔듯이 모치를 판 위에 내놓았고, 몇 '냥'을 받고 손님에게 커다란 가위로 한 덩어리씩 잘라주었다.

조상들에게도 밥과 쌀로 만든 술 외에 여러 종류의 떡을 제사 음식으로 올리는데, 여덟째 달의 15일에는 특히 그랬다. 같은 시기에 왕의 생일도 끼어 있었다. 왕은 대신들과 외교관들에게 연회를 베풀고 부채를 선물로 주었다. 곧이어 여성의 목욕일이 따른다. 시골 도시와 마을에서는 결혼한 여자들과 처녀들이 모여 가까이 있는 강으로 가서 목욕을 한다. 나는 이와 비슷한 풍습을 튀니스와 트리폴리의 이슬람교도들 사이에서 보았다. 개혁을 시도하고 있는 일본인들이 만약 이처럼 목욕하는 날을 여러 날 훈령으로 정해놓는다면, 이 방향에서도 축복에 가득한 결과를 가져올 수 있을 것이다.

조선인들의 축제 가운데 가장 아름다운 것 중의 하나는 국화 축제다. 이 축제는 아마도 일본인들로부터 전해진 것 같은데, 조선인들은 자신들이 일본인에게 가르쳐준 것이라고 주장한다. 국화는 조선인들이 가장 좋아하는 꽃에 속하며, 귀족들이나 부자들은 대단한 정성과 사랑으로 이 꽃을 기른다. 국화는 대개 한 줄기에 한 송이의 꽃만 피기 때문에, 대단히 화려하고 엄청난 크기까지 자란다. 미국인들이나 최근 들어 우리 유럽인들이 개인적인 국화 전시회를 개최하듯이, 아홉째 달의 9일에 조선의 열정적인 화초 재배자들은 자신들의 꽃을 보여주기 위해 친구와 지인들을 초대한다.

열두째 달에는 '쥐불놀이' 축제가 있다. 어린아이들은 갈대나 짚을 꼬아 횃불을 만들고 이것으로 그루터기 논밭과 마른 수풀, 길을 따라 나 있는 잡초에 불을 놓는다. 쥐와 다른 야생동물을 은신처에서 몰아내고 다음 해에 좋은 수확을 얻기를 기원하는 것이다.

하지만 대규모 전투를 기념하는 날도 호전적인 조선인들에게는 큰 축제일인데, 특히 일본인들이 침략해왔을 때 이들에 대항해 이루어낸 승리를 기념하는 날은 특히 그러하다. 조선인에게 일본인은 가장 증오하는 민족이다. 일본인들이 예전에 전사한 조선인들에게서 베어낸 코와 귀를 묻은 거대한 무덤이 옛 수도인 교토에 있다고 하는데(나는 조선에서 일본으로 돌아가자마자 이를 직접 확인할 수 있었다) 이에 대한 증오심 때문인 것 같다. 그런데 지금 이들은 일본인들에게 무장을 갖춰 대등하게 싸울 수 없기 때문에 무력하게 분노를 속으로 삭이며 조상들의 승리를 기념한다.

chapter 17
서울 산책

──── 조선에서 서울은 프랑스의 파리와 같은 지위를 가지고 있다. 서울은 모든 정치적 삶과 국가적 삶 그리고 '유행'의 중심지다. 조선에도 유행을 선도하는 여인들이 있다. 물론 영국이나 우리와는 다른 복장이긴 하지만 하여튼 그런 여인들이 있는 것이다. 조선인들은 베이징의 유행을 따른다. 그곳에서 마음에 드는 것을 서울의 지체 높은 가문들이 모방한다. 다른 나라의 수도가 그런 것처럼 조선의 수도 역시 다른 지역보다 훨씬 고상한 분위기가 감돈다. 사람들은 다른 곳보다 옷을 더 잘 차려입기 때문에, 시골이나 지방 소도시에서 서울을 방문한 사람들은 왕의 거주지에서 점잖은 복장을 입어 남의 눈에 덜 띄기 위해 여기저기에 있는 전당포에서 도시풍의 옷과 모자를 빌린다.

서울엔 도대체 거리라고 할 만한 것이 없기 때문에 독일의 도시에서 볼 수 있는 '거리의 생활'에 대해 얘기할 만한 것이 없다. 도시 전체가 쉽게 빠져나올 수 없는 좁은 골목길이 미로처럼 얽혀 있는 것이다. 이 미로를 동에서 서로, 또 북에서 남으로 가르고 있는 두 개의 넓은 대로에는 노점과 한 면만 경사진 지붕, 상품 창고 등으로 빼곡히 들어차 있다. 산업의 발전은 아주 미미하고, 세련된 상점은 거의 없다. 거리의 한쪽 구석에 자리 잡은 허름한 상점들에서는 채소와 해조류, 날생선, 개고기, 그 밖의 조선식 별미를 판다. 50~70센티미터 정도 되는 돌같이 딱딱하게 굳은 생선도 산처럼 쌓여 있고, 쌀과 콩, 빨간 고추가 든 자루도 세워져 있으며, 표적지처럼 둥글게 원을 그리고 있는 작은 맷돌 형태의 빵도 있다. 우리 나라의 비교적 가난한 시민층에게 사랑받는 소시지와 치즈는 조선에 없다. 조선인들은 치즈를 전혀 모르고 소시지는 필요하지 않기 때문이다. 내장과 같은 별미를 그냥 먹거나 살짝 구워 먹는 마당에, 무엇하러 그것들을 잘게 다져서 소시지 껍질 속에 채워 넣겠는가?

나뭇단이나 채소 등을 등 뒤에 작은 산처럼 쌓아 나르는 짐꾼들이 무리를 지어 시장을 돌아다닌다. 이들은 중국인이나 일본인처럼 짐을 대나무 막대기에 걸어 어깨에 얹지 않고, 나무로 된 '등짐 바구니'를 등에 져 나르며 결코 머리에 이지 않는다. 때로 고급 관리나 지방 혹은 근방에서 온 귀족이 말을 타고 아라비아의 도시를 연상시키는 골목길의 미로를 통해 관공서로 가기도 한다. 그러면 일반 백성들은 공손히 자리를 비켜서는데, 누구 하나 고관을 감히 올려다보지 못하고, 앉아 있는 사람도 없다.

앞에서 언급했듯이 서울에는 항상 활기가 넘치는 두 거리가 있다. 이 두 거리가 만나는 교차로 주위는 서울뿐만 아니라 전국적인 상거래와 교역이 집중되는 곳이다. 항상 소란스러운 사람들로 북적이는 조합 사무소와 비단 시장, 종이 시장, 곡물 시장이 위치하고 있다. 또 여기는 독일에서 1년에 한 번 서는 연시[**]처럼 대개 일정한 수의 시장 노점이 있는데, 이곳에서 사람들은 30분 안에 조선의 온갖 소문을 접할 수 있다. 온 도시의 화젯거리, 궁정과 정부 부처 그리고 법정에서 일어난 일, 도시와 시골에서 일어난 사건, 출산과 결혼식, 임종 등이 사람들의 입에 오르내린다. 누군가 최신 소식을 알고자 하거나, 무엇인가를 빠르고 정확하게 전달하고자 한다면, 이곳의 아는 사람을 찾아갈 것이다. 12년 전에 조선이 외국과의 소통을 철저하게 금지하지 않았더라면, 아마도 '커다란 종에 매달다'*라는 우리의 속담은 서울에서 발원했을 것이라고 말할 수 있었을 것이다. 조선에는 신문이 없으며, 내가 아는 바로는 현대적인 인쇄기조차 전국에 단 한 대밖에 없다. 신문이라고 할 것도 없지만 그나마 이 이름에 부합하는 것은 오로지 매일 필요한 부수만큼 필사되어 배달되는 왕과 정부 부처의 전달 사항이다. 다른 방식으로 배포하는 것은 서울에서 불가능하다. 왜냐하면 조선에는 중국과 같이 제한된 정도로나마 기능하는 우편제도도 없기 때문이다. 우리의 우표 수집 앨범에서 볼 수 있는 조선의 우표는 1882년에 나온 것으로, 당시 개화당이 유럽식 모델을 본떠 우편제도를 도입하려는 시도를 했을 때였다. 그 당시 정부는 아름다운 우표를 인쇄하도록 했고, 첫 이틀 동안 47통의 편지가 조선의 우체국을 통해 배달되었다. 하지만 대신들이 연회 자리에서 암살당하면서 우편제도는 종말을 맞았다.** 그러나 남은 우표는 제물포에 있는 어떤 투기적인 유럽 회사에 몽땅 팔렸고, 비싼 금액에 우리의 우표 수집가들에게 넘겨졌으니 대단히 수지맞는 사업이었다. 앨범에 들어간 두 종류의 우표 외에 다른 세 종류의 우표도 완성되었지만 실제로 사용된 적은 없다. 빨간색과 파란색, 노란색, 초록색, 보라색 등 아름다운 색으로 화려하게 인쇄된 이 우표는 중앙에 조선을 상징하는 문양이 새겨져 있다.

* '무엇을 소문내다, 떠벌리다' 라는 뜻.
** 갑신정변을 말함.

그렇다면 조선의 외교관과 상인들은 편지를 어떻게 보내는 것일까? 조선의 유일한 우체국은 서울과 제물포, 부산 그리고 원산에 있는 일본의 우체국으로서, 일본의 영사관이 감독을 맡고 있다. 그 외에 중국 세관에 속한 우체국이 있는데, 여기서는 편지에 중국 세관의 수입인지를 붙여 상하이로 보내고, 여기서 다시 유럽의 우체국을 통해 다른 곳으로 배달된다. 조선의 내륙 도시로 가는 편지는 짐꾼이나 전령에 의해 주소로 배달된다.

전보제도 역시 외국 깃발 아래서 조선에 발을 들여놓을 수 있었다. 일본의 전신선이 서울에서 부산까지 이어져 있다. 서울과 주요 지방 도시를 잇는 전신선도 있다. 하지만 기차와 시내 전차 혹은 시시한 우편 마차도 조선의 처녀지를 밟은 적이 없다. 오늘날 이런 나라를 찾으려면 아프리카 깊숙한 곳까지 가야 할 것이다. 하지만 조선은 유럽 열강들이 무역협정을 체결한 나라이고 외교관들과 영사가 머물고 있는 나라가 아닌가! 이들이 지금까지 조선 정부에 관철시킨 것이 별로 없는 것은 과연 누구의 잘못인가?

우편제도와 마찬가지로 화폐제도에 대해서도 조선의 유일한 동전인 쇠와 구리로 된 구멍 뚫린 끔찍한 주화 외에 은전을 유통시키려는 새로운 시도가 행해졌다. 왕은 서울과 제물포에 화폐 주조 기관을 만들도록 했고, 비싼 기계를 설치하도록 했다. 두 명의 독일 기술자가 공사를 지휘했다. 첫 번째 은화가 유통되자 아무도 그것을 받으려 하지 않았다. 푸른 에나멜 자국이 중앙에 있는 얇은 원판 형태의 이 은화는 그 정도의 값어치밖에 없기는 했다. 화폐 주조 기관은 문을 닫았고, 멋진 기계들은 녹슨 채로 구석에 처박혀 있다. 현재 생산되고 있는 처참한 지경의 동전은 평양에서 나오고 있다. 무소불위의 권력을 휘두르고 있는 민씨 가문의 세 귀족 일당이 정부에 일정 금액을 지불함과 동시에 영향력 있는 관리들에게 뇌물을 건네주고 화폐 주조 독점권을 넘겨받았다. 수년 전부터 평양의 화폐 주조기는 수요가 있건 없건 쉬지 않고 돌아가고 있다. 그런 까닭에 조선의 '냥'은 심각한 가치 하락 상태에 있다.

  정부가 추진하는 모든 사업은 지지부진한 상태다. 왕에게 보고된 것 중 왕이 훌륭하다고 여기는 모든 일들은 대개 시작이 대단히 좋다. 하지만 그걸로 끝이다. 왕은 이런저런 훈령을 발표하고, 정부는 그에 필요한 자금을 지원한다. 그런데 이 돈은 슬그머니 관리들의 주머니 속으로 들어가버린다. 군사제도, 즉 대포와 새로운 무기를 조달하는 경우나 증기선 항로, 양잠 사업 등도 비슷한 일을 겪는다. 양잠 사업 같은 경우는 정부의 지원이 조금만 있어도 일본이나 중국에서와 같이 틀림없이 백성들의 수입 원천이 될 수 있을 것이다. 현재 조선의 유일한 양잠 사업가는 왕이다. 여기에 관여된 관리들이 너무 많이 착복하여 이 일 역시 시작만 하고 중단되는 사태가 생기지 않기를 바랄 뿐이다. 왕은 뽕나무를 키울 경작지를 마련하기 위해, 쓰지 않고 방치해 폐허나 다름없는 한 궁궐의 커다란 정원을 내놓았다. 나는 서울의 거리를 산책하다가 북서쪽 지역의 외국 공사관 건물 근처에서 활짝 열려 있는 엄청나게 큰 문을 만났는데, 문 안으로 넓게 펼쳐져 있는 뽕나무 재배지를 볼 수 있었다. 나와 내 동행인인 R 영사관이 들어가는데 아무도 말리는 사람이 없었다. 하지만 출입을 통제할 필요는 있을 것 같았다. 왜냐하면 어린 뽕나무들 사이에 인공적으로 파놓은 커다란 연못에서 조선 여인 몇이 거리낌 없이 목욕을 하고 있었기 때문이다. 아마도 이들은 이곳 왕의 정원에서 가족들의 더러워진 옷을 빨다가 그 와중에 목욕까지 할 생각이 든 것 같았다. 비누를 아직 모르는 이 나라에서 목욕은 아주 드문 행사다. 하지만 이 점은 꼭 짚고 넘어가야 할 것 같다. 목욕을 하고 있던 님프들은 그래도 예의라는 것을 알고 있어, 우리가 오는 것을 보았을 때 적어도 얼굴을 가릴 줄은 알았다.

정원은 완만한 경사를 이루며 펼쳐져 있고, 제일 위쪽에 왕이 거처하던 육중한 전각들이 서 있는 것이 보였다. 중앙에는 아름답게 곡선을 그리고 있는 이층 지붕을 가진 커다란 접견장이 있었는데, 새로 지어진 왕궁의 접견장과 유사했다. 접견장으로 올라가는 독특한 구조의 위풍당당한 계단은 커다란 흰색 대리석으로 만들어져 있었다. 약 10미터 넓이의 계단 양쪽 좌대 위에 호랑이 형상이 서 있었다. 계단 아래에서부터 위까지 놓여 있는 커다란 대리석 판이 중앙에 있어 통로를 둘로 나누었다. 이 판 위에는 왕의 위엄을 상징하는 두 마리의 용이 예술적인 감각으로 양각되어 있었다. 접견실의 엄청나게 큰 지붕을 굵은 기둥이 받치고 있었고, 그 사이에는 안쪽 면에 하얀 종이를 붙여놓은 문짝이 촘촘히 서 있었다. 이런 미닫이문 중 하나가 통째로 빠져 있어 이 열린 곳을 통해 들어갈 수 있었는데, 그곳은 누에고치가 가득 들어 있는 바구니들로 꽉 차 있었고, 온갖 오물로 뒤덮인 지저분한 바닥에서 조선인들이 쪼그리고 앉아 누에고치와 씨름하고 있었다. 한때 웅장했던 접견실은 완전히 황폐해져 있었다. 바닥의 벽돌판은 떨어져 나갔고, 벽에는 마구 낙서가 되어 있었으며, 종이 문의 종이가 해져 너덜너덜했다! 넓은 공간의 중앙에는 왕좌가 세워져 있었는데, 우리의 개념으로는 왕좌라기보다는 호화 침대에 가까웠고, 전체가 도색되고 조각된 나무로 만들어져 있었다. 전체 구도에서 이 왕좌는 말라카 반도의 수도인 조호르바루의 조호르 술탄이 앉는 왕좌를 떠올리게 했다. 왕좌를 떠받치고 있는 어른 키만 한 연단은 약 3~4제곱미터에 달하는 사각형 형태였으며, 발목 높이보다 높은 가파른 다섯 개의 계단으로 연결되어 있었다. 벽들은 나무로 아름답게 조각된 아라베스크 문양의 꽃을 모티프로 사용해 장식되어 있었다. 그 위에는 약간 작고 덧칠한 나무로 된 1피트 높이의 두 번째 연단이 있었는데, 이것이 왕의 자리였다. 20년 전에 일본이 그랬던 것처럼 조선에서는 의자란 것을 모르기 때문에 당연히 의자 형태의 왕좌도 없다. 미카도 제국의 예전 수도인 교토의 황궁에서 나는 조선의 왕좌와 비슷한 것을 보았는데, 다만 이처럼 바닥에서 높이 솟아 있지는 않았다. 흰색 비단으로 된 깔개가 놓여 있었고, 접견 시에 미카도는 그 위에 다리를 꼬고 앉았다. 여기서도 왕이 앉는 자리를 위해 깔개를 사용했을 것이다. 왜냐하면 여러 시간 동안 나무 바닥에 앉아 있는 것은 고역일 것이기 때문이다. 왕좌 위에는 투박하고 거칠게 도색된 네 개의 기둥이 떠받치는 천개天蓋가 있었다. 나무로 된 천개의 천장은 아름다운 나무 조각으로 장식되어 있었다. 분명한 사실은 조선인들이 채색 기술에서 일본만큼 많은 진보를 이루지 못했다는 것이다. 일본에서는 수백 년이 지나도 아름다운 색의 신선함과 광택이 남아 있는 반면, 조선에서는 모든 것의 색이 바랬다.

접견실 뒤쪽으로는 연꽃 덤불이 빽빽이 덮고 있는 연못이 담장에 둘러싸여 있었는데, 셀 수 없이 많은 개구리들이 엄청나게 큰 소리로 울어댔다. 시종장의 명령에 의해 상당한 수의 관리인이 배치되어 있음에도 불구하고, 연못과 그 뒤쪽의 정원까지 모두 황폐해져 있었다. 여러 전각 안에 위치한 왕의 개인 공간에 이르렀을 때, 수염은 없고 몸이 살찐 내시 한 명이 보였다. 이 하찮아 보이는 인물은 두 면이 열려 있는 거주 공간에서 몇 명의 신하와 함께 앉은 채 골패 놀이를 하고 있었는데, 우리가 왕의 거처에 들어가건 말건 신경 쓰지 않았다. 왕의 거처는 더더욱 흥미로웠는데, 왜냐하면 후궁의 거처를 방문하는 것은 내시를 제외하면 남자에게는 허용되어 있지 않기 때문이다. 독일어에서 내시를 가리키는 말 앞에는 남성 관사가 붙지만 여기서 내시는 남성에 속하지 않는 것으로 여겨진다. 조선 내시들의 성적 변화는 어릴 때 이루어지는데, 주요 부분을 말총으로 꽉 묶으면 그 부분이 차차 말라 죽어 떨어지게 된다. 기이하게도 이러한 처치가 동물에게는 행해지지 않고 사람에게 행해진다. 조선인들은 거세된 황소나 말이란 것을 모른다.

우리가 본 바에 따르면 왕의 개인 궁은 현재 독일 중산층의 비교적 부유한 가정이 거주하기에도 충분치 않을 것 같다. 그러니 조선의 궁정을 둘러싼 의식이 거창하긴 해도, 궁정이 고통을 당하는 것은 과도한 의식과 사치 때문인 것 같지는 않다. 장방형으로 지어진 건물은 덤불이 거칠고 무성하게 자라 있는 뜰을 둘러싸고 있었다. 우리는 건물의 앞쪽 긴 면을 통해 뜰 안으로 들어갔는데, 이곳은 단층 건물이었고 대개 하인들이 거주하는 10여 개의 작은 방들이 들어 있었다. 조선의 집들이 일반적으로 그렇듯이 방바닥을 노란 기름종이로 발랐으며, 방바닥 아래에 난방을 했다. 비누와 마찬가지로 벽난로 역시 조선에는 알려지지 않은 것에 속한다. 나머지 세 군데의 담은 일층 높이였다. 우리 정면으로는 정방형의 긴 면에 해당하는 뒷담 쪽으로 왕의 개인 거처가 있었다. 중앙에는 가구가 하나도 없는 작은 접견실이 있었는데, 바닥조차 군데군데 떨어져 나가고, 벽은 지저분했으며, 천장엔 구멍이 뚫려 있었다. 양쪽으로 두 개의 방이 있었는데, 하나는 왕의 침실이었고 다른 하나는 집무실이었다. 그런데 너무 좁고 불편해서, 유럽에서라면 체면을 약간이라도 가지고 있는 시종에게도 줄 수 없을 정도였다. 한쪽 구석에는 층계가 1.5피트쯤 되는 계단이 삐끗하면 목이라도 부러질 것같이 가파르게 위층으로 나 있었는데, 그 위에서 내가 발견한 좁고 천장이 낮은 공간들은 왕비와 그의 수하들이 거처하는 방이었다! 사람들은 크기가 문제가 되는 것은 아니라고 반박할지 모른다. 사실 그렇기도 하다. 1년 전쯤 나는 알람브라 궁에 있는 후궁들의 방을 황홀하게 돌아다녔는데, 그 방들 역시 그리 크지는 않았다. 나는 아랑후에스 왕궁에 있는 왕비의 드레스룸과 린다라야Lindaraja의 안마당◆을 둘러싸고 있는 한적한 방들도 둘러보았다. 모두 장식이 얼마나 아름답고, 얼마나 매혹적이고 시적인 분위기로 둘러싸여 있었는지 모른다! 이 먼 조선에서도 왕비의 방들은 그랬긴 했지만, 매력을 잃은 채 알람브라의 방들과 똑같이 황폐한 모습을 보여주었다. 그런데 이 황폐함이 알람브라에서는 일련의 점령과 침략 그리고 그 사이에 놓인 수백 년의 세월이 가져온 것이라면, 조선에서는 단지 몇 년 동안의 끝없는 무관심의 결과다!

그렇기는 해도 이 궁궐은 완전히 폐허로 내버려진 상태는 아니다. 조만간, 아마도 몇 년 혹은 몇 달 후에 다시 사용될지도 모른다. 그렇게 되면 일꾼들이 동원되어 1~2주일 사이에 모든 것을 다시 완전히 훌륭한 상태로 바꾸어놓을 것이다. 하지만 조선 전역에서 현재 있는 것을 보존하려는 노력은 전혀 찾아볼 수 없다. 이 점에서 조선은 중동에 있는 나라들과 비슷하다.

우리는 도심 깊숙이 위치한 왕이 거처하지 않는 두 번째 궁궐도 방문했다. 그곳의 퇴락 상태는 더 심하고 비참한 것 같았다. 어느 날 나는 청사 건물과 고위 관공서를 참관하고자 했다. 이 건물들은 모두 도시 중심에서 왕의 궁궐로 이어지는 넓은 대로 양편에 자리 잡고 있다. 물론 나는 왕이 일본의 침략 때문에 각 부서의 문서를 성곽으로 둘러싸여 철저

◆ 알람브라 궁전에 있는 정원으로 다라하 중정中庭이라고도 불린다.

히 방어되고 있는 궁궐 안으로 옮기도록 했다는 얘기와, 수도 남쪽에 야영하고 있는 일본 군대의 기습을 두려워한 대신들이 궁 안에서 집무를 보았다는 얘기를 전해 들었다. 그들의 두려움은 근거가 없진 않았다. 8월 초에 실제로 이러한 기습이 있었기 때문이다. 다만 이 기습은 청사를 목표로 한 것이 아니라 왕을 향한 것이었다. 청사로 가는 도중에 우리는 왕궁 입구의 양 옆에 진을 치고 있는 군대 막사를 지나갔다. 낮고 긴 건물이 이어져 있었는데, 검은 기와가 덮여 있는 이 건물들에는 작고 가로로 긴 종이 창문이 달려 있었다.

"저건 기마들이 있는 마구간인가 보군요?"

내가 동행인에게 물었다.

"아닙니다, 저게 청사랍니다" 하고 그는 대답했다.

우리는 열려 있는 첫 번째 문으로 들어갔다. 그곳의 작고 나지막한 공간들은 가구나 상자, 탁자, 종이 혹은 사무 시설이라고 할 만한 것이라곤 아무것도 없었다. 잉크와 펜이 없다는 것은 이해할 수 있는 일이다. 쓸 내용이 없기 때문이 아니라, 중국이나 일본 그리고 동아시아의 다른 나라들처럼 조선인들도 붓과 먹으로 글을 쓰기 때문이다.

"문서와 마찬가지로 집기들도 못된 일본인들이 가져갔나요?"

"아니요. 그런 건 없습니다. 청사는 언제나 이렇게 비어 있지요."

왕의 처소에서와 마찬가지로 청사에서도 길고 나지막한 앞 공간은 일반 관리들이 사용하는 곳이었고, 그 뒤쪽으로 왕의 접견장을 본떠 만든 단독으로 서 있는 작은 건물이 대신들이 쓰는 건물이었다. 이 접견장과 유사한 건물 중 첫 번째 것은 잠겨 있었다. 하지만 종이가 발라진 문살 사이로 간단히 손가락을 찔러 넣어 안을 들여다보았다. 안은 텅텅 빈 채 먼지만 쌓여, 거주하지 않는 왕궁과 마찬가지로 황폐했다. 다만 벽에는 왕과 조정을 칭송하는 글이나 속담, 지혜가 들어 있는 가르침과 같은 것이 쓰여 있는 전지가 걸려 있었다. 우리는 안마당에 생긴 물웅덩이와 진흙탕을 건너 다음번 청사로 갔다. 모두 똑같은 상태였다. 하지만 적어도 이곳에는 몇 명의 관리가 앉아 있었는데, 이들은 항상 써야 하는 검은 모자를 머리에 쓰고 있었고 멍석 위에 다리를 꼬고 앉아 담배를 피웠다. 그들 옆에는 종이도 몇 장 놓여 있었고, 담뱃대와 담배통도 보였다. 그곳은 재정을 담당하는 곳이었다. 나는 다른 청사 건물을 찾아가는 일은 그만두었다.

왕궁의 커다란 담은 서울에서 가장 아름답고 넓은 정원을 둘러싸고 있다. 그 뒤로 북한산의 암반으로 된 정상 쪽으로 경사를 이루며, 유일하게 건물이 들어서지 않은 대지가 자리를 차지하고 있다. 이 점에서 서울은 중국의 다른 도시들, 특히 베이징이나 난징과 같은 두 주요 도시와 구별된다. 이 도시들에서는 엄청나게 큰 성벽이 건물이 전혀 들어서 있지 않은 황량한 수백 헥타르의 땅을 둘러싸고 있다. 난징에서 나는 집 한 채 없는 황야를 몇 마일 동안 말을 타고 지나간 적이 있다. 이와 달리 서울에서는 위에 언급한 대지를 제외하고는 오래된 성곽 안에 집들이 꽉 들어차 있다. 성벽 바깥쪽으로는 집들이 오밀조밀 모여 있는 커다란 마을이 주로 강을 따라 형성되어 있다. 이곳과 도심 안쪽에는 튼튼한 다리들도 있다. 조선의 도시가 아니고는 그러한 다리를 찾아볼 수 없다. 다리들은 전부 돌로 만들어져 있다. 하지만 조선의 건축가들은 아치 형태를 만드는 기술을 배우지 못했기 때문에, 강바닥에 커다란 돌기둥을 세우고 이 위에 가능한 한 긴 돌판을 올려놓는다. 이 방법은 당연히 많은 기둥을 필요로 한다. 하지만 이를 위한 재료는 얼마든지 있다. 강이 너무 깊거나 협곡이 있는 경우에는 다리를 만들어놓지 않았다.

다행스럽게도 서울에는 아름다운 산책 장소가 아주 많이 있다. 다행스러운 이유는 도심의 좁고 지저분하고 혼잡한 거리가 더운 여름날이면 특히 후텁지근하고 악취가 나 도저히 참을 수가 없기 때문이다. 그 외에도 서울이라는 도시에는 색다른 흥밋거리가 아주 드물다. 집을 한 채 보면 모든 집을 다 본 것이나 마찬가지이고, 거리도 다들 비슷비슷하다. 중국이나 일본 혹은 인도의 도시들에서 볼 수 있는 시장과 상점은 이곳에 없다. 특히 중국의 도시에는 커다란 금색 글자가 쓰인 긴 간판이 지붕에 매달려 있고, 일본의 도시에는 화려한 색깔의 종이 초롱과 온갖 종류의 종이 장식이 집 앞에 걸려 있는 반면, 서울에서는 이러한 것을 전혀 볼 수 없다. 진흙 벽과 초가지붕, 드문드문 있는 몇 채의 기와집, 구역질나는 오물이 전부다. 일본의 도시에는 어둠이 찾아오면 수천 개의 종이 초롱이 빛을 발하고, 상점과 집에는 등불이 켜진다. 거리에는 가로등이 불을 밝히는데, 이미 여러 곳이 전등불로 되어 있다. 서울에 밤이 찾아오면 온 천지가 깜깜하고, 여기저기 겨우 희미한 불빛만 깜박거릴 뿐이다. 상황이 이러하니 거의 황량하다고 해야 할 한적한 거리를 걸을 때마다, 나는 두세 집 걸러 한 번씩 집 앞에 나와 멍석 위에서 자고 있는 사람에 걸려 넘어질 뻔했다. 달빛이 환하고 죽음 같은 적막이 깃들면, 거리에 꼼짝 않고 누워 있는 하얀 형상들로 가득 찬 이 도시는 시체가 즐비한 거대한 들판처럼 보인다.

물론 이 죽음의 적막이란 말이 밤늦은 시각까지는 들어맞지 않는다. 온 도시가 끊임없이 달가닥거리는 소리와 두드리는 소리, 북치는 소리로 넘쳐나기 때문이다. 이 소리는 때로는 강하고 때로는 약하게 들렸다가 완전히 들리지 않는 경우도 있는데, 그런 만큼 더 시끄럽게 다시 시작되고, 이러기를 몇 시간 동안 계속한다. 이방인은 조선의 소란스런 유령이 내는 이러한 소음을 전혀 이해할 수 없다. 이것은 남편의 노예나 다름없는 불쌍한 조선의 아내들이 남편의 옷을 두드리는 소리다. 사실 이런 식의 두들김을 받아 마땅한 것은 나태하고 아내를 모욕적으로 다루는 조선의 남편들이다. 이미 언급했듯이 조선인들은 비누란 것을 모르기 때문에, 흰옷을 세탁할 때 나무 방망이로 두드려 때를 뺀다. 하지만 불쌍한 아내들은 낮에는 온갖 집안일을 혼자 돌보느라 시간이 없기 때문에 밤에 빨래를 한다. 여름이나 겨울 할 것 없이 같은 옷을 입는데, 다만 추위가 찾아오면 이 옷에 솜을 누빈다. 부자들은 이 옷에 모피를 댄다. 조선인들은 자연과 대단히 친근한 사람들인데, 서울에서 이 자연은 더욱 특별한 아름다움을 보여준다. 북쪽에 위치해 있고 하늘로 솟아 있는 북한산의 바위, 숲이 울창한 남쪽 산인 남산의 비탈과 산줄기, 게다가 성곽조차도 대단히 매력적인 산책로를 제공하기 때문에 조선인들이 자주 찾는다. 그늘진 숲, 한적한 잔디밭, 자연적으로 흐르는 시내와 폭포수가 서울 주변에는 대단히 많다. 바로 이런 것들 때문에 나는 외국의 외교관들이 조선의 수도를 선호하는 것을 잘 이해할 수 있다. 아직까지 모든 것이 인간의 손이 닿지 않은 야생의 자연 그대로이고, 서울의 산들 위에서 유일하게 사람이 이루어놓은 것은 커다란 성곽뿐이다. 성곽 위를 산책하면서 서울 주민들의 다른 특성을 새로이 알게 되었다. 나는 성곽 위에서 담 뒤쪽으로, 대개는 나무 그늘이나 도랑 근처 이곳저곳에서 한 가족이 살고 있는 초라한 초가집들을 보았다. 많은 경우 그 집에는 보잘것없는 짚가리 위에 병자가 누워 있었다. 미국 사신단의 훌륭한 의사이자 조선을 잘 알고 있는 호러스 알렌Horace Newton Allen 박사가 나의 궁금증을 풀어주었다. 봄과 가을이 되면 도성 안에는 전염병의 성격을 지닌 열병이 발생하곤 한다. 누군가 이 병에 걸리면 그는 이웃에게 전염시키지 않도록 하기 위해 집에서 나와, 성곽을 따라 지어져 있는 이 초가집으로 거처를 옮긴다. 이곳에서 그는 가족의 보살핌을 받으며 다시 건강하게 되거나 죽을 때까지 누워 있게 된다.

　이러한 관점에서 보면 서울에 있는 일본인 거주자들은 형편이 나은 편이다. 이들에게는 병원과 훌륭한 의사들이 있다. 세 개의 조약 항**에서와 마찬가지로 수도 서울에서도 일본인들의 거주지가 모든 외국인 거주지 중에서 가장 튼튼하다. 남산의 북쪽 비탈에, 여러 번 습격을 받아 파괴되었지만 계속해서 다시 지어진 일본 공사관 주변으로 일본인들의 독립적인 공간이 있는데, 이곳은 조선의 도읍과 완전히 격리되어 있다. 이곳에 있는 호텔과 찻집, 상점 등은 그들의 고향에 있는 것과 똑같고, 조선인들과 활발한 교역이 이루어지면서 이 거주지는 점점 규모가 커지고 있다. 게다가 사진사도 한 명 이곳에 점포를 열었다. 일본 것이라면 무조건 반감을 가지고 있음에도 불구하고 이 유럽인의 발명품에 엄청난 흥미를 느낀 조선인들은 하나, 둘, 셋을 세면서 자신들과 아주 흡사한 그림을 종이에다 옮겨주는 이 마술사에게 기꺼이 발길을 옮긴다. 이 일본인 지구 바로 뒤쪽부터는 아름다운 소나무 숲이 시작되는데, 이 숲은 약 400미터 높이의 남산 정상까지 이어진다. 나는 그늘진 산길을 따라, 봉화를 올리는 이 유명한 산을 즐겨 올라갔다. 이곳은 아이 낳는 복을 받지 못한 조선 여인들이 찾는 곳이기도 하다. 조선에 그런 여자들이 있다는 사실이 나로서는 놀랍기만 하다. 오히려 나는 거리와 골목, 거름더미 위와 개천에서 실오라기 하나 걸치지 않은 아이들이 장난을 치고 있는 것을 보면서, 이 아이들이 쌍둥이나 세 쌍둥이로 태어났을 것이라는 생각을 했기 때문이다. 조선인들은 모이길 좋아한다. 남산 위의 우거진 수풀 사이에 숨어 있는 작은 암자는 하늘에서 복이 몇 배로 내리길

비는 데에 사용되는 것 같았다. 다른 측면에서 보면 조선인들은 종교 같은 것을 가지고 있지 않으며, 신의 존재에 신경 쓰지 않는다. 하지만 장난꾸러기 신 아모르(물론 다른 이름으로 불린다)는 이들에게서 환심 사는 방법을 알았다. 그래서 저 위에 있는 작은 암자가 아모르에게 바쳐진 것이다. 그가 수수방관하지 않고 그를 찾아오는 여인들이 마음속에 품고 있는 절실한 소원을 들어주길 바랄 뿐이다.

  그 근처의 가장 높은 능선에 조선에서 가장 흥미로운 장소 가운데 하나가 있다. 키 큰 나무들 아래에서 나는 대여섯 개의 열린 돌 화덕◆을 발견했는데, 이것들은 약 4피트 높이에 같은 넓이를 가지고 있었다. 내가 처음 방문했을 때 화덕 뒤의 오두막에서 한 명의 조선인이 마른 나뭇가지를 작은 단으로 묶어서 돌 화덕 위에 놓는 일을 하고 있었다. 이 돌 화덕을 무엇에 쓰느냐고 묻자, 내 동행인은 조선에는 태곳적부터 사용해 온 봉화 신호 체계가 아직도 있다고 설명해주었다. 날이 저물면 전국의 모든 지역에 있는 특정한 봉우리에 봉화 신호가 오르고, 이 신호는 번개처럼 빠른 속도로 수도까지 연달아 전해진다. 남산에 있는 신호수는 이 신호를 보고 자신도 단 위의 나뭇단에 불을 붙인다. 이로써 저 아래 궁궐에 있는 왕에게 나라가 평안한지 어떤지를 보고하는 것이다.

◆ 봉화대를 말함.

chapter 18
여성들의 삶

──── 이슬람교도들과 마찬가지로 조선 여성들은 사람들의 눈에 띄지 않게 집안 깊숙한 곳에 머물고, 가까운 친척들만이 이들에게 접근할 수 있다. 하지만 이 친척들도 실제로 그러는 경우는 많지 않다. 왜냐하면 여자들은 천한 존재이므로 그들과 대화하거나 소통하는 것은 품위 없는 행동이라고 생각하기 때문이다. 하층 백성의 경우에는 동방의 이슬람교도들과 마찬가지로 여성을 이처럼 엄격히 격리시킬 수가 없는데, 그 이유는 단지 여성이 집 안팎에서 모든 일을 다 해야 하기 때문이다. 그래서 이방인도 때때로 여성들을 관찰할 기회를 가진다.

나는 조선에서 여성이 한가롭게 있는 것을 본 적이 없으며, 남성과 함께 있는 것을 본 적도 없다. 남자들이 집 앞에서 잠을 자거나, 담배를 피우고, 노는 동안 여자들은 집 안이나 마당에서 쉬지 않고 일을 했다. 이들은 힘든 일도 척척 해냈다. 여자들은 끙끙거리며 우물에서 무거운 두레박으로 물을 퍼 올렸고, 요리를 했으며, 밭에서 일을 했고, 무거운 짐을 날랐다. 또 밤늦게까지 집에서 일을 했다. 내가 그렇게 아침 일찍 수도의 거리를 걷는데도, 조선의 여인들은 벌써 일하고 있었다.

내가 조선의 남쪽에 있는 항구인 부산을 통해 이 독특한 나라에 처음

발을 디뎠을 때, 빈둥거리는 조선인들 틈에서 젊고 아름다운 아가씨들을 보았다. 이들은 아주 친한 것처럼 행동했고, 자유롭게 돌아다녔으며, 자기들끼리는 물론 남자들과도 시시덕거렸다. 이들은 남자들처럼 흰 아마포로 된 길고 주름이 풍부한 옷을 입고 있었고 머리에는 아무것도 쓰지 않았다. 이 여인들은 예쁘고 신선한 얼굴과 등으로 흘러내린 길고 두텁게 땋은 머리 덕분에 금세 눈에 띄었다. 부산에서 나를 초대한 한 덴마크인에게 이 예쁜 아가씨들에 대해 묻자, 그는 흥겨운 얼굴로 웃으며 이렇게 말했다. "조선에 처음 온 사람은 항상 그런 질문을 하지요. 소녀처럼 보이는 이 아이들은 사실은 남자아이들이랍니다! 정말 아가씨들이라면 당신이 그렇게 쉽게 얼굴을 볼 수도 없어요!" 하지만 나는 여자들을 보긴 했다. 물론 살짝 훔쳐본 것이긴 했다. 왜냐하면 조선의 젊은 여인들은 남자가 보이면 비록 친척일지라도 얼굴을 가리고 숨기 때문이다. 그렇게 재빨리 숨어버렸음에도 대부분의 여자들이 아름답다는 것을 알 수 있었다. 이들은 거의 카프카스인과 같은 균형 잡힌 용모를 하고 있었고, 하얀 피부에 섬세하고 날씬한 몸매를 하고 있었다. 물론 옷 모양 때문에 바로 드러나지는 않지만 말이다. 일반 백성 출신의 여인들은 아마포로 된 넓고 주름 많은 바지를 입는데, 복숭아뼈 근처에서 바지를 묶고 있다. 바지 위에는 바지와 같은 색의 흰색 치마를 입는다. 하지만 이 치마는 허리께가 아니라 가슴 아래에서 꽉 조여진다. 어깨와 팔을 가리는 것은 짧은 흰색 웃옷으로, 겨드랑이까지 내려오고 가슴 쪽을 벌릴 수 있다. 이들은 하얀 양말을 신고, 뒤축이 없고 앞코는 위로 구부러진 중국식 모양새의 작은 신발을 신는다. 숱이 풍성한 검은 머리는 뒤쪽으로 빗질해 넘겨 목덜미 높이에서 묶은 다음 커다란 매듭을 만드는데, 이 매듭은 길이가 한 뼘 정도 되는 은비녀로 고정된다. 이 비녀와 손가락에 끼고 있는 두껍고 볼품없는 반지가 유일한 장식이다. 이들은 모자를 쓰지 않는다. 다만 밭에서 일할 때 햇볕이 너무 따가울 때에만 조선에서만 볼 수 있는 커다란 밀짚모자를 쓴다. 아시아 국가들에서 유럽의 문화적 영향은 대개 모자나 신발에서부터 알아볼 수 있다. 우리는 만국박람회에서 아랍인이나 페르시아인 혹은 인도인들이 번쩍이는 에나멜가죽으로 된 발목 장화를 신고 있거나, 중국인이나 시암인들이 단조로운 중산모자를 쓰고 있으면서도, 의상은 자기 나라 고유의 것을 입고 있는 경우를 이미 보았다. 그리고 이젠 의상의 경우에도 유럽풍의 유행이 유입되었다. 다행스럽게도 오직 조선만이 아직까지 유럽식 취향에서 멀리 떨어져 있다. 아직까지 조선의 백성 중 누구도 유럽식 옷을 걸쳐본 사람이 없다.

나는 도시에서 하층계급의 여인들이 시골 여인네들과 같은 옷을 입고 있는 것을 보았다. 거리로 나설 때면, 이들은 대개 옷 위에 붉은 소매가 달린 연두색 긴 망토를 걸친다. 하지만 어깨 위에 걸치는 것이 아니라 머리에 쓰는데, 이때 소매는 양쪽으로 늘어뜨리고 망토 깃은 얼굴의 대부분을 가린다. 더운 날에는 이 망토를 작은 사각형 모양으로 접어 머리 위에 얹는다. 도시로 오는 시골 여인들은 몸을 의지할 수 있는 지팡이를 항상 들고 다닌다. 어린 소녀들은 녹색 망토 대신 베일 같은 하얀 두건을 머리에 두르고, 아이들은 짧은 흰색 저고리 대신 대개 빨간색 한 가지로 된 비교적 긴 소매 저고리를 입는다. 꽃무늬나 다른 무늬가 새겨진 옷감을 나는 조선에서 본 적이 없으며, 가수나 무희도 화려한 색의 옷을 입지만 옷에 무늬가 그려진 것을 본 적이 없다. 조선의 여성복을 보고 그림 같다거나 아름답다고 말할 사람은 분명 아무도 없을 것이다. 조선의 여인들은 마치 아이들의 옷을 입고 있는 것처럼 보인다. 모든 옷이 너무 짧고 너무 꽉 끼며, 정말 보기 민망한 상황에서 끈으로 힘겹게 지탱된다.

조선의 남자들은 여자들에게 부드러운 태도를 보이지 않는 것은 말할 것도 없고 관심조차도 기울이지 않는 게 분명하다. 그렇지 않다면 여자들은 외모에 분명히 더 신경을 쓸 것이다. 하지만 누구를 위해서 그렇게 한단 말인가? 조선의 여자들은 아주 짧은 기간 동안 남자들의 노리개였다가, 나중에는 노예 상태가 된다. 여자아이들은 다른 자매들과 구별되기 위한 목적으로 이름을 부여받으며, 이 이름은 결혼할 때까지 유지된다. 하지만 이 이름은 부모와 친척들만이 알고 있다. 다른 사람들에게 이들은 '아무개의 딸' 또는 '아무개의 자매'라고 불린다. 결혼을 하고 나면 이 이름조차도 없어진다. 시집간 지방이나 지역의 이름이 곧 여자들의 이름이 되고 친부모도 그렇게 부른다. 아이가 생기면, 그때부터는 '아무개의 어머니'라고 불린다.

신분이 높은 상류층 집안의 아이들은 여덟 살이나 열 살이 되면 아들과 딸이 철저히 구분된다. 그전까지는 함께 어울려 놀지만, 그 이후에는 아들은 남자들이 머무르는 곳에서만 거주하고, 그곳에서 공부하고 먹고 잔다. 딸은 여자들이 머무는 공간에서 어머니와 함께 생활한다. 남자아이들은 여자들과 왕래하는 것이 부적절하다는 가르침을 받고, 여자아이들은 남자 앞에 모습을 드러내는 것이 명예를 더럽히는 것이라는 가르침을 받는다. 이로써 조선에서는 가족 간의 삶이라는 것이 불가능해진다. 유럽에서는 조선인의 풍속이 일본인의 풍속과 비슷하다고 믿는 사람이 많은데, 사실은 전혀 그렇지 않다. 남성과 여성이 서로 왕래하는 모습에서는 더더욱 그러하다. 일본에서는 남녀 간의 왕래가 더할 나위 없이 자유로운 반면, 동양에서 조선만큼 정숙한 여인들은 없다. 조선에서 상류층 남자는 부인과도 자주 왕래하지 않는다. 부부는 같은 지붕 아래서 살고 있을 뿐 지배적인 견해와 풍습에 따라 서로 떨어져 있다. 이슬람 국가에서처럼 남자들은 집의 가장 바깥쪽에 있는 공간에서 방문객이나 친구를 맞이하며, 여자들은 함부로 드나들 수 없다. 그 대신 남자도 여자들의 거처에 발을 들여놓아서는 안 된다. 이곳에서 여자들은 여자 손님을 맞이한다. 아주 제한된 거주 공간을 가지고 있는 일반 백성이 한가한 시간에 집에 있지 않고 거리에 나와 있는 이유는 바로 이러한 풍습 탓도 있다.

지체 높은 집안의 딸이 혼기가 차면 친척들조차도 가까이 볼 수가 없고, 오직 형제들만이 얼굴을 보고 말을 나눌 수 있다. 결혼 후에는 남편을 제외하고는 어떤 남자도 접근할 수 없다. 시집간 여자는 바로 자신의 집에 감금된 상황이 되는 것이다. 프랑스 선교사들이 보고하는 바에 따르면, 여자가 외간 남자와 정을 통하면 아주 엄하게 처벌된다. 아버지는 딸을 죽였고, 남편은 아내를 죽였다. 여성은 낯선 남자가 지나가면서 건드리기만 해도 자살을 하는 경우도 있었다. 하지만 많은 경우에 이러한 과장된 격리는 이것이 의도하고 있는 목적과 정반대되는 결과를 가져왔다. 연모하는 마음을 품은 남자가 지체 높은 여인의 집에 침입하게 되면, 이 여인은 소리를 지르거나 주목을 끄는 행위를 할 엄두를 낼 수가 없다. 왜냐하면 자신에게 죄가 있든 없든, 남자가 집에 들어왔다는 사실만으로도 이름을 더럽힌 것이나 마찬가지이기 때문이다. 여자들이 거주하는 곳은 법을 집행하는 사람조차도 들어설 수 없다. 그래서 추적을 당하는 처지에 있는 귀족들에게는 피난처가 된다. 다만 반란이나 대역죄의 경우 예외가 인정되며, 이 경우 모든 가족뿐 아니라 여자도 공범자로 여겨진다. 집에 찾아온 손님이나 떠돌아다니는 행상은 여인들의 거처로 향하는 문이 닫힐 때까지 밖에서 기다리다 집으로 들어선다. 만약 어떤 집주인이 지붕을 고치려 할 경우, 그는 우선 이웃들에게 이 사실을 알려 이웃집 규방의 문과 창문을 닫도록 준비시킨다.

그렇다면 신랑의 얼굴도 볼 수 없는데 혼기가 찬 아가씨는 어떻게 남편을 고를까? 조선에서는 결혼이 어떤 식으로 이루어질까? 신부가 될 처녀는 자신의 삶에서 가장 중요한 일인데도 한 마디도 의견을 낼 수 없으며, 신랑이 될 총각 역시 신부를 고르는 일에 아무런 영향력이 없다. 신랑의 아버지가 그를 위해 모든 일을 대신한다. 신랑의 아버지는 괜찮은 처녀의 아버지에게 연락을 취하고, 제3자가 혼인과 관련한 일을 진행한다. 그리고 점쟁이가 혼인을 위한 길한 날을 잡는다. 신랑은 이 모든 일에 아무런 의사도 밝힐 수 없지만, 장가를 가야 성인 남자로 취급받을 수 있기 때문에 매우 기뻐한다. 나이가 스물다섯 또는 서른이 되었는데도 결혼하지 않은 남자는 책임 능력이 없는 사람으로 여겨진다. 어떤 미친 짓을 해도 그에게 아무도 책임을 묻지 않으며, 사교 모임에 참석할 수도 없고, 공적인 사안에 대해 아무런 발언권이 없다. 하지만 열네 살이나 열다섯 살이라고 해도 장가를 갔다면 성인 남자로 취급받는다. 서울에서 나를 초대한 사람에게 하인이 한 명 있었는데, 그는 열다섯 살 먹은 청년임에도 벌써 결혼한 남자가 머리 위에 하는 독특한 묶음(상투)을 하고 있었다. 서울에 있는 독일 부영사의 시종도 이제 막 열네 살이 되었는데 벌써 장가든 몸이었다. 이 같은 독특한 상황은 사회에도 막대한 손해를 끼치고 있는데, 곧 중단될 처지에 있다. 일본은 조선 왕에게 강요해, 남자의 결혼 연령을 스무 살로, 여자는 열여섯 살로 정하는 포고를 내리도록 했다.

결혼하지 않은 남자는 모자를 쓸 수 없으며 머리를 길게 땋아 등 뒤로 늘어뜨리도록 하는데, 서른 살의 수염난 남자가 이러한 모습을 하고 있는 것은 정말 기이하게 보인다. 결혼을 해야 남자는 땋은 머리를 엄지손가락 길이만 한 상투를 틀어 정수리 위에 올리는데, 이는 조선에서는 소위 결혼반지라 할 수 있다. 이 상투는 결혼한 남자의 표식이다. 상투를 올리는 습속은 왕가의 궁정에서도 행해지고 있다. 1892년 궁정에서 성대한 연회가 열렸는데, 왕의 둘째 아들은 총각이라 규정상 연회에 참석할 수 없었다. 나는 1892년 8월 24일자 조선 관보에서 다음과 같은 임금의 칙령을 발견했다.

> 전하께서는 왕자인 의화군이 궁정 연회에 참석할 수 있도록 하기 위해, 결혼 전이지만 상투를 틀고 관을 얹는 의식을 거행하도록 승인하셨다.

결혼은 평생을 함께하기로 하고 맺어진다. 그렇지만 남편은 아내를 내쫓을 수 있다. 하지만 그 아내가 살아 있는 동안에는 다시 결혼할 수 없다. 그 대신 그는 먹여 살릴 능력만 된다면 첩을 자유로이 둘 수 있다. 남성과의 관계에서 조선의 여성들 또는 미망인들은 아주 조심해야 한다. 왜냐하면 남자가 어떤 여자와 애정 관계에 있다는 것을 입증할 수 있으면, 그 여자는 그 남자의 법적인 재산이 되기 때문이다. 만약 이 남자가 그녀를 소유하고자 할 경우 부모조차도 딸을 데려갈 수 없다. 이 여자가 도망을 갈 경우, 남자는 그녀를 강제로 다시 집으로 데려와도 된다. 여자는 남편에 대한 정절을 절대 저버려서는 안 된다. 하지만 남자에게는 정절이 요구되거나 기대되지 않는다. 지체 높은 집안의 어린 신랑은 대개 신부 집에서 3일이나 4일만 보낸다. 그러고 나면 그는 자신이 아내를 그다지 사랑하지 않는다는 것을 증명하기 위해 오랜 기간 아내와 떨어져 지낸다. 예법에 따라 신부는 일종의 미망인과 같은 생활을 하는 반면, 남편은 한가한 시간을 첩들과 함께 보낸다. 조선의 고상한 사회적 관념에 따르면 위와 같이 행동하지 않는 것은 몰취미한 짓이다. 아내에 대해 애정이 없는 듯한 무관심이 어느 정도인지는 아내가 죽었을 때 눈물을 흘리는 남자들이 사회에서 조롱거리가 된다는 사실에서 알 수 있다! 조선의 여인들은 대체로 이러한 대접을 놀라울 정도의 인내심과 체념을 가지고 견뎌낸다. 왜냐하면 여자들은 자신이 처한 상황보다 더 나은 결혼 관계를 알지 못하기 때문이다. 그럼에도 남편의 곁을 떠나는 여인이 없는 것은 아니다. 이처럼 아내가 남편에게 정절을 지키지 않거나 친정으로 돌아가기 위해 남편의 집을 떠나는 경우, 남편은 아내를 재판관에게 데려가 형벌을 받도록 할 수 있다. 이 경우 대개 노처럼 생긴 방망이로 엉덩이에 곤장을 몇 대 맞는다. 그러고 나서 남편은 아내를 자신이 부리는 관리나 시종에게 첩으로 줄 수 있다.

 남자의 법적인 아내는 비록 낮은 계층 출신이라 하더라도 남자의 사회적 지위나 신분을 따르게 된다. 귀족과 결혼한 여자는 귀족 대접을 받으며, 이들 사이에서 낳은 아이들 역시 아버지의 신분을 이어받는다. 형제가 둘인 집에서 큰아들이 동생의 아내인 제수씨의 조카와 결혼하면 두 여자의 친척 관계가 바뀌게 된다. 결혼하는 순간 조카는 자신의 아주머니의 손위동서가 되는 것이다. 이는 조선뿐만 아니라 동아시아의 모든 나라에서 이들의 지위와 관련하여 아주 중요한 의미를 가진다. 미풍양속에 따르면 미망인과 결혼하는 것은 금지되어 있다. 왜냐하면 상류사회 사람들은 남편이 아무리 부정하고 애정이 없더라도 과부가 된 여인이 이 남편을 평생 애도하며 살기를 기대하기 때문이다. 그럼에도 불구하고 과부가 다시 결혼하여 낳은 아이들은 사생아 취급을 받는다. 신분이 높은 가문의 미망인은 아무리 젊고 예쁘고 탐내는 사람이 많아도 절대로 새로운 남편을 만날 수 없다. 조선인처럼 정열적인 민족에게 이처럼 독특한 정황은 아주 방종한 도덕적 상황을 초래한다. 혼자 된 여인들은 대개 자신을 맞아들일 마음이 있는 남자의 첩이 된다. 이들이 제대로 된 남편을 맞고 싶은 마음을 가지고 있음에도 불구하고, 이들을 간계와 힘으로 소유하려는 대담한 남정네들에게 희생되는 경우가 자주 있다. 왜냐하면 이런 남자들은 과부가 무방비 상태라는 것을 알고 있기 때문이다. 따라서 젊은 과부가 남편이 죽은 뒤에 자살을 택하여, 죽은 남편에 대한 자신의 정절을 밝히고 방자한 호색한으로 인해 조만간 닥치게 될 불명예를 피하는 일이 드물지 않다. 죽음을 택하는 과부는 나중에 정절의 모범으로 존경을 받는다. 나는 관보에서 왕이 열녀들을 기념하기 위해 기념비나 열녀문 혹은 절을 짓도록 명령하는 칙령을 많이 발견했다. 가톨릭 선교사들이 추기경에게 보내는 보고문에서도, 나는 과부가 대담한 침입자에 의해 정절을 잃을지 모르는 위험에 처할 경우 자살해도 좋다는 허락을 선교사에게 구하는 경우가 소개되어 있는 것을 발견했다. 선교사들은 여인들에게 기독교는 자살을 허용하지 않는다는 것을 설득하기 위해 갖은 애를 써야 했다. 가장 흔히 사용되는 자살 방법은 은장도 자살이라 하는데, 이는 경정맥을 끊는 방법이다.

이처럼 비참한 상황을 끝내기 위해 일본은 몇 주 전에 조선의 왕에게 혼자 된 여인이 혼자 된 남자와 재혼할 수 있도록 법적으로 허용할 것을 권유했다. 덧붙여 말하자면 하층계급에서는 재혼이 이미 오래전부터 이루어지고 있었다. 궁한 상황에서는 법도 소용없는 것이다. 자신을 먹여 살리던 남편을 잃은 가난한 과부에게 두 번째 남편을 얻는다는 것은 굶어 죽지 않아도 된다는 의미다.

chapter 19
교육제도와 지리인식

---- 중국이 아닌 다른 민족을 이웃으로 두었더라면 오늘날 조선인들은 기본 교양과 교육에서 지금보다 훨씬 나았을 것이다. 이 나라는 수천 년 동안 오직 중국하고만 밀접한 관계를 유지해왔는데, 거대한 중국 제국은 조선인들의 정신적인 발전에 결정적인 역할을 했다. 중국에서는 옛 경전을 연구하고 아는 것 그리고 수백 년이나 된 오래된 저작들이 아직도 학식의 최종적 권위로 여겨지는데, 조선의 사정도 이와 마찬가지다. 자신들의 언어와 문학에 대한 연구나 지리와 자연에 대한 지식은 완전히 경시되고 있다. 동아시아에서 유럽의 중세적 상황과 유사한 점들이 많이 발견되는 것과 마찬가지로, '고요한 아침의 나라'가 지금 처해 있는 문화적 상황은 우리가 겪었던 중세의 문화적 상황을 떠올리게 한다. 실론◆의 동쪽에 위치한 나라들을 여행하면서 나는 우리와 지구 정반대에 있는 곳으로 공간적인 여행을 떠난 것이 아니라, 몇백 년 전의 조상들에게로 시간 여행을 떠난 것 같다는 생각이 들었는데, 문화적인 상황으로 보자면 이 조상들 역시 우리와 정반대에 있다고 해도 틀린 말

◆ 현재의 스리랑카.

은 아닐 것이다. 당시에 라틴어와 오래된 법전의 연구가 일반적이었던 것처럼, 조선에서는 동양의 라틴어인 중국어와 중국의 지혜를 탐구하는 것이 보편화되어 있다. 하지만 이때에도 조선의 '학자'들은 현재 수많은 중국인들이 사용하고 있는 중국어, 즉 현대의 공용어를 쓰는 것이 아니라, 중국인들이 전혀 발음할 수도 없고 말해온 적도 없는, 왜곡되고 장식이 많으며 부자연스러운 문어文語를 쓴다. 그래서 이 글은 눈으로 읽는 것이 아니라 생각으로 읽어야 한다. 이처럼 전혀 불가능한 언어로 조선인들은 문집을 쓰고, 이 문집을 중국의 옛 현인들의 말과 역사적인 예들, 속담, 선례로 가득 채우는데, 이를 이해하는 사람은 아무도 없다. 시험관조차도 이를 이해하지 못하는데, 이렇게 이해하기 어려운 글일수록 사람들은 글을 쓴 사람을 대단하게 여긴다. 이런 상황에서 어찌 우리와 아주 가까이 있는 나라들의 상황을 떠올리지 않을 수 있으며, 가능한 한 억지스럽게 꾸민 문체와 이해할 수 없는 표현을 일삼는 인간들을 떠올리지 않을 수 있겠는가? 우리 자신의 학자들 가운데에도 여전히 조선의 일부분이라 할 수 있는 점이 여기저기에 있는 것이다.

 조선의 하늘과 자연 그리고 철학과 역사는 공자 시대의 그것이며, 교양 있는 조선인들도 중국인과 마찬가지로 야만적 기독교도와 그들의 지식 그리고 세계관을 한없이 깔보고 있다. 일본인들 역시 예전에는 중국의 지혜를 조선인을 통해 전수받았다. 조선인이 다리 역할을 했던 것이다. 하지만 일본인은 중국식 문화와 오래전에 결별하고 자유롭게 발전한 반면, 조선의 지식은 옛 중국의 늪에 빠져 헤어나지 못했다. 게다가 중국의 문화를 알아야 관리직이나 장교직으로 나아갈 수 있기 때문에, 정부는 이 문화적 지식을 지원하는 것이나 다름없다. 여러 가지 면에서 중국도 이와 다르지 않다.

물론 학교나 부유한 집안의 가정에서는 아이들에게 25개의 철자로 구성된 간단한 조선식 알파벳을 가르치고, 여기에 190개에 달하는 기본 음절과 중요한 중국 문자에 대한 공부를 하게 한다. 이슬람 국가들과 마찬가지로 조선에서도 아이들은 교사를 둘러싸고 바닥에 쪼그려 앉는다. 아이들은 교사가 읽는 것을 따라 외치는데, 소리가 크면 클수록 좋다. 동시에 아이들은 붓과 먹을 사용하는 법을 익히고, 이것으로 조선과 중국의 문자를 따라 적는다. 조선인들은 읽기 좋게 쓰인 필체를 아주 높이 평가하며, 상당수의 국민이 글자를 쓸 줄 아는데, 이는 예를 들어 이탈리아보다 훨씬 높은 비율이다. 산수 과목의 경우 아이들은 '구구' 단과 계산법을 배운다. 하지만 암산을 하는 것이 아니라 전판의 손이나 밀 수 있는 알들이 달려 있는 계산판(주판)을 사용하는데, 이 도구는 중국과 일본뿐만 아니라 아시아 어느 곳에서나 사용하며, 사람들은 평생 동안 이 도구와 함께한다. 심지어 많은 유럽인들도 계산을 게으르게 만드는 이 도구에 너무나 익숙해진 나머지 이것 없이는 살 수 없을 정도다. 조선 백성의 대부분은 남자나 여자 할 것 없이 이 정도의 지식을 배우는 것이 교육의 전부다. 이들의 단순한 삶에서 생기는 일반적인 필요를 위해서는 이 정도로 충분한 것이다. 왜냐하면 (조선의 문자로) 편지를 쓰는 것과, 조선에서 편찬되거나 인쇄되고 있는 역사서나 소설책을 읽는 데는 이 정도의 교육만 받으면 가능하기 때문이다.

관리직에 뜻을 두고 있는 젊은이들은 사정이 다르다. 이들은 '큰 글[漢 치]', 즉 중국 문자를 공부하기 시작한다. 이를 위한 독자적 교과서가 있는데, 이 책들엔 중국 글자와 조선 글자가 실려 있고, 글자 옆에 중국식 발음과 조선식 발음이 큰 글씨로 쓰여 있다. 그러니까 이상하게도 한 음절이나 한 단어를 의미하는 같은 글자가 조선과 중국에서는 서로 다르게 발음되는 것이다. 학생들이 글자를 다 쓸 줄 알면 중국의 오래된 판례들이 설명되며, 역사적 주제에 대한 에세이와 시 같은 것을 쓰는 숙제가 주어진다. 수학과 지리학은 부수적이며, 국가시험을 치르는 데 다른 학문은 불필요하다. 아직도 조선인들은 고대의 그리스인처럼 지구가 평평한 판이라고 믿고 있다. 나는 서울에 올 때 아주 특이한 지도를 가지고 왔다. 조선인들이 내게 확인해준 바에 따르면, 이 지도는 중국에서 온 것이 아니라 조선에서 나온 것으로 지리 수업의 기초로 사용되고 있다. 지도의 중앙에 커다란 섬 같은 구대륙이 북아메리카와 남아메리카로 둘러싸여 있는데, 이 신대륙은 지구판의 가장자리까지 뻗어 있고, 이 끝에서 세계는 '영원'으로 넘어간다. 아마도 이들은 아메리카 대륙의 존재에 대한 지식을 아메리카인들이 조선에 상륙하면서 얻게 된 것이 아니라, 우리보다 아메리카의 존재를 먼저 알고 있었던 중국인들로부터 얻은 것 같다. 하지만 시카고 주변에서 마치 엄청난 다이너마이트 폭발이라도 일어나 대륙이 두 부분으로 갈라진 게 틀림없다. 왜냐하면 커다란 바다들이 널 따란 운하 하나로 태평양과 연결되어 있기 때문이다. 이 점에서 조선인들은 예외적으로 시대를 앞서 있는 반면, 다른 점에서는 수백 년 뒤져 있다. 하지만 다음 세기에 아메리카인들이 무슨 일을 벌일지 누가 알겠는가? 만약 그렇다면 결국 조선의 지도가 맞는 것이 될 수도 있을 것이다.

오스트레일리아를 제외하고는 다른 대륙들도 이 지도에 들어 있다. 약간 혼란스럽게 섞여 있긴 하지만 개별 나라들도 직사각형 형태 속에 조선 글자로 표시되어 있다. 당연히 중국과 조선은 지구의 중심을 차지하고 있다. 중국은 '중앙의 제국'이 아닌가! 북쪽으로는 '한밤의 제국'인 러시아가 뻗어 있고, 조선의 서쪽으로는 중국이 놓여 있는데, 마치 벵골 만처럼 넓게 그려져 있는 양쯔 강에 의해 두 부분으로 나뉘어 있다. 일본은 당연히 조선보다 작게 나와 있다. 나는 사각형 위에 쓰여 있는 것을 번역해달라고 부탁했는데, 그렇게 해서 얻은 것은 기이한 명칭들을 조합해놓은 것이다. 이 이름들 가운데 실제 나라 이름은 중국과 일본 그리고 만주 셋뿐이었다. 다른 이름은 모두 조선인이 각각의 나라에 살고 있는 사람들에 대해 자신들이 생각하는 속성을 지칭하는 것처럼 보였다. 예를 들어 영국을 가리키는 사각형에는 '소의 입 같은', '하얀', '상업에 종사하는'이란 세 가지 표시가 되어 있는데, 이를 합하면 '소 같은 입을 가진 하얀 상인'이란 뜻이 된다. 영국인들은 아마도 조선인들이 자신들에 대해 품고 있는 생각에 감사할 것이다. 조선인들 생각에 독일이 위치한 곳에는 사각형에 '허리가 없는', '완벽한 여성'이란 표시가 되어 있다. 우리 남성은 전혀 고려의 대상이 되지 못하고 있지만, 그래도 지독하게 여성을 업신여기는 조선 남자들이 우리의 여성들에게 바치는 이 칭찬은 기꺼이 받아들이겠다. 그러니 만족하도록 하자. '허리가 없는'이란 말이 무엇을 의미하는지 내가 묻자, 독일 여자들은 허리를 너무나도 꽉 '동여매는' 풍속이 있어 상체와 하체 두 부분으로 나누어진 것처럼 보인다는 대답이 돌아왔다. 조선의 이 다재다능한 사람들은 도대체 어디서 이 옷차림의 비밀을 알게 된 것일까? 내가 아는 한 조선에 와본 독일 여자는 여태까지 한 명도 없었다. 이들은 아마도 '허리가 없는'이란 말을 프랑스 여자와 연관시킨 것 같다. '재기발랄한 혀'라는 말이 쓰여 있는 사각형은 특이하게 '북녘의 오로라'가 비치고 있는 북유럽을 지칭하고 있고, '깃털이 있는'이란 사각형은 슈트라우스의 고향(오스트리아)을, '거대함', '회색', '검은 발'이라는 말은 북아메리카의 북부를 가리키고 있다. '거대함'은 바위로 이루어진 산맥을, '회색'은 잿빛 곰을, '검은 발'은 인디언을 가리키는 것으로 보인다. 그런데 내가 캐나다를 여행하는 중에 어시니보인족*의 구역과 서스캐처원**에서 실제로 '검은 발'이란 이름을 지닌 커다란 인디언 부족을 본 적이 있었다.*** 이건 순전히 우연의 일치일까? 다른 명칭 가운데 주목할 만한 것으로는 '날개 달린 민족', '팔이 하나인', '다리가 하나인', '머리가 셋 달린', '두 명의 바보', '내장이 없는', '시끄러운 민족', '여성 궁사', '비루한 민족', '방랑하는 악마' 등이 있다. 따라서 이 지도는 사실 인종학적 지도인 셈이다. 어쨌거나 이 지도는 흥미롭다. 왜냐하면 이 지도는 10년 전까지만 해도 외국과 어떤 교류도 없이 철저히 고립된 조선인들의 인식을 보여주기 때문이다. 조선의 외교관들조차도 특별히 지리적 지식을 가지고 있는 것 같지 않았으며, 조선의 왕은 유럽의 대사들을 접견할 때 '프랑스 왕비'나 '영국 왕'이 존재하는지 묻는 일도 있었다.

대개 왕이 앉아 있는 자리에서 치러지는 국가시험에 사람들은 이러한 지식으로 무장한 채 응시한다. 하지만 국가에서 운영하는 학교에서 더 높은 '학문' 연구에 뜻을 둔 소수의 사람들도 있는데, 이 학교에서 학생들은 수업과 교재 그리고 많은 경우 급식까지 무료로 제공받는다. 학문 교육을 위한 여덟 개의 학교는 소위 조선의 대학이다. 천문학과 점성술을 위한 학교에서는 왕에게 예언을 해주는 일에 종사하는 천문학자를 양성한다. 의학 학교(여덟 개 학교 중에서 가장 우수하다)에서는 의사를 양성한다. 기록 서류를 위한 학교에서는 기록을 정리 정돈하고 베이징에 해야 할 보고를 준비하는 일을 맡는다. 설계와 지도를 위한 학교에서는

---

* 미국 몬태나 주 북동부와 캐나다 인접 지역에 사는 인디언.
** 캐나다 남서부의 주.
*** 헤세-바르텍,《캐나다와 뉴펀들랜드》, 프라이부르크: 헤르더 출판사, 1888 참조. —지은이

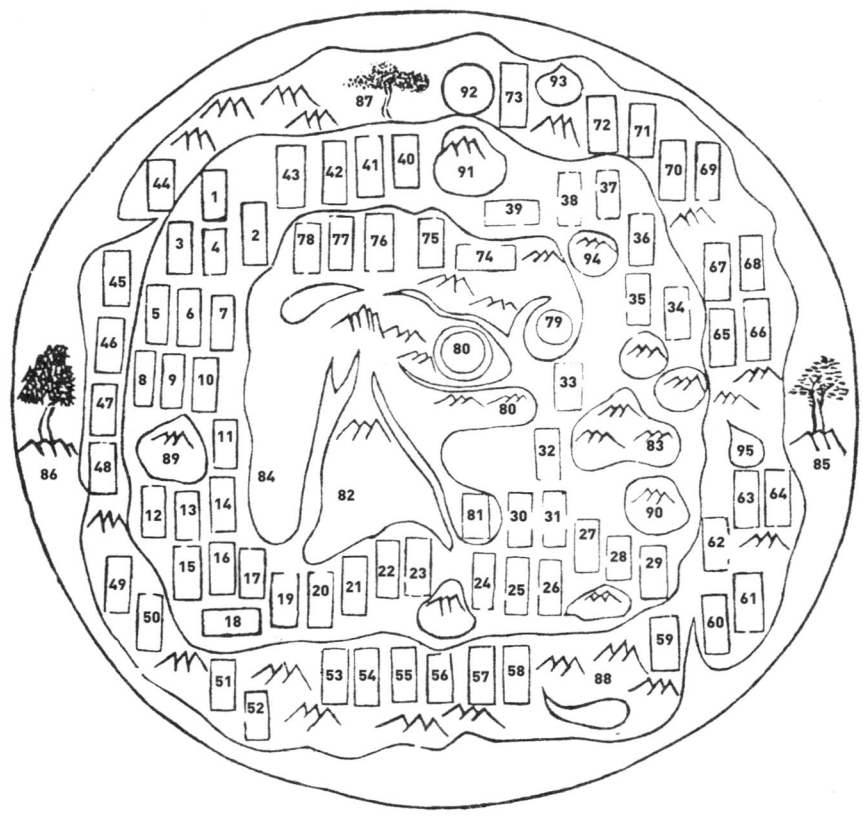

조선의 세계 지도

1. 입이 큰
2. 하얀 민족(영국)
3. 쉴 새 없이 움직이는
4. 깊숙한 눈
5. 마술가(프랑스?)
6. 뽕나무와 배
7. 외눈의
8. 네팔?
9. 붙은 눈썹
10. 큰 기쁨
11. '날개 달린' 혹은 '깃털 달린'(남아프리카)
12. 독특한 다리
13. 몸통이 셋인 민족
14. 다리가 하나인 민족
15. 긴 팔의
16. 머리가 셋 달린
17. 털이 많은
18. 상자 제조인
19. 불을 뿜는 자
20. 구멍이 뚫린
21. 다리가 긴
22. 다리가 굽은
23. 불멸의(실론?)
24. 혀가 갈라진
25. 쌀을 먹는
26. 긴 사막
27. 두 명의 바보
24~26. 순다 섬◆

28. 비둘기집
29. 커다란 민족
30. 발이 빠른
31. 뽕나무
32. 류큐
33. 일본
34. 밝은 피부의
35. 검은 피부의
36. 뻣뻣한 털이 난 회색의(아메리카의 회색 곰이 사는 지역을 말하는 듯함)
37. 노동자
38. 검은 발(북아메리카 인디언)
39. 모자 리본 보관 상자
40. 재기 넘치는 혀
41. 귀를 물어뜯는 자
42. 비단 짜는 자
43. 내장이 없는
44. 미덕이 있거나 완벽한 여인
45. 대마大麻
46. 수레 제조인
47. 여인들
48. 아름다운 구름
49. 화산
50. 갑충류의?
51. 평화를 호흡하는
52. 투구를 쓴 자
53. 젊은
54. 21번과 같은
55. 17번과 같은
56. 감정이 넘쳐흐르는 민족
57. 쥐의 이름을 딴
58. 시끄러운 민족
59. 여인들
60. 둥근 얼굴
61. 현자
62. 북쪽의 지배자
63. 여름지역, 열대 아메리카?
64. ?
65. 용의 왕
66. 중간 정도의 복지
67. '소호'
68. 경멸스러운 민족(캘리포니아 지역에 해당)
69. 제1의 지방
70~71. 거인(북아메리카의 바위산맥에 해당)
72. 내장이 없는(아메리카?)
73. 4번과 같은
74. '숙신'(만주의 옛 이름)
75. 개의 지배(몽골)
76. 가슴이 없는
77. 방랑하는 악마, 키르기스인
78. 커다란 북쪽(한밤중의 제국이라고 해석될 수도 있음), 러시아
79. 조선
80. 중화(중국)
81. 안남
82. 점증하는 야만(인도로 추정)
83. 요정의 나라(규슈, 일본의 남쪽 섬)
84. 서쪽 지방(아프리카)
85. 일렁이는 파도
86. 뾰족한 산
87. 자라나는 나무
88. 하얀 호수
89. 농부
90. 커다란 뽕나무
91. 넓은 사막
92. 커다란 늪지
93. 소용돌이
94. 여자 궁수(사할린?)
95. 비터 호수◆◆

◆ 말라카 반도와 오스트레일리아 사이의 군도.
◆◆ 수에즈 운하가 나 있는 바닷물 호수.

정부에 필요한 모든 도화와 지도를 생산한다. 이곳에서는 왕의 명패를 쓰기도 하고 왕의 초상을 그리기도 한다. 법을 가르치는 학교는 법무부(형조)에 직속되어 있고, 법관을 양성할 뿐만 아니라 항소 법원의 역할도 한다. 수학을 다루는 학교는 재정부의 일을 거들며, 회계를 담당하고 사정查定 업무와 같은 일을 한다. 천문을 가르치는 학교는 천체의 위치에 따른 시간 계산을 관장하며 서울의 해시계와 물시계를 수리한다. 그 밖에 중국어 학교와 만주어 학교, 몽골어 학교, 일본어 학교가 있는데, 이곳에서는 정부와 사신단의 통역관과 국경 근무를 위한 관리를 양성한다. 몇 년 전에는 유럽인 교사들로 구성된 영어 학교도 설립되었는데, 여기서는 영어로 수업을 진행한다. '학교'란 명칭에 걸맞은 곳은 영어 학교뿐이다. 5년제로 되어 있는 이 학교는 학생 수가 해마다 늘고 있다. 독일계 미국인으로 육군 대령인 닌스텟Nienstedt이 교장을 맡고 있었는데, 아마 지금도 맡고 있는지 모른다. 그는 내게 학생들의 열성과 이해력 그리고 빠른 진도에 대해 칭찬을 아끼지 않았으며, 일본인이나 중국인보다 더 큰 가능성을 기대하고 있었다. 나는 서울에 머무르는 동안 조선인들과 얘기를 나눌 기회가 여러 번 있었는데, 이들은 조선을 한 번도 벗어난 적이 없음에도 비교적 교육을 잘 받았고 영어를 잘 구사했다. 이들의 영어 실력은 내가 영어로 대화를 나눠본 어떤 중국인이나 일본인보다 훨씬 나았다. 일본인들은 L을 R로 발음하고 R는 L로 발음하는데, 예를 들어 텔레그라프Telegraph를 '테레글라프Tereglaph'라고 발음하는 식이다. 중국인들은 R 발음을 전혀 하지 못한다. 이와 달리 조선인들은 영어 발음을 완벽하게 구사한다.

　미군 장교를 통한 '군대의 재편'과 더불어 장교 양성을 위한 군사학교와 해군 학교도 설립되었는데, 그 결과가 썩 좋진 않았다. 지난 수년간 기독교 선교 단체에 의해 설립된 남학교와 여학교는 이보다 성공적이었다.

앞서 언급된 국가시험은 대체로 1년에 한 번 시행된다. 하지만 왕은 왕가의 결혼식이나 다른 축제처럼 특별한 경우에도 국가시험을 명할 수 있다. 그러면 관직에 응시하려는 사람들이 전국 각지에서 수도로 몰려든다. 유쾌하고 거칠 것 없는 이 젊은이들이 지나가면 마을 사람들은 마치 탐관오리를 만난 것처럼 두려움에 사로잡히곤 한다. 수도에 도착하면 때로 수천 명에 달하는 이 학생들은 친지나 서울의 유일한 '호텔'이라 할 수 있는 초라한 주점에서 묵을 곳을 찾는다. 시험장은 궁궐의 정원 뒤쪽에 있는 야트막한 언덕에 있다. 이들은 야외에 위치한 이곳에서 좋은 자리를 차지하기 위해 애를 쓴다. 하인들이 노란 기름종이로 된 커다란 양산으로 주인을 가려주고, 식사를 준비하거나 그 밖의 시중을 들기 위해 근처에 남아 있다. 이 젊은 주인들은 주로 좋은 관직을 얻을 가능성이 높은 유일한 귀족 계급에 속해 있는 것이다. 응시자들 중엔 일반 백성 출신도 많은 것 같다. 이들 중에는 이미 여러 번 행운을 시험해봤지만 계속해서 '낙방'한 긴 수염의 나이 든 사람들도 있다. 하지만 설령 이들이 시험을 좋은 성적으로 통과하더라도, 지방의 하급 관직에나 배치된다. 많은 경우 그러한 자리도 수년간 기다려야만 한다. 왕과 시강원侍講院◆ 소속의 문서 자문관들은 지붕이 있는 정자 안에서 시험을 참관한다. 이들 앞에는 팽팽하게 당겨진 밧줄 위로 천과 돗자리가 걸려 있어, 시끄럽고 산만한 수많은 응시자들로부터 격리된다. 응시자들은 문제를 다 풀면 과제물을 둘둘 말아 정자를 둘러치고 있는 차단막 너머로 던진다. 차단막 저쪽에서 병사들이 이 두루마리를 집어 심사관에게 건네주

◆ 왕세자의 교육을 담당하던 관청.

면, 이들은 이것을 꼼꼼히 읽은 후 왕이 평가할 수 있도록 넘겨준다. 모든 일은 아주 빠르게 진행된다. 몇 시간 후면 시험이 끝나고 시상이 이루어진다. 그러면 조선에는 몇백 명의 관리가 더 생기는 것이다. 상황이 이러하니 이걸 진지한 시험이라고 말할 수 없는 것은 분명하다. 이 시험은 형식적인 일이 되고 말았다. 관직은 가장 많은 돈을 내놓는 사람에게 비싼 값으로 팔리고, 다만 왕의 확인을 얻기 위해 제출될 뿐이다.

젊은 관리는 관직에 오르려면 친구와 친지 그리고 동료에게 후하게 대접해야 한다. 그러다 보니 이들의 주머니는 텅텅 비게 된다. 이들은 임명장을 받자마자 지위에 걸맞은 의복을 입고 모자는 화관으로 두른다. 그리고 관례에 따라 말을 타고 몇 명의 악사를 동반하여 대신들과 시험관 그리고 친구들을 방문한다. 이때 이들은 온갖 장난을 감수해야만 한다. 항상 오락거리를 찾는 백성들이 떼를 지어 함께 행진하는 가운데 신임 관리의 모자를 뒤집고, 신발을 벗기고, 손을 묶는 장난을 치면서 환호성을 지르고 이름을 외친다. 진짜 '불세례'는 신임 관리가 속한 관청에 재직하고 있는 동료의 집에서 일어나는데, 이곳에는 신참이 도착하기 전에 그의 동료들과 관리들이 일찍감치 모여 있다. 유쾌한 무리들에 둘러싸여 신참이 자리를 잡자마자, 그의 대부(代父) 격인 관리가 다가와 신참의 얼굴을 검은 먹으로 대충 칠한 후 하얀 밀가루를 던진다. 다른 사람들도 뒤이어 똑같이 따라하는데, 불쌍한 신참은 먹과 밀가루 때문에 눈을 뜰 수도 없고 숨 쉴 수도 없게 되며, 옷은 지저분해지고, 머리카락은 찐득찐득한 밀가루반죽처럼 된다. 마지막 사람의 '축하 인사'가 끝나면, 신참은 그제야 씻을 수 있다. 그가 씻는 동안 친구들은 신참이 준비한 음식을 진탕 먹고 마시는데, 신참이 다시 돌아오자마자 이번에는 새로 온 친구들이 합세해 같은 장난이 또 한 차례 되풀이된다. 이 행사는 대개 하루 종일 진행되기 때문에, 신참이 받는 먹물 세례와 밀가루 세례는 열 번에서 열두 번에 이른다. 그가 거부하기라도 하면 술 취한 동료들이 그에게 달려들어 멍이 들도록 두들긴다. 이런 식의 고문과 희롱을 치르고, 술과 음식을 후하게 접대한 후에야 비로소 그는 자신의 관직을 인정받고, 완전한 효력을 가지는 것으로 생각할 수 있다. 조선에서는 이러한 방식으로 관리가 되는 것이다!

chapter 20
종교관

 ---- 조선에서는 대중의 '종교'라고 할 수 있는 불교와 유교 그리고 이교도적인 귀신에 대한 공포 등이 기묘하게 뒤섞여 있는데, 여기에 어떤 이름을 부여하기란 매우 어렵다. 북쪽 나라 부여의 후손인 이 나라 사람들은 4세기에 이르기까지 하늘과 땅, 산과 강 그리고 동굴의 정령들과 같은 온갖 종류의 귀신을 숭배했고, 무지몽매한 미신에 사로잡힌 상태였다. 4세기에 불교가 이 땅에 전파되었고, 이어지는 1천 년 동안 이 종교는 적어도 궁정과 고관들의 공식적인 종교였다. 중국에 고분고분한 현재의 왕조가 들어서면서, 이들은 중국의 눈에 들기 위해 공자의 가르침을 받아들였고, 이때부터 불교는 쇠락했다. 하지만 백성들은 옛 종교뿐만 아니라 새로운 종교에도 그다지 열정을 보이지 않았다. 공자의 교의가 궁정과 귀족들의 공식 종교로 자리 잡은 지 벌써 500년이 되었음에도 불구하고, 일반인들에게는 깊이 침투하지 못한 상태다. 예나 지금이나 이들은 이교도로 머물러 있으며, 비옥한 토양이나 다름 없는 미신이 지배적인 상황에서 공자의 가르침 중 특정한 외적 형식이나 습속만이 씨앗처럼 떨어져 파급될 기회를 얻었다. 그중 가장 먼저 언급할 수 있는 것은 조상숭배와 공자가 규정한 다섯 가지 의무*다. 다섯 가지

의무란 왕과 부모, 연장자에 대한 의무와 부부 사이와 친구 사이에 지켜야 하는 의무를 말한다. 여기에 많은 사람들이 '하늘'이라 지칭하지만 정체가 불분명한 상제上帝에 대한 생각이 덧붙여지며, 마지막으로 사직 혹은 왕조의 '수호신'에 대한 숭배가 가세한다. 정부의 공식적인 고시告示에서는 '착한 귀신'이나 운명에 대한 숭배가 언급되는 경우도 종종 있다.

  종교적인 모습은 우선 상제에게 바치는 축제로 자주 시행되는 봉헌 축제에서 볼 수 있다. 나는 조선 사람들에게 이 상제가 도대체 무엇을 의미하는지 여러 번 물어보았지만 아직도 그 정체를 모르겠다. 아마 그들도 잘 모르는 것 같다. 왜냐하면 조선에 정통한 가톨릭 선교사들조차도 개종한 조선인들에게서 분명한 정보를 얻을 수 없었기 때문이다. 그 존재는 저 높은 곳의 힘, 땅을 보호하고 보존하는 존재를 묘사하는 것이라고 한다. 다른 사람들은 그것을 운명의 화신이라고 지칭하고, 또 어떤 사람들은 천상의 힘이나 하늘 자체라고 말한다. 여하튼 조선에서는 이 상제에게 최상의 경배가 바쳐지며, 어떤 어려움이나 위험이 있을 때 혹은 전염병이 돌 때, 특히 가뭄이 오래 지속될 때 상제에게 제사를 드린다. 비를 간절히 바랄 경우 정부는 두 명의 고관을 해당 지역으로 보낸다. 이들은 각각 수행원을 동반한 채 특정한 날에 지정된 장소로 향한다. 그곳에 이르면 아침 일찍부터 밥도 먹지 않고 담배 같은 것도 피우지 않은 채 제사를 드리기에 '길한' 시간이 올 때까지 기다린다. 이 시간은 대개 저녁이나 자정 조금 전이다. 하지만 어떤 경우든 고관은 자정이 지나서야 제사 드리는 장소를 떠날 수 있다. 제사에 적당한 시간에 이들은 소와 돼지를 잡고, 고기와 피를 신에게 바친다. 고관들은 다음

◆ 오륜五倫을 말함.

날 다시 제사를 드리기 위해 낮에는 휴식을 취한다. 고대하던 비가 올 때까지 제사는 계속된다. 매일 필요한 부수만 만들고 정부의 온갖 지시가 담겨 있는 조선의 관보에서는 제사와 관련된 칙령을 자주 볼 수 있다. 1892년 7월 24일자 관보에는 다음과 같은 내용이 실려 있다.

> 의전 담당 부서(예조)는 벌써 오랫동안 비가 오지 않아 조금 있으면 모*를 심기에 너무 늦어질 것이라고 고시한다. 따라서 예조는 비를 청하기 위해 한 하부 관료를 먼저 남쪽으로 보냈다가 다시 북쪽으로 보내고 마지막으로 강**으로 보낼 것을 제안했다.

3일 후인 7월 27일자 관보는 다음과 같이 보고하고 있다.

> 예조는 비를 청하기 위해 3품의 관료를 강이 있는 용산 쪽으로 보내기를 요청하고 있다.

하늘이 이러한 청을 금방 들어주지 않고 8월 초나 되어서야 비를 내려준 것은 납득할 만하다. 좀 더 높고 영향력 있는 관리가 제사를 드렸다면 비는 훨씬 일찍 내렸을 것이다. 그럼에도 불구하고 조선인들은 이 비에 감사를 표시했다. 8월 7일자 관보는 다음과 같이 전하고 있는 것이다.

---

* 벼는 우선 작은 못자리에 심었다가, 작은 모가 20~30센티미터까지 자라면 논에 옮겨 심는다. —지은이
** 수도 근처를 흐르는 한강. —지은이

예조는 하늘이 내려주신 비에 감사를 드리는 보사제報祀祭◆가 이달 28일에 개최된다고 알린다.

8월 8일자 관보에는 이렇게 전하고 있다.

최근의 가뭄으로 인해 생긴 어려움이 지나간 것에 대해 전하께서는 매우 기뻐하시고 있다. 그리고 비를 내려달라고 기도하기 위해 파송된 관리들에게 사슴 가죽을 선물할 것을 명하셨다.

기우제가 성과가 없으면 오래전부터 내려온 규정에 따라 장소를 바꾼다. 길한 자리, 다시 말해 악한 지령地靈에 의해 영향을 받지 않은 자리를 찾아내는 것이다. 그래도 성공하지 못하면 비를 청하기 위해 고관 대신 장관을 보낸다. 그래도 하늘이 청을 들어주지 않으면, 왕이 직접 호화로운 복장을 하고 성문 앞으로 가서 제사를 드린다. 마침내 비가 내리면 제사를 드리는 사람이나 그의 수행원들은 비 피할 곳을 찾아서는 안 된다. 이들은 어떠한 일이 있어도 비가 오는 가운데 자정까지 머물러 있어야 한다. 백성들도 마찬가지로 비를 피하지 않는데, 그토록 간구하던 비를 피하는 것은 하늘을 모독하는 것이라 생각하기 때문이다. 누군가 우산이나 비옷으로 비를 가리고자 하는 불경스러운 생각을 한다면, 이 물건은 백성들에 의해 폐기될 것이다.

좋은 날씨를 구하는 제사는 수도에서는 성곽의 남쪽에 있는 대문 위

◆ 기우제(하지가 지나도록 비가 오지 않을 때 비 오기를 빌던 제사)나 기청제(입추가 지나도록 장마가 계속될 때 날이 개기를 빌던 제사)의 결과 하늘의 감응이 있을 경우 드리는 제사.

에서 거행된다. 제사 의식이 진행되는 동안 성문은 닫히게 되며, 누구도 나가거나 들어올 수 없다.

상제 혹은 하늘 외에 사직社稷이라고 하는 땅의 수호신 또는 왕조의 수호신에게도 정기적으로 제사를 올린다. '하늘과 땅'에 바치는 신전은 수도에서 가장 성스러운 곳으로, 이곳에서는 일반적으로 왕만 제사를 올릴 수 있다. 공식적인 경로를 통해서 이 사원을 방문하는 것은 불가능했을 것이다. 왜냐하면 서울에 거주하고 있는 유럽인들 가운데에서도 아주 소수의 사람만이 이러한 신전이 존재한다는 사실을 알고 있고, 이 신전이 어떻게 생겼는지 아는 것은 고사하고 방문해본 사람도 없었던 것이다. 몇 년째 서울에 살고 있고 이 도시의 안팎을 자기 손바닥처럼 훤히 알고 있는 나의 사랑스러운 여행 안내자는 아마도 이 신성한 장소를 알고 있었을 것이다. 하지만 그도 그 안으로 들어가본 적은 없었다.

우리는 높은 곳에서 조망해보기 위해 성곽을 따라 북한산의 가파르고 수목이 없는 바위를 기어올랐다. 하지만 높이 둘러싸인 담장만 눈에 들어왔다. 제단과 신전은 오래되고 촘촘히 자란 활엽수들에 가려져 보이지 않았다. 그러니 담장을 기어오르는 수밖엔 다른 방법이 없었다. 다행스럽게도 우리는 그늘진 커다란 정원에 착지했다. 하지만 나뭇잎들 사이로 번쩍이는 지붕이 보이는 신전과 우리가 서 있는 곳 사이에는 20미터쯤 되는 깊은 심연이 가로막고 있었다. 비로 넘쳐흐르는 북한산의 물줄기가 협곡을 콸콸 흘러가고 있었다. 둘러봐도 보초는 보이지 않았다. 신성한 곳을 바로 코앞에 두고 그냥 돌아가고 싶지는 않았다. 우리는 간신히 급류가 흐르는 곳까지 내려가서는 물을 건넜고, 건너편 계곡의 경사면에 빽빽이 들어차 있는, 도저히 지나갈 수 없을 것 같은 덤불숲을 헤치고 기어 올라갔다. 바로 우리 앞에 나무로 만들어진 높은 문이 솟아 있었는데, 일본의 신사에 있는 도리이鳥居*와 비슷했다. 다만 위쪽에 있는 들보에 창살 같은 것이 얹혀 있다는 점이 달랐다. 양쪽으로는 2미터 높이의 담장이 동서로 길게 뻗어 있었다. 문은 열려 있었다. 문 안을 들어서자 담장으로 둘러싸인 사각의 잔디밭이 나타났다. 우리는 그 중앙에 1.5미터 높이의 담장으로 둘러싸인 내부의 정원을 가진 두 번째 잔디밭을 보았다. 내가 봤을 때 오른쪽, 즉 북서쪽 구석에는 날아갈 듯한 중국식 지붕을 가진 아름다운 사원 건물이 대지 위에 솟아 있었다. 유감스럽게도 이 건물은 닫혀 있었다. 안을 들여다보려고 온갖 시도를 다 해보았지만 아무 소용이 없었다. 신전에서 앞서 언급한 내부 정원까지는 포석이 깔린 길이 이어졌는데, 정원의 면적은 어림짐작으로 40제곱미터 정도 되어 보였다. 정원의 중앙에는 1미터 높이에 10제곱미터 넓이의 교단이 돌로 만들어진 정사각형 형태로 두 개 세워져 있었다. 포석이 깔린 길이 두 개의 교단 사이를 지나 내부 벽의 동쪽 면까지 나 있었다. 그곳에서 우리는 담장이 둘러쳐진 사각형의 구덩이 두 개를 보았는데, 그 아래쪽으로 몇 개의 계단이 나 있었다. 비슷한 계단이 두 개의 교단 위쪽으로도 나 있었는데, 이 교단은 아마도 제단인 것 같았다. 바닥은 커다란 마름돌로 잘 덮여 있었고, 남쪽 교단 위에는 쇠고리가 달린 돌덩이가 하나 세워져 있었다. 교단의 발치 부분에 잔디가 덮여 있는 자리에서 우리는 역시 쇠고리가 달린 커다란 돌을 몇 개 발견했는데, 아마도 제물로 바쳐질 동물을 묶는 데 쓰이는 것 같았다. 전체 시설은 놀랍게도 잘 보존되고 가꿔져 있었다. 모든 것이 쇠락해가는 이 나라에서 이는 기적이라 하지 않을 수 없다. 우리는 건너편에 있는 작은 문을 통해 바깥 정

◆ 신사 입구에 세워진 두 기둥의 문.

원으로 나가서 굳게 닫혀 있는 외벽의 문까지 갔는데, 그곳엔 여러 명의 병사가 보초를 서고 있었다. 이들은 우리가 신성한 장소의 내부에서 나오는 것을 보고 깜짝 놀랐다. 이들은 흥분한 채 한동안 서로에게 소리를 질러대더니, 우리를 밖으로 나오도록 하기 위해 겁먹은 모습으로 문을 열었다. 이들이 우리가 갑자기 나타난 것을 어떤 악령의 소행으로 치부했는지 알 수 없지만, 우리가 털끝 하나 다치지 않고 그곳에서 빠져나온 것은 그들의 귀신에 대한 두려움 때문이었노라고 감사해야 할 것이다.

조선인의 귀신에 대한 두려움과 동물 제물 그리고 대단한 미신은 아마도 오랜 이교도 종교가 남긴 흔적으로, 부처나 공자도 어찌할 수 없었던 것으로 보인다. 조선인들은 어디서나 귀신을 본다. 이들은 길한 날과 불길한 날을 믿으며, 적당한 장소와 부적당한 장소가 있다고 믿는다. 대기는 귀신으로 가득 차 있으며, 폭풍우는 화를 불러일으키기 위해 귀신이 보내는 것이다. 이들은 온갖 제물을 바치고 주문을 외우며 끊임없이 귀신에게 뭔가를 묻는다. 그리고 무슨 일을 하기 전에는 어떤 징조를 통해 귀신들의 충고를 듣지 않고는 섣불리 시작하지 않는다. 집마다 가정의 수호신이 들어 있다고 믿는 한두 개의 돌 항아리가 있다. 첫 번째 신은 '성주城主'라고 불리며 태어나고 사는 것을 돌본다. 두 번째 신은 '터주'로 집의 수호신이다. 적절한 때에 이 돌 항아리를 향해 신들에게 적합한 경배를 드린다. 여행자는 산을 지날 때 산신령에게 제사를 드리고, 뱃사공은 바람과 물에게 제사를 드린다. 어떤 사람이 심장마비에 걸리면, 이는 귀신의 화살에 맞은 것이다. '목신木神'는 나무의 신이며, '조왕님'은 부엌의 신이다. 조왕신은 끊임없이 먹어대는 조선인들이 특히 숭앙하는 신이다. 중국 문자로 '바람과 물'을 지칭하는 '펑수이'는 조선에서는 풍수風水라는 이름으로 불린다. 하지만 이것은 무덤이나 집에 적합한 자리를 찾는 데 이용되는 미신적인 사기라고 할 수 있다. 왜냐하면 그와 같은 경우에 언제나 귀신과 화해하고 아무도 다치지 않게 하는 것이 중요하기 때문이다. 고대 그리스인들이 이러한 귀신을 화려한 인간 형태로 의인화한 반면, 중국과 부분적으로는 조선에서도 마찬가지로 이것은 용이나 거북이, 불사조, 혹은 조선인들이 소의 꼬리를 가지고 있는 뿔 달린 사슴이라고 믿고 있는 '기린'과 같은 신화적인 동물로 형상화되어 있다. 여기에 신화적인 바다뱀과 인어도 한몫을 한다. 일반적으로 볼 수 있는 뱀 역시 조선인들에게는 숭배의 대상으로서 함부로 죽이지 않는다.

대개의 가정에는 꺼지지 않는 불을 보관하고 있는데, 만약 그 불이 꺼지게 되면 불길한 전조라고 생각한다. 이 불이 수 세대 동안 한 번도 꺼지지 않고 같은 자리에서 타고 있는 집들도 있다.

중국인과 마찬가지로 조선의 왕족과 귀족들 그리고 문사들은 공자를 숭상한다. 각 지방마다 공자의 사당인 향교가 있다. 이 사당에는 커다란 홀이 있는데 학자들이 이곳에서 만나서 제사를 드린다. 나를 초대한 사람과 함께 말을 타고 서울 근교를 산책하던 중에, 동대문 근처에 있는 이러한 사당을 방문한 적이 있다. 돌담이 사당의 정원을 둘러싸고 있었고, 입구에는 거만한 관리 몇 명이 웅크리고 있었다. 이들은 우리가 입구까지 말을 타고 가는 것을 허락하지 않고, 대단히 흥분해서 우리가 타고 있는 말의 고삐에 매달려서는 일정 정도의 거리에서 내리도록 강요했다. 그렇다고 해서 사당 안으로 들어가는 것을 막지는 않았다. 담장 안쪽을 따라 이어진 회랑은 그림으로 채워져 있었다. 사당 내부에는 공자의 유명한 제자들을 그려놓은 듯한 대단치 않은 초상화 몇 점 외에는 아무것도 없이 텅 비어 있었다.

10세기와 14세기 사이에 부처(조선말은 불佛)를 위해 건립된 대규모의 화려한 사원들 가운데 대다수는 완전히 파괴되었거나 잔해만 듬성듬성 있고 거의 남아 있지 않다. 중국이나 일본과 마찬가지로 조선에서도 불교 사원은 대개 산 정상이나 고원에 지어졌으며, 나무가 많은 아름다운 정원이 딸려 있고 대개 견실하고 높은 담으로 둘러싸여 있다. 조선에서는 부처를 모시는 비구와 비구니가 거처하는 사찰이 다른 나라보다 훨씬 잘 보존되어 있으며, 아직도 그 숫자가 많다. 서울 근교에만도 10여 개의 사찰이 있는데, 대개는 가파르고 접근하기 힘든 북한산 위와 다른 산에 위치해 있다. 많은 사찰들이 넓은 건물 안에 많은 책과 산스크리트어로 된 필사본 그리고 전례에 사용되는 역사적 가치가 높은 물품들을 보관하고 있다. 하지만 사찰에 기거하고 있는 승려들은 과거의 부와 명망과 권세를 잃은 채, 천민처럼 여겨지고 있으며 일반 백성으로부터도 천민 대접을 받고 있다. 이웃나라의 승려와 마찬가지로 조선의 승려도 머리카락을 빡빡 깎고 그 위에 아무것도 쓰지 않기 때문에 첫눈에 알아볼 수 있다. 승려들의 '불 문신' 역시 보존되어 있다. 승려에 임명되면 작은 호두 크기만 한 뜸쑥을 팔뚝 위에 올려놓는데, 이것이 점점 살을 태워 성스러움의 표시인 흉측한 상처를 남긴다.

  비구니들이 머무르는 사찰은 남자 승려들이 기거하는 사찰보다 상태가 좋지 않은데, 난잡하고 음란한 품행의 온상인 경우가 많다. 대개 과부나 벌이가 없는 고아들이 이곳에 들어가는데, 입회할 때 순결의 서약을 하지만 특별한 의미를 지니지 않는다. 이들은 원하면 사찰을 떠나 일반인의 삶으로 돌아갈 수 있다. 나는 서울의 동대문에서 약 10킬로미터 떨어진 언덕에 자리 잡은 비구니 사찰을 방문한 적이 있다. 하지만 내가 그곳에서 본 비구니들은 대부분 나이 많은 여자들로, 얼굴은 주름투성이에다 빡빡 깎은 머리를 하고 있었고, 거칠고 굵은 삼베옷을 입고 있었다. 비구니들은 친절하게 나와 나의 동행인을 안으로 들였고, 사찰 뒤에 위치한 작은 암자도 보여주었다. 그 안에는 연꽃 위에 금동 부처상이 앉아 있었는데, 내가 동아시아의 모든 나라에서 보았던 수천의 다른 불상과 똑같이 조각되어 있었다.

이렇게 얘기해놓고 보니, 조선인은 어떤 특정한 종교를 가졌다고 말할 수 없는 것처럼 보인다. 왜냐하면 이들은 공자의 추종자나 불교 신자가 아니라 말 그대로 진정한 의미의 이교도이기 때문이다. 조선인들이 기독교로 개종하는 것을 가로막고 있는 것은, 앞에서 언급한 두 종교보다 이교도적인 옛 풍습, 무엇보다 조상숭배다. 그럼에도 불구하고 동아시아에서 선교사들이 활동하는 데 조선보다 더 감사할 만한 장场을 제공하는 곳은 없다. 소수의 프랑스 가톨릭 선교사들이 거두고 있는 엄청난 성공 역시 이러한 점을 증명하고 있다. 조선에 개신교를 소개하고자 하는 것은 지금까지의 경험으로 볼 때 가망 없는 노력이 될 가능성이 크다.

chapter 21
조선의 치료약과 병자 간호

―――― 조선의 사회적·정치적 상황이 너무나도 보잘것없어서, 사람들은 조선인들도 모든 점에서 보잘것없는 백성이려니 하고 생각할지도 모른다. 사실 이들은 가난하고, 무지하며, 게으르고, 미신을 신봉하고, 이방인을 꺼린다. 하지만 이러한 속성들은 지조 없고 탐욕스러운 정부 탓에 생긴 불행한 결과일 뿐이다. 이 정부는 수백 년 동안 백성들 내면에 있는 더 나은 것에 대한 충동을 조장하기는커녕 방해해왔다. 조선인들의 내면에는 아주 훌륭한 본성이 들어 있다. 진정성이 있고 현명한 정부가 주도하는 변화된 상황에서라면, 이들은 아주 짧은 시간에 깜짝 놀랄 만한 것을 이루어낼 것이다. 물론 이들의 이웃인 잽싸고 기민한 일본인들처럼 빠르게 진행되지는 않더라도, 한때 이들의 군주국이었던 중국보다는 훨씬 빠를 것이다.

　신체적인 면에서 이들은 중국인뿐만 아니라, 다른 모든 동아시아의 이웃들을 훨씬 '능가' 한다. 이들의 키와 건장한 체격, 건강한 외모는 유럽의 여행자들에게 커다란 놀라움을 안겨준다. 나는 이 점에서 조선인과 견줄 수 있는 민족을 동아시아에서 본 적이 없다. 이들은 외양적인 면에서 몽골 유형이라기보다는 코카서스족에 가깝다. 내가 조선의 여러 도시와 마을에서 본 많은 조선인들은 남녀 모두 유럽식 복장과 머리 모습을 해놓으면 유럽인과 거의 구분할 수 없을 것 같았다. 일본인이나 중국인이라면 어림도 없는 일이다.

동시에 조선인은 건강 상태가 중국인보다 더 낫고 더 오래 산다. 불구자나 나병 환자 혹은 이와 유사한 병에 걸린 사람을 조선에서는 별로 볼 수 없는데, 이는 조선의 위생과 의술이 아주 비참한 지경이라는 것을 생각하면 매우 별난 일이라고 할 수 있다. 토착민 의사들이 있긴 하지만, 이들의 의술이란 온갖 약초를 사용하는 것 외에 주문을 외우고 귀신을 쫓아내는 것이 전부다. 최초의 외국인 의사는 1884년 9월, 즉 겨우 10년 전에 조선에 왔다! 그때까지 유럽식 수술용 메스와 알약이나 가루약 같은 것은 이 고요한 아침의 나라에는 알려지지 않았다. 냉소적인 사람들은 유럽식 의술을 몰랐던 것이 바로 조선인들이 건강한 체력을 유지하고 장수할 수 있는 비결이라고 주장한다!

최초의 외국인 의사는 미국인인 알렌 박사로, 그는 아직도 서울에 있는 미국 공사관의 일원이다. 그가 한국의 상황을 가장 잘 아는 사람은 아닐지 모르지만 적어도 그중 하나이며 학식 있는 사람이다. 나는 그에게서 조선이라는 나라와 이 나라 사람들에 관해 많은 얘기를 들었다. 그는 조선인들이 처음 몇 달 동안 얼마나 불신과 의심을 가지고 자신을 대했는지 설명해주었다. 의술을 실행하려는 시도는 모두 실패했고, 1884년 12월에 일어난 정변이 단번에 정황을 바꿔놓았을 때 그는 이 나라를 떠날 뻔했다. 가장 탁월하고 개방적인 조선의 정치인 중 하나가 단명에 그치고 만(겨우 이틀이었다!) 조선의 우편국(우정총국)에서 열린 연회 도중 암살될 뻔했던 것이다.* 미국 대표가 곧바로 알렌 박사를 찾아와 도움을 요청했다. 차려 총 자세를 한 조선인 병사들의 호위를 받으며 그는 우편국에 들어가는 데 성공했다. 그곳에서는 이미 토착 돌팔이 의사 몇 명이 벌어진 상처를 고약과 다른 것들로 봉합하려 하고 있었다. 금발의 백인 의사를 보자 그들은 몹시 불편해했다. 알렌 박사가 환자에게 접근하는 것조차 막았다. 알렌 박사는 조선의 의사들을 대하면서 전문가 사이의 예의범절을 지키고자 했다. 이때 건장한 독일인(내가 잘못 안 것이 아니라면 그는 뫼르젤** 함장이었다)이 도움을 주었다. 그는 여기서 무슨 일이 일어나고 있는지 즉시 간파하고는, 더 생각할 필요도 없이 조선 의사들의 멱살을 잡아 차례로 계단 아래로 던져버렸다. 그제야 알렌 박사는 부상자를 치료할 수 있었다. 환자는 부상에서 회복되었고 곧 건강을 되찾았다. 이 일로 알렌의 명성은 높아졌다. 짧은 기간 동안의 봉기 때 부상당한 조선인들이 모두 알렌 박사의 치료를 받았고, 심지어는 몰려드는 사람이 너무 많아 조선 정부는 미국 공사의 권유를 받아들여 알렌 박사에게 폐허가 된 우편국을 병원으로 쓰도록 해주었다. 이것이 조선의 첫 번째 서양식 병원***이다. 병원을 찾아오는 환자가 끊이지 않았는데, 하루는 눈이 하나밖에 없는 늙은 여자가 와서 새로운 눈을 가지고 싶다고 했다. 심지어 알렌 박사에게 시계를 가져와 고쳐달라고 하는 조선인도 심심찮게 있었다. 왜냐하면 이들은 시계에 생명이 들어 있다고 여겼기 때문이다.

이후로 유럽에서 온 다른 의사들, 무엇보다도 기독교 선교 단체의 의사들이 의학의 명성을 드높였다. 하지만 1,200만 명이 살고 있는 나라에 의사의 수는 여섯 명도 채 안 됐다! 주로 봄에 심하게 찾아오는 열병은

◆ 갑신정변 때 칼에 맞아 중상을 입은 민영익을 말함.
◆◆ 파울 게오르크 폰 묄렌도르프Paul Georg von Möllendorff를 말하는 듯하다.
◆◆◆ 광혜원廣惠院을 말함.

수도에서는 키닌 덕에 잘 치료된다. 하지만 지방에서는 여전히 무당을 부른다. 무당은 격렬하게 춤을 추고 북을 두드리면서 악령을 몰아낸다. 그런 모습을 나는 북아메리카의 인디언이나 흑인들에게서 본 적이 있다. 조선인들이 콜레라에 자주 걸리는 것은 전혀 이상한 일이 아니다. 나는 이들이 과일과 푸른 참외, 무 같은 것을 다 자라지도 않은 상태로 껍질째 엄청나게 먹어대는 것을 보았기 때문이다. 게다가 이들은 밤에 집 밖의 습하고 찬 바닥에 누워 잠을 잔다. 조선에는 수도 설비란 게 없을 뿐 아니라 상상도 할 수 없는 어떤 것이다. 천연두는 가장 끔찍한 모습으로 나타난다. 나는 조선인들 가운데 얼굴에 천연두 자국이 없는 사람을 거의 보지 못했다. 이 전염병이 나돌 가능성이 높으면 사람들은 가까운 강으로 가서 새 그릇에 물을 퍼 머리 위에 끼얹는다. 다만 천연두에는 강물보다 바닷물이 더 효과가 좋다고 여겨진다. 게다가 집집마다 대문 앞에 과일을 올린 작은 탁자를 세워놓는다. 어떤 집에 천연두가 발생하면 그 집 앞에는 곧바로 깃발이 달린 봉이 걸린다. 그리고 대문에 황토를 바르는데, 이렇게 하면 여자의 모습을 하고 돌아다니는 악령인 이 병이 퍼지는 것을 막을 수 있다고 믿는다. 하지만 동시에 사람들은 이 심술궂은 여인의 비위를 맞추느라 여념이 없다. 사람들은 제물을 바치고 기도를 드리며, 노래하고 춤을 춘다. 이렇게 했는데도 소용이 없으면 주술사와 퇴마사를 부른다. 조선인들도 예방접종이란 것을 알고 있고, 실제로 접종이 이루어지기도 한다. 다만 환자의 몸에서 뽑아낸 천연두 균을 곧바로 건강한 사람에게, 그것도 코의 점막에 접종한다. 그 결과 실명과 청각 장애를 일으킨다.

 이 주술사들은 (인디언들의 치료사와 비슷하게) 조선의 치료술에서 아직도 큰 역할을 하고 있다. 다른 방법들은 미신적인 가르침에 의한 처방이다. 어떤 사람이 뭔가에 베이거나 찔려 상처가 나면, 코를 통해 상처 부위까지 바람을 불어넣으려고 한다. 화상을 입은 사람은 바닥에 평평하게 몸을 눕힌다. 왜냐하면 바닥이 가장 차갑기 때문이다. 화상을 입은 사람은 두 손으로 자신의 귓불을 잡는다. 건강한 사람의 경우 귓불이 몸의 다른 부분보다 더 차갑다. 조선인들은 귓불이 따뜻하면 병에 걸렸다고 여긴다. 또한 어린아이의 오줌은 원기를 돋우는 효능이 있다고 믿는다. 조선인과 유럽인의 일치된 보고에 따르면 고관대작뿐만 아니라 왕조차도 그런 오줌을 마신다. 이들이 데리고 있는 어린 시동들은 부분적으로는 이런 목적을 위해 존재한다. 에스키모도 오줌을 이런 식으로 사용한다. 많은 지역의 조선인들은 뱀에 물릴 경우 그 뱀을 잡아 물게 되면 아무런 해를 입지 않는다고 믿고 있다. 달군 쇠로 지지거나 침으로 피를 뽑아내는 사혈瀉血을 하는 것은 조선의 의사들이 애용하는 방법이다. 이러한 방법이나 무당의 굿거리가 통하지 않을 때에는 병이 그냥 잦아들도록 놔둔다. 의학의 가장 간단한 계명, 즉 청결과 식이요법을 이들은 모른다. 중국에서와 마찬가지로 우유 소비가 적은데, 조선인들은 우유를 보면 구역질을 할 정도다. 조선의 어머니들은 아이들을 자신의 젖을 먹여 키운다. 아이들이 일곱 살이나 여덟 살이 될 때까지 어머니 젖에 매달려 있는 것은 보기 드문 일이 아니다! 실제로 나는 거의 어머니만큼이나 큰 튼튼한 사내아이가 이 자연의 샘을 빨고 있는 것을 보았다. 아이가 서너 살이 되기 전에 어머니가 죽게 되면, 이 아이도 더 이상 영양분을 공급받지 못해 죽기 일쑤다.

  오직 왕만이 가끔 우유를 마시는데, 이러한 사실이 공식적으로 관보에 실리기도 한다. 아마도 이것은 베이징의 궁정을 모범으로 삼은 것 같다. 중국에서 황제의 비는 자신의 고귀한 아들을 '황제의 낙농장에서 나온 우유'로 성대하게 먹이곤 한다. 왕이 우유를 마실 때면 궁정의 조신들이 모두 참석한 가운데 암소를 바닥에 엎드리게 하고, 왕이 마시기에 적절한 양이 나올 때까지 젖을 목재로 누르고 주무른다.

반면 조선의 의사들은 유럽의 의학이 손을 쓸 수 없는 병을 치료할 수 있는 방법을 몇 가지 가지고 있기도 하다. 예를 들어 외과 시술 없이 방광결석을 신속하게 제거하는 것처럼 말이다. 이들은 이 방법을 자신들의 비밀로 간직하며, 젊은 동료들에게만 전수한다. 중국인뿐만 조선인들이 가장 애용하고 일반적으로 잘 알려져 있는 약재는 인삼인데, 이는 아주 오래전부터 알려진 것이다. 우리의 의학에서도 사용되고 있는 이 의료용 식물은 조선만큼 잘 자라는 곳이 없는데, 특히 송도와 황주 지방에서 야생으로 자란다. 이 식물은 경안도◆의 밭에서 많이 경작되고 있다. 인삼만큼 활력을 주는 약재는 없다고 한다. 따라서 왕도 인삼을 즐겨 복용하며, 이러한 사실은 정기적으로 관보에 실린다. 이에 해당하는 대목은 대개 다음과 같은 내용을 지닌다.

> 전하께서는 자신과 중전께서 오늘과 내일 인삼죽과 기장죽을 드시겠다고 공표하셨다."
> 종원◆◆은 궁중 의원의 감독◆◆◆이 인삼죽과 기장죽을 제공했다고 알렸다.

왕가에 병환이 있을 경우 어떻게 조처하는지도 관보에 실린 왕의 다

◆ 조선시대 경기도 광주廣州 경안역慶安驛을 중심으로 한 관할범위로 한양-광주-이천-여주-충주 방면으로 이어지는 역로를 포함한 지역.
◆◆ 시종원侍從院을 가리키는 듯하다.
◆◆◆ 내의원 제조를 말한다.

음과 같은 칙령에서 알 수 있다.

1894년 4월 13일
중전께서 얼굴에 출혈이 있었다. 본인은 중전에게 인삼을 보냈다.

1893년 6월 22일
궁중 의원의 관리들이 전하께 왕세자가 감기를 앓고 있다는 얘기를 들었노라고 아뢴다. 우리는 어의를 동반하고 왕세자를 방문하도록 허락하시기를 청한다.
전하께서는 왕세자의 건강이 괜찮다고 대답하신다. 그러니 방문을 할 필요 없이 집에 있으라는 명이시다.

왕을 진찰하는 어의는 대개 아주 어려운 처지에 있다. 왜냐하면 의사는 말할 것도 없고 그 누구도 왕의 몸에 손댈 수 없기 때문이다. 왕의 성스러운 몸은 쇠로 된 물건으로 건드려서도 안 된다. 1800년 정조 대왕이 종양으로 죽은 것도 아무도 감히 종양을 수술용 칼로 쨀 엄두를 낼 수 없었기 때문이다. 어떤 왕은 아랫입술에 생긴 농양 때문에 끔찍한 고통을 겪어야 했다. 여기에는 오직 한 가지 방법이 있을 뿐이다. 이 농양은 칼로 째는 수밖엔 다른 방법이 없는 것이다. 하지만 칼을 사용하는 것은 고려의 대상이 될 수 없었으므로 의사는 다른 수단을 택했다. 그는 승려를 왕 앞에 데려와서는, 그에게 온갖 우스운 표정을 짓고 익살을 떨라는 지시를 내렸다. 마침내 왕이 웃음을 터뜨렸고 그 바람에 농양이 터져 목숨을 건졌다.

인삼 외에 원기를 강화하는 수단으로 애호되고, 많이 복용하는 것이 사슴뿔이다. 가지 모양의 뿔이 자라고 있을 때, 즉 이 뿔이 연할 때 사슴을 잡아야 한다. 조선의 사슴 사냥꾼들은 사슴의 머리를 잘라낸 다음 뿔이 아래로 향하게 해서 열 시간에서 열두 시간을 걸어놓아 피가 뿔로 몰리도록 한다. 그러고 나서 뿔을 불 위에서 조심스럽게 건조시키고, 얇게 저며 특정한 약초의 즙과 섞는다. 그것을 환자에게 먹이면 원기를 되찾게 된다고 한다. 따뜻한 사슴 피도 원기 강화를 위해 많이 마신다. 의사가 선호하는 시술 중의 하나는 아주 얇고 날카로운 침으로 환자의 특정한 부위 여러 곳을 4~5센티미터 깊이로 찌르는 것이다. 이렇게 하면 몸 기능의 평형을 회복할 수 있다고 한다.

곰의 쓸개와 간, 호랑이 피와 쓸개, 간, 내장, 발톱도 조선의 약리학에서 중요한 역할을 한다. 이 같은 내용은 《동의보감》이라고 불리는 책에 개괄되어 있는데, 이 책은 중국어로도 번역되는 영예가 주어진 유일한 조선의 책이다.

chapter 22
장례의식과 조상숭배

───   1894년 7월부터 (얼마나 지속될까?) 조선에서 지배력을 행사하고 있는 일본인들의 권유에 따라 조선의 왕은 여러 가지 개혁 조치를 단행하는 명령을 내렸다. 그중에는 다음과 같은 것도 있다.

부모가 죽었을 때 공무를 3년간 그만두는 것을 중단해야 한다.

유럽의 독자는 이해할 수 없는 조처이기 때문에 설명할 필요가 있다. 조선은 오래전부터 이어져 내려온 독특한 풍습과 관습을 가지고 있다. 나라가 고립되어 있고 교통로가 터무니없이 부족하며, 이 나라가 존재한 이후부터 조선을 방문한 얼마 안 되는 유럽인들은 조선인들의 의심을 사고 있기 때문에 이러한 독특한 풍습들은 아직도 여전히 백성들의 삶을 지배하고 있다. 왕의 칙령도 소용없을 정도다. 조선인의 풍습 중에 가장 특이한 것이 앞에서 언급한 대로 조상숭배다. 아마 조선처럼 격식을 차려 경건하게 조상을 모시는 나라는 없을 것이다. 그것이 공자의 가르침에 기반을 두고 있는 조선인들의 종교적인 감정 때문은 아닌 것 같다. 그보다는 사회적인 규범과 귀신에 대한 두려움이 더 크게 작용한다.

나는 조선인들과 그것에 대해 얘기를 나누었다. 그들은 귀신에 대한 두려움을 인정하지는 않았다. 하지만 우쭐한 태도로 웃으며 다음과 같이 말했다. 누구나 장례 규범을 엄격하게 지키기 때문에 자신들도 따른다는 것이다. 그렇지 않을 경우 이웃 사람들로부터 손가락질을 받게 된다고 했다. 장례를 성대하게 잘 치를수록 체면이 서고 위상도 높아진다는 것이다. 게다가 그렇게 정성을 들인 대가로 때로 정부에서 보상을 받기도 한다.

귀신을 두려워하는 것은 조상을 숭배하는 데 결정적인 역할을 한다. 조선의 귀신 세계에서 맨 꼭대기에 있는 것은 '저승의 열 명의 재판관'이다. '십대왕'(시왕+王)의 모습을 그린 그림을 나는 여러 절에서 보았다. 열 명의 재판관은 수많은 부하를 거느리고 있는데, 그들을 땅으로 보내 각각의 인간들이 행한 일에 대해 보고하도록 한다. 십대왕(시왕) 외에 조선인들이 성스럽게 여기는 또 다른 존재는 '산신' 또는 산의 정령이다. 산악 지대가 많은 조선에는 산마다 각각 고유한 정령이 있다. 이들은 산속 깊숙이 살면서, 조선에 아주 많이 존재하는 귀신이나 악마처럼 인간의 행과 불행에 영향을 끼친다. 소수의 계몽된 사람을 빼고 거의 모든 조선인들이 조상숭배와 직접적인 연관이 있는 이 귀신에 대한 두려움을 지니고 있다. 게다가 주술사를 통해 귀신들에게 제물을 바치기까지 한다.

그럼에도 불구하고 이들이 중국인과 같은 식으로 조상숭배를 행한다고 믿는다면, 그건 아주 잘못 짚은 것이다. 기이하게도 이들은 영혼의 존재를 믿고 있긴 하지만 이 부분에서만큼은 우리 무지한 유럽인들보다 훨씬 앞서 있다. 우리는 인간에게 하나의 영혼만이 있다고 믿는 반면, 조선인들은 세 개의 영혼이 있다고 믿는다. 사람이 죽으면 세 영혼 중 하나는 지하 세계로 가고, 하나는 무덤으로 가며, 마지막 하나는 '신위神位'◆로 간다.

누군가 죽었을 때 큰 소리로 고통을 표현하는 것은 예절에 어긋나는 것이다. 아들딸과 형제자매는 애도를 표하는 주主 인물◆◆이 신호를 줄 때까지 기다려야 한다. 신호가 떨어지면 울부짖고 흐느끼기 시작하는데, 곡은 크게 할수록 좋다. 죽은 사람의 육신에서 세 영혼이 분리되자마자, 쌀을 담은 그릇 세 개와 짚신 세 켤레가 문밖에 놓인다. 쌀(사잣밥)은 지하 세계의 열 재판관의 사자使者나 부하들이 죽은 자를 데리러 올 때 원기를 회복하라는 의미이다. 하지만 신발은 태운다. 그래야 저승에서 온 사자들이 저승으로 떠날 때 신고 갈 신발을 얻게 된다.

사람이 죽으면 시신을 곧바로 깨끗이 씻어주고 새 옷으로 갈아입힌다. 고인이 입던 헌 옷은 하인이 집 밖에서 이리저리 흔드는데, 이때 하인은 고인의 이름을 크게 외친다. 어떤 목적으로 이러한 절차가 행해지는지는 설명을 듣지 못했다. 아무튼 일정한 시간이 지나면 이 헌 옷을 지붕 위에 얹어 그대로 놓아둔다.

시신은 두꺼운 나무로 된 관에 누이는데, 때로 두 개의 관을 마련하기도 한다. 집안의 형편에 따라 몇 달 동안 보관하기도 한다. 방이 하나 또는 많아야 두 개밖에 없는 가난한 평민들은 시신을 그렇게 보관하는 것이 불가능할 것이다. 자주 있는 경우이지만, 특히 관을 짠 나무들이 잘 맞지 않아 틈이 생기거나, 판자를 이리저리 못으로 박아 관을 만든 경우에는 더욱 그러하다. 사람들은 이에 관해 구역질 날 정도로 세세하게 설

◆ 죽은 사람의 영혼이 의지할 자리. 즉 죽은 사람의 사진이나 지방紙榜 따위를 이른다.
◆◆ 상주喪主를 말함.

명해주었다. 입관된 시신은 집 밖에 내놓고 거적으로 덮어놓는다. 시신이 매장될 때까지 그런 상태로 있게 되는데, 가난한 이들의 경우 대개 며칠 후면 매장이 이루어진다.

비교적 신분이 높은 사람의 시신은 매장될 때까지 애도의 대상이 되는데, 왕이 경의를 표하는 경우도 있다. 예를 들어 조선의 1892년 8월 14일자 관보에는 다음과 같은 기사가 있다.

> 예조에서 김평택의 죽음을 맞아 우리에게 이틀간 시장을 닫으라는 요청을 하고 있다.
> 우리는 이 존경스럽고 정직한 인물의 죽음을 애도하며, 우리가 느끼는 고통의 표시로 그의 관을 짜는 데 쓰도록 곽판槨板을 몇 장 선사할 것이다. 또한 우리는 그 가족에게 적절한 애도의 표시를 전할 것이다. 앞으로 3개월 동안 그의 봉급은 그대로 지불될 것이다.

아이가 죽을 경우 장례식 절차는 간소하며, 죽을 때 입었던 옷이나 이부자리에 싸서 매장한다. 총각의 경우 성인의 나이가 되었다 하더라도 아이와 같은 식으로 매장된다. 결혼을 해야만 남자 취급을 받기 때문이다. 결혼을 할 때까지 이들은 아이로 취급된다.

우리에게 익숙한 공동묘지나 중국과 일본에서도 볼 수 있는 공동묘지는 조선에서는 하층계급에서만 이용된다. 여유가 있는 사람은 가능하면 구릉이나 그 남쪽 사면에 있는 빈 땅에 묏자리를 구입한다. 나는 사람들로부터 신분이 높은 사람들에게는 좋은 묏자리를 찾는 것보다 더 중요한 행사는 없다는 얘기를 수없이 들었다. 그들은 땅속에 좋은 귀신과 나쁜 귀신이 있어 가족의 복과 무사 안녕에 지대한 영향을 끼친다고 믿기 때문에 귀신들이 자신들에게 호의를 갖도록 하기 위해 어떤 제물도 아끼지 않는다. 귀신들이 호의를 갖게 하는 데 중요한 것은 무엇보다 적당하게 길한 묏자리다. 지관과 주술사 그리고 점쟁이가 묏자리 찾는 일을 맡는데, 조선에는 이런 사람들이 엄청나게 많다. 이 교활한 작자들은 귀신에 대한 두려움과 미신을 능숙하게 이용해 먹는다. 온갖 허튼 짓을 하면서 여러 가지 도구와 오래된 마법의 책을 가지고 해당 도시의 온 주변을 탐색한다. 그리고 마지막으로 특정한 자리를 가장 좋은 자리라고 말한다. 그곳에 시신을 묻으면, 이 묘지 주변에는 다른 묘가 들어서서는 안 된다. 그럴 경우 먼저 묻힌 사람의 가족에게 돌아갈 복이 달아날 수 있기 때문이다. 신분이 높고 부유할수록 묘를 둘러싼 공간이 크다. 우리의 공동묘지라면 수천 기의 무덤이 들어갈 자리가 조선에서는 오직 하나의 무덤을 위해 예비되어 있는 경우가 허다하다. 무덤 주위에는 나무를 심는데, 절대로 자르거나 베어서는 안 된다. 누군가 이미 자리 잡은 묘에 자신의 가족 시신을 몰래 매장하는 데에 성공하는 경우, 이 묘지는 통째로 새로 묻힌 자에게 넘어가게 된다. 전에 묻혀 있던 시신은 조심스럽게 파내어져 다른 곳에 매장된다. 묘비를 부수고, 묘를 덮고 있는 반구형의 봉분을 제거하여 지면과 평평하게 만드는 경우도 있다. 혈족에 의한 피의 복수가 이루어지는 나라에서 이 일로 인해 생겨날 분쟁과 적대가 어떤 것일지는 쉽게 상상할 수 있을 것이다.

 가족 이외의 누군가가 시신을 관에서 꺼내는 것은 법으로 금지되어 있다. 오로지 가족 구성원만이 이렇게 할 권리가 있다. 달레는 이와 관련하여 흥미로운 이야기를 들려주고 있다. 몇 년 전 어떤 부유한 상인이 돌아가신 아버지를 묻기 위해, 귀족 가문의 무덤 근처이면서 법적으로 규정된 공간 바깥에 있는 묏자리를 찾아보도록 시켰다.

이 귀족 가문의 사람들이 이 사실을 알고는 반대했다. 하지만 상인은 건장한 남자를 100명 정도 데리고 가서 법으로 정한 테두리 안에서 장사를 치르게 했다. 매장이 끝나고 이들이 무덤을 떠나자마자 이번에는 귀족 가문에서 수백 명의 인원을 데리고 도착했다. 하지만 이미 매장을 막기에는 늦어버렸다. 이제 만들어진 무덤을 손상시켜서는 안 되기 때문이다. 그러자 이 양반가 사람들은 상인을 재빨리 추적해서는 그가 데리고 온 사람들을 쫓아버리고는, 상인을 묶어 무덤으로 끌고 왔다. 그러고는 그에게 아버지의 시신을 파내도록 강요했다.

　'신관(지관)'이 묏자리를 찾는 동안 죽은 사람의 친척들은 시신 곁에서 매일 3~4회에 걸쳐 기도하고 제사를 올린다. 이때 상주는 특정한 복장을 해야 한다. 굵은 삼베로 만든 낡고 해지고 더럽고 길고 헐렁한 옷을 걸치고 새끼줄로 허리를 동여맨다. 머리에는 지저분한 삼베 조각을 뒤집어쓴다. 발에는 짚신을 신고 오른손에는 마디가 많은 무거운 지팡이를 든다. 이런 복장을 하고 그는 아침 일찍, 그리고 밥을 먹기 전마다 작은 그릇에 밥을 담아 죽은 사람에게 가져가야 한다. 그러고는 시신이 안치된 방에서 오랫동안 곡을 하며 애도를 표한다.

　애도식이 끝나면 상주는 누더기 옷을 벗고, 그 대신 전체 애도 기간 동안 입어야 하는 다른 옷으로 갈아입는다. 남자들만이 상을 치르는데, 아버지가 죽으면 삼년상을 치르고, 아버지가 먼저 죽은 후 어머니가 죽었을 때도 삼년상을 치른다. 아버지가 살아 있는데 어머니가 죽으면 가족 중 남자들이 1년간 상을 치른다. 아이나 결혼하지 않은 사람이 죽었을 경우에는 상을 치르지 않는다. 상복은 거친 삼베로 된 긴 가운을 입고 굵게 꼰 줄로 허리를 매는데, 이 줄의 끝을 밑으로 길게 늘어뜨린다. 나는 여러 책에서 조선인의 애도 색은 흰색이라고 읽었다. 이는 잘못된 정보다. 이들은 평상시에 흰옷을 입지만, 상복 색깔은 거친 삼베의 때가 탄 듯한 회색빛 노랑이다. 상주는 머리에 깔때기 모양의 밀짚모자를 쓰는데, 머리를 완전히 덮을 뿐 아니라 어깨까지 덮을 정도로 크다. 한 손에는 애도의 지팡이를 들고, 다른 손에는 삼베로 된 독특한 부채를 드는데, 이 부채로 얼굴을 가린다. 그러한 차림을 하고 있는 조선인은 주위에 있는 사람들의 눈에 죽은 것으로 여겨진다. 누구도 그에게 말을 걸거나 성가시게 해서는 안 된다. 어떤 범죄 행위를 저질렀다 해도 그는 체포되지 않는다. 조선에 들어온 프랑스 선교사들이 끊임없이 죽음의 위험을 겪으면서도 가톨릭 교의를 설교하는 데에 성공했던 것도 바로 그런 복장을 한 덕택이었다.

상을 치르는 기간 동안 상주, 즉 가족 대표는 공무를 맡아서는 안 된다. 동물을 죽여서도 안 되고, 심지어 몸을 깨무는 작은 기생충도 죽여서는 안 된다. 모든 종류의 오락이나 가족의 결혼, 비교적 긴 여행 등도 금지된다. 약혼자의 경우 자신의 부모나 조부모뿐만 아니라 시부모를 위해서도 상을 치러야 한다. 그러니 이처럼 엄격한 애도 규범이 조선인의 삶에, 아니 국가의 복지에 얼마나 심각한 영향을 끼칠지 쉽게 상상할 수 있다. 조선에 있는 가톨릭 선교사들이 꼼꼼하게 기록해놓은 《조선의 규범》에는 상喪의 결과와 관련된 일화도 수록되어 있다. 이 책에 등장하는 어떤 인물은 다음과 같이 이야기하고 있다.

나의 부모님은 나를 결혼시킬 생각을 하셨습니다. 하지만 결혼식을 치르기 얼마 전에 미래의 처조부께서 돌아가셨습니다. 그래서 결혼을 3년간 연기해야 했습니다. 애도 기간이 끝나자마자 이번에는 아버지가 돌아가셔서 다시 3년간 상을 치러야 했습니다. 이 기간이 지나자 이제는 결혼할 수 있을 것이라 생각했는데, 이번에는 미래의 장모가 돌아가셨습니다. 그리고 마침내 이 애도 기간이 끝나자 내 어머니가 돌아가셨습니다. 12년이라는 기간 동안 우리는 참을성 있게 기다렸습니다. 그런데 이제는 신부 될 여자가 병이 들어 죽어버렸습니다.

몇 년 전 미망인인 조선의 나이 많은 대왕대비가 죽었을 때도 공공기관과 모든 관공서가 오랫동안 문을 닫았다. 고위 관료의 아버지가 죽으면 이 망자에게는 아들보다 높은 직위가 부여되는 일이 흔하다. 조선의 사고방식에 따르면 아버지는 항상 아들보다 높게 여겨지기 때문이다. 어떤 왕이 아무리 어려서 죽었다 하더라도 그의 후계자는 그보다 어린 왕자들 가운데 선발되어야 하는데, 이는 그가 규정된 추도제를 행할 수 있도록 하기 위해서다. 지금 왕이 왕위에 오를 때 그랬던 것처럼 후계자가 미성년인 경우, 그가 성년의 나이에 이를 때까지 섭정이 정무를 담당한다.

매장하는 날이 되면 일가친척들이 초상집 앞에 모이고, 날이 어둑어둑해지면 장례 행렬이 움직이기 시작한다. 서울에는 이 행렬이 지나가는 길이 정해져 있다. 이 행렬은 모두 서쪽으로 나 있는 작은 문으로 통하는 도로를 지나야 하는데, 이 도로는 사형 선고를 받은 죄수가 형장으로 가는 길이기도 하다. 서울에 전염병이 창궐하면, 포장 상태가 형편없는 이 좁은 도로를 통해 시체와 상을 당한 사람들이 수많은 제등을 들고 지나간다. 밤이 되면 성문이 닫힌다. 서소문에 너무 늦게 도착한 장례 행렬은 문이 열릴 때까지 기다린다. 대개 새벽 3~4시에 문이 열린다. 관을 얹은 상여는 가문의 부유한 정도에 따라 치장되며, 전문적인 상여꾼들에 의해 운반된다. 맨 앞에는 망자의 작위와 경칭이 적혀 있는 붉은 깃발을 든 기수가 선다. 이 깃발은 악령을 물리치기 위해 두 개의 뾰족한 말단부로 되어 있다. 때로 같은 목적을 위해 잔뜩 인상을 쓴 얼굴이 그려진 종이 가면이 장대에 걸려 앞서가기도 한다. 죽은 사람이 고관대작일 경우 대나무로 짜인 실물 크기의 말이 행렬에 포함되기도 하는데, 말 등에는 죽은 사람의 옷이 놓인다. 무덤가에서 말과 옷을 태운 후 그 재를 무덤 속에 함께 묻는다.

관 위에는 대개 불이 켜진 네 개의 제등이 의자처럼 생긴 받침대 주위에 걸리고, 이 대 위에는 고인의 신위가 놓인다. 상여 뒤로 가까운 남자 친척들이 걸어가고, 다른 이들은 말을 타고 가거나 가마를 타고 간다. 그들은 모두 불이 켜진 제등을 들고 간다. 시신이 묻히고 반구형의 봉분이 덮이면, 첫 번째 제사를 올린다. 상주들은 술과 말린 생선이 담긴 작은 그릇을 낮은 탁자 위에 올려놓고, 다섯 번 고두, 즉 무릎을 꿇고 이마를 바닥에 대고 절을 하면서 망자의 '두 번째' 영혼에 평화를 기원하는 문구를 웅얼거린다. 무덤에서 약간 떨어져서 비슷한 방식으로 다시 한 번 제를 올리는데, 이번에는 산신령의 보호를 요청한다.

무덤 안에는 약 10제곱센티미터 크기의 작은 돌판◆도 부장되는데, 여기에는 망자의 이름과 직함이 새겨져 있어 만일의 경우에 대비한 인식표의 역할을 한다. 이 돌판과 신위는 서울의 중요한 매매 품목이다. 동대문으로 향해 나 있는 큰 도로에는 오로지 이 품목만 취급하는 상점들이 줄지어 있다.

망자의 세 번째 영혼은 상주들과 함께 집으로 돌아와 신위에 자리를 잡는다. 이 신위를 위하여 지정된 방 앞에서는 먼저 작은 대접에 술과

◆ 지석誌石을 말함.

밥 그리고 떡을 담아 제를 올리는데, 이는 영혼이 그 향을 즐기도록 하기 위한 것이다. 모인 사람들은 다섯 번 몸을 굽혀 절한 다음, 음식을 거실로 옮겨 그 음식을 먹는다.

신위는 동아시아 민족에게 고유한 것이다. 조선의 신위는 손가락 두 개 넓이에 손가락 길이의 길쭉한 하얀 나무로 되어 있는데, 작은 주춧대 위에 똑바로 세워져 있고 망자의 이름이 쓰여 있다. 삼년상이 지나면 신위는 가문의 '사당'에 있는 다른 신위 곁에 자리를 잡는다. 이러한 사치를 감당할 수 없는 가난한 사람들은 신위를 함에 보관하고, 부득이한 경우 제삿날 다른 조상들의 이름을 종이에 써서 신위에 붙인다. 일반 백성은 대개 아버지와 할아버지에게만 제사를 드린다. 그보다 높은 위치에 있는 사람들은 증조부에게도 제사를 드리며, 왕의 경우 5대조까지 제사 의식이 확대된다.

매년 여덟 번의 특정한 날과 아버지가 사망한 지 1년째 되는 날 후손들은 무덤에서 제사를 드린다. 그사이 부자들의 무덤에는 돌로 된 기념상도 세워진다. 이 기념상들은 대개 말과 숫양의 형태이며, 꼭대기에 기괴하게 찌푸린 인간의 머리를 새긴, 사람 크기의 날씬한 돌기둥도 있다. 공동묘지의 무덤 앞에는 대개 작고 말끔한 비석이 세워진다. 나는 마을 외곽의 풀이 나 있는 산비탈에 5~10미터 직경의 예쁜 반원형 절개지를 볼 수 있었는데, 그 위 평평한 곳에 2~3기의 반구형 봉분이 솟아 있었다. 이 무덤들은 과반수 이상이 푸릇푸릇한 잔디로 덮여 있었고 아주 잘 가꾸어져 있었다.

chapter 23
재판 절차, 감옥 그리고 고문

---- 앞으로 모든 범죄자는 자신의 행위 때문에만 구속되어야 하며, 그의 모든 가족과 친척, 친구가 함께 구속되어서는 안 된다.

 이것은 일본인들의 요구에 의해 조선의 이희 왕이 포고한 열다섯 가지 개혁안 중 하나다. 이 개혁안이 실제로 실행될지, 아니면 앞서 나온 모든 안처럼 그저 관보의 한 면을 채우는 데 그치고 다음 날 다시 잊힐지는, 일본인들이 전쟁에서 거둘 행운에 달려 있으므로 단언하기 어렵다. 하지만 어쨌거나 앞에서 인용한 문장은 독특한 조선의 재판 절차를 뚜렷하게 조명해준다.
 한강변에 있는 용산에서 서울로 가는 도중에 나는 수도의 성문 근처에서 덤불과 돌더미로 덮여 있는 황량한 곳을 지나게 되었는데, 내 안내인이 그곳을 가리키며 말했다.
 "여기가 김옥균이 처형된 곳입니다."
 나는 놀라움을 금치 못하며, 김옥균은 두 달 전에 상하이에서 살해되지 않았느냐고 물어보았다. 같은 인물이 여기서도 처형될 수는 없으니 말이다.

안내인은 자기 말이 맞다고 거듭 확인했다.

"우리나라에서는 대역 죄인은 사지가 찢어지는 벌을 받습니다. 김옥균이 일본 세력에 기댄 개혁파의 주모자였다는 것과, 임금님을 몰락시키려고 했다는 건 당신도 잘 알고 있는 사실이지요. 벌써 몇 년 전에 그는 일본으로 피신했는데, 당연히 그곳에서는 그를 체포할 수가 없었지요. 최근에 그를 상하이로 꾀어내는 데 성공해서, 당신이 말한 대로 그곳에서 살해했지요. 하지만 그의 시신을 우리나라로 옮겨와 임금님이 대역 죄인에 걸맞은 처형을 할 것을 명령했습니다."

"그 처형 방법이란 게 뭐지요?"

"죄인은 먼저 머리가 잘리고 이어서 팔과 다리도 잘려나가는데, 머리와 몸통을 합쳐 모두 여섯 조각이 됩니다. 그건 그나마 나은 편이지요. 예전에는 죄인의 팔과 다리를 황소의 뿔에 묶고, 달군 쇠로 이 소들을 각기 다른 방향으로 몰았어요. 그러면 죄인의 몸이 갈기갈기 찢어졌지요."

"그래도 2주나 지난 김옥균의 시신을 조각내진 않았겠지요?"

"아닙니다. 그렇게 했어요. 그리고 시신 조각은 경고를 줄 목적으로 형리들에 의해 각 지방으로 보내졌습니다!"

나는 이 이야기를 도저히 믿을 수 없어서 서울에 도착하자 자세히 알아보려고 애를 썼다. 내가 얘기를 나눈 유럽인들이 모두 맞다고 확인해 주었다. 가장 훌륭한 증언을 해준 것은 정부에서 발간된 신문이었다. 1894년 4월 14일자 신문에는 다음과 같은 보고가 실려 있다.

1. 경기도 관찰사는 중국 전함 한 척이 김옥균의 시신을 싣고 '로즈 섬'◆

◆ 월미도를 말한다.

뒤쪽으로 들어왔다고 정부에 보고했다. '한양'이라고 하는 이 증기선은 한강을 거슬러 올라왔다. 한성부와 형조의 관리 한 명이 시신을 살펴보고 보고하는 임무를 맡았다.

2. 검열관이 정부에 보고한 바에 따르면, 역도 김옥균은 죽었으며 시신은 여섯 조각으로 잘라야 한다. 도망친 다른 역도들은 빠른 시간 안에 붙잡아 법정에 넘겨야 한다.

3. 관리에 대한 징계를 담당하는 재판소는 김옥균이 바로 참수되고 시신을 조각내야 한다고 청원한다.

같은 날 나온 두 번째 관보는 김옥균에 대한 처벌이 완료되었다고 보고하고 있다. 조각난 시신은 여러 지방으로 나눠 보내졌다.

이 불쌍한 악질이 죽어 몸이 갈기갈기 찢어졌다는 사실이 서울의 궁정과 일본에 적대적인 정부에게 얼마나 큰 기쁨을 안겼는지는 6월 8일자 관보에 실린 왕의 칙령에서 잘 알 수 있다.

8월 11일과 9월 15일에 김옥균이 죽은 것을 기념해 과거가 치러지며, 전하께서는 이 자리에서 400명의 인원에게 관직을 수여하라고 명령했다.

나는 조각난 시신을 여러 지방으로 나눠 보냈다는 사실을 이해할 수 없었는데, 나중에 들은 바에 따르면 정부의 명령을 받은 형리들이 실제로 죄인의 조각난 시신을 취해서 이곳저곳으로, 혹은 집집마다 돌아다닌다고 했다. 당연히 집주인들은 이 고약한 자들에게 서둘러 돈을 쥐여 줘서는, 끔찍한 광경에서 얼른 벗어나려 한다고 했다.

덧붙여 말하자면 이처럼 야만적인 사례는 지난 수십 년간 자주 발생했다. 가톨릭 선교사들이 이에 대해 자세히 설명하고 있다. 장 조제프 페레올Jean Jeseph Ferreol 신부는 파리의 선교 협회에 수많은 기독교인들이 이런 방식으로 처형되었으며 이들의 시신을 이 집 저 집으로 끌고 다녔다고 보고하고 있다.

앞에 인용된 칙령에 등장하는 '검열관'이나 '법무부서', '관리 담당 징계 재판소'라는 표현은 (물론 조선의 방식일 뿐이긴 하지만) 정돈된 재판 절차가 있다는 사실을 암시한다. 실제로 일곱 개의 내각 부서◆ 가운데 하나의 공식적인 이름은 '범죄를 위한 부서(형조)'이며, 이 부서 아래에 일련의 재판소들이 감옥과 처형장 등과 연계되어 존재한다.

최고의 재판권은 왕의 권한인데, 드물긴 하지만 왕이 거리에 행차할 때면 왕의 권력을 상징하는 도끼와 참수용 칼 그리고 삼지창이 앞서 지나간다. 오로지 왕과 제한된 범위에서 팔도의 수령들도 생사 여탈권을 쥐고 있다. 첫 왕자가 태어나면 왕은 대개 특사를 단행한다. 하지만 그 외에는 감형이 아주 드물다.

사법 조직은 문서상으로는 그럴듯하지만, 실제로는 백성을 조직적으로 약탈하고 억압하는 도구이자 고위 관료의 배를 채우고 사적인 복수를 하는 데에 사용되는 도구에 다름없다. 조선에서 경찰은 적어도 수도에서는 엄격하게 관리되고 있다. 수도의 집들은 다섯 집씩 작은 그룹으로 나뉘어 있는데, 이는 살인이나 범죄 행위가 생길 경우 쉽게 범인을 잡기 위한 것이다. 모든 조선인은 신분을 증명하기 위해 작은 나무판 형태의 통행증을 지니고 다니는데, 거기에는 이름과 직책, 주소가 낙인으로 새겨져 있다. 통행증은 백성들의 경우엔 나무로, 군인들의 경우엔 뿔

◆ 이조, 호조, 예조, 병조, 형조, 공조의 육조에 필자가 의정부를 포함시켜 적은 것으로 추정됨.

로, 관리와 하급 귀족들의 경우엔 뼈로 만들어진다. 고급 귀족은 명함을 사용하는데 최근에는 상아로 된 패도 있으며, 이것을 저고리 소매 속에 줄로 매달아 팔찌처럼 차고 다닌다. 적어도 서울에 있는 외교관들에게 들은 바에 의하면, 왕궁에서 야회나 접견이 있을 때 고위 관료들은 깊이 머리를 숙이면서 소매 밑에서 이 패를 꺼내 보이면서 외교관들에게 자신을 소개한다고 한다. 조선말로 호패라고 하는 통행증을 조선인들은 항상, 특히 밤에는 꼭 가지고 다녀야 한다. 왜냐하면 순찰꾼들이 거리에서 하릴없이 싸돌아다니는 사람들을 붙잡아서 신분증이 없으면 당장 가까운 감옥에 가두기 때문이다. 지금까지 (영어나 프랑스어로만 나온) 조선에 대한 얼마 안 되는 책들에는, 해가 지면 여성들이 방문과 산책을 하도록 되어 있기 때문에 남자들이 이 시간에 거리로 나서면 처벌을 받는다고 나와 있다. 이건 틀린 말이다. 왜냐하면 내가 밤에 거리로 나갔을 때 남자들은 많이 만났지만, 낮에도 잘 볼 수 없었던 여자들을 밤에는 전혀 볼 수 없었기 때문이다.

소송 사건이 생기면 먼저 그 지역의 가장 연장자를 찾아가고, 그래도 사건이 원만하게 처리되지 못하면 그다음에는 관할 지역 관리에게 가져간다. 이 관리는 설리번의 오페레타 〈미카도〉에 나오는 총리와 똑같이 징세관, 장교, 경찰관, 검사, 회계원, 판사 역할을 동시에 다 한다. 대개 이 관리는 첫 번째 심리에서 소송을 해결하는 데 성공한다. 처벌도 그의 눈앞에서 바로 이루어진다. 당연히 그는 여러 가지 책무를 맡고 있어 송사에 많은 시간을 할애할 수가 없다. 그는 매달 (조선인에게는 '주' 라는 것이 없다) 몇 시간을 정해놓고 심리가 시작되기 얼마 전에 아랫사람들에게 사건을 낭독하도록 하는데, 이때 낭독하는 소리뿐만 아니라 돈이 짤랑거리는 소리가 더 크게 들린다. 상황이 이러하니 그 관리의 주변 인물들이 얼마나 중요한 위치를 차지하는지 상상할 수 있다. 이들은 정부에서 쥐꼬리만 한 급료를 받거나 그마저도 받지 못하기 때문에, 중국에서 횡행하는 방식과 똑같이 협박을 통해 살 길을 찾는다. 지방 관리 밑에는 이속吏屬◆과 아전을 둔다. 전자의 경우 자신들끼리 조합을 구성하고 자신의 가문끼리만 결혼을 하며, 자신들의 자리와 지식을 후손에게 물려준다. 이들은 개별 사건을 검토하는 법원 서기이지만 실제로는 재판관이나 다름없다. 왜냐하면 관리는 대개 이들과 한통속이며, 이속들이 뒤를 봐주겠다며 송사 당사자로부터 갈취하는 돈의 일부를 받기 때문이다. 아전은 보통의 정리廷吏나 형리, 고문 집행관, 가장 하층계급에 속하는 사람들로, 자신들에게 맡겨진 고약한 일을 처리할 때 흑백 줄무늬가 있는 긴 가운과 옛 일본 다이묘 모자처럼 생긴 독특한 모자를 착용한다.

'고문 집행관'이란 말에 놀라지 않기를 바란다. 왜냐하면 고문은 중국이나 우리의 어두운 중세 시절과 마찬가지로 조선에서는 1894년이 된 지금도 여전히 성행하고 있기 때문이다. 나는 내가 방문한 감옥에서 통상 사용되는 고문 도구들을 볼 수 있었고, 몇 가지 과정을 볼 수 있는 기회도 얻었다. 가톨릭 선교사들이 자신들과 조선의 개종자들이 지방의 감옥에서 겪었던 고통과 소름 끼치는 고문에 대해 파리의 선교 협회에 보고하긴 했지만, 수도에 있는 감옥들은 약 15년 전만 해도 중국이나 튀니지, 모로코의 감옥이 그랬던 것만큼 심각하지는 않다. 선교사들은 축축하고 컴컴한 비좁은 공간에서 앉거나 눕지도 못할 정도였고, 끔찍한 허기와 갈증에 시달리다가 마침내는 득실거리는 벌레를 잡아먹는 형편이었으니 오히려 죽음은 반가운 구원이었다고 적고 있다. 이런 모든 끔

◆ 각 관아에 둔 품관品官 이외의 하급 관리직.

찍한 일에 대해 나는 서울에서 아무것도 보지 못했다. 도둑이 갇히는 일반적인 감옥에는 거적이 깔려 있고 수감자들이 이리저리 빈둥거릴 수 있는 어두침침한 넓은 공간으로 구성되어 있었다. 많은 수감자들이 중국에서 일반적으로 사용되고 있는 형틀인 칼을 목에 끼우고 있었는데, 이것은 2~3제곱피트 크기에 2인치 두께의 사각 나무틀로 목을 끼울 수 있는 둥근 구멍이 있다. 1미터가 넘는 어떤 칼은 구멍이 위쪽에 뚫려 있어서 나무판이 죄수의 목덜미에서 앞으로 비스듬히 걸려 있기 때문에, 걸을 때마다 흔들려 죄수를 고통스럽게 했다. 앞뜰의 벽에는 다섯 개의 구멍을 가진 더 긴 칼들이 여럿 기대어져 있었다. 그중 가장 큰 구멍은 죄수의 목을 끼우는 것이고, 그다음으로 큰 구멍 두 개는 발목을, 가장 작은 구멍 두 개는 팔목을 끼우는 것이다.

높은 담장으로 둘러싸인 감옥의 앞뜰은 약간 더 넓은 뜰로 이어지는데, 이 뜰의 뒤쪽으로 재판소 건물이 서 있다. 겨울에는 공판이 건물의 내부에서 이루어진다. 여름에 판관과 보좌관들은 건물 앞에 있는 계단 위에 자리 잡고 앉으며, 이들의 발치에 있는 뜰의 중앙에 고문대가 서 있다. 각각의 고문 도구들은 벽에 기대어져 있거나 걸려 있었는데, 영사관 소속 관리와 함께 있는 것을 본 옥졸이 우리에게 이 도구들에 대해 기꺼이 설명해주었다.

고문대는 우리가 보통 학교에서 쓰는 긴 의자를 연상시켰다. 다만 이 조선의 의자는 끝부분에 두 번째 의자가 가로질러 십자가 형태가 만들어진다. 죄수의 옷을 벗긴 후 얼굴을 아래쪽으로 하여 의자에 엎드리게 한다. 다리와 양쪽으로 벌린 팔은 의자에 묶는다. 고문 집행관에 의해 받는 가장 일반적인 형벌은 엉덩이 부분이나 허벅지 혹은 종아리를 질기고 탄력이 있는 회초리로 호되게 때리는 것이다. 더 심한 벌은 끝부분을 손에 잡기 좋게 다듬은 길이 4~5피트, 넓이 3분의 1피트, 두께 1인치의 참나무 몽둥이인 치도곤으로 맞는 것이다. 이 무거운 몽둥이로 몇 대 맞기만 해도 벌써 피가 솟아나며, 살은 너덜너덜해진다. 열 대에서 열두 대를 맞으면 살이 모두 해져 몽둥이가 뼈를 때리는 소리가 들린다. 가톨릭 선교사인 달레 신부의 말에 따르면 어떤 기독교인들은 단 한 번의 공판에서 곤장을 60대나 맞았다고 한다!

서울이나 지방이나 할 것 없이 피고로부터 자백을 받아내기 위해서 끔찍한 고문이 자주 사용된다. 가장 흔한 고문은 주리를 트는 것이다. 이를 위해 죄수는 고문 의자에 앉혀지고, 고문 집행인들은 그의 두 무릎과 발목을 꼭 묶는다(달레와 다른 이들은 양쪽 엄지발가락을 끈으로 묶는다고 주장하는데, 나는 이런 식으로 행해지는 것을 서울에서는 보지 못했다). 그런 다음 말뚝을 장딴지 사이에 끼우고, 차츰 뼈가 휘어지거나 부러질 때까지 장딴지를 강력하게 벌린다. 때로는 말뚝을 먼저 집어넣고, 그다음에 무릎과 발이 서로 붙을 때까지 끈으로 잡아당겨 묶는다. 오늘날에도 자주 사용되는 형벌 중 하나는 톱질이다. 이를 위해 집행관은 매끈하고 질긴 끈을 죄수의 한쪽 허벅지에 두르고 줄의 양쪽 끝을 마치 톱처럼 번갈아가며 당긴다. 이 끈은 곧 살을 뚫고 뼈에까지 이른다. 그러면 끈을 다른 쪽 허벅지로 옮겨 다시 끔찍한 과정을 반복한다. 톱질만큼 자주 사용되는 것이 학춤과 주창질이다. 죄수의 팔이나 엄지손가락 혹은 엄지발가락이나 머리카락을 묶어 매달아놓고 벌거벗은 몸을 회초리로 때리는 형벌이다.

법적으로 허용된 고문 외에, 지방에서는 허용되지 않은 더 끔찍한 고문이 이루어지는데, 이 모든 것은 완전히 고위 관리의 마음에 달려 있다. 죄인이 공판을 받고 자기 발로 걸어서 감옥으로 돌아가는 것은 아주 드문 일이다. 피를 흘리고 의식을 잃은 죄인은 대개 감옥으로 실려 가야만 하는데, 이 나라에는 의사가 부족한 탓에 어떤 의료적 처치도 이루어지지 않는다. 따라서 이들은 죄가 있건 없건 상관없이 자백을 하고 만다. 그러면 형리는 자백의 내용을 적은 종이를 내미는데, 이들은 여기에 자신의 피로 서명을 해야 한다. 그럴 경우 법은 더 이상의 고문을 금하고 있다.

중국이나 과거 일본에서 그랬던 것처럼 발바닥을 때리는 형벌도 자주 사용된다. 혁명 전의 일본에서는 차마 기록하지 못할 정도의 훨씬 끔찍한 고문이 자행되었다. 다만 조선에서는 매로 발바닥이 아니라 정강이뼈를 때린다! 나는 서울 한복판에서 이런 형벌이 공개적으로 이루어지는 것을 목격했다. 대개 백성을 착취한 탐관오리들이 이 형벌을 받는다. 윌리엄 그리피스William Elliot Griffis가 쓴 조선의 역사서에서는, 예전에는 이들을 끓는 기름 속에 집어넣었지만 지금은 상징적으로만 행해진다고 나와 있다. 하지만 나는 본 적도 없고, 조선인들로부터도 그런 형벌이 행해진다는 얘기를 들어보지 못했다. 조선이 나라를 폐쇄한 후 외국 독자를 위해 출간된 얼마 안 되는 책에는 예전에는 유배형이 많았지만—켈파트 섬은 대표적인 유형지다—지금은 없어졌다고 적고 있다. 하지만 사실은 그 반대다. 내가 지난 몇 달간 조선의 관보에서 읽은 바로는 거의 예외 없이 정강이를 서른 대 때리고 이어서 "멀리 떨어진 황량한 섬"으로 추방하는 판결을 내렸다. 처벌을 더욱 강화할 때는 추방자의 집을 가시덤불로 둘러친다.

1785년 조선에서 나온 형법전에는 끔찍하고 말로 담기 어려운 고문들이 삽화와 함께 실려 있다. 그중 많은 것이 지금은 시행되지 않지만 사형은 여전히 계속되었다. 대문에 자물쇠가 있는 집이 드물고 문이 열려 있는 경우가 많은 조선에서는 도둑질을 하면 아주 엄한 처벌을 받는데,

때로 사형으로 다스려지기도 한다. 아버지를 때리는 자는 참수를 당하고, 아버지를 살해한 자는 산 채로 화형을 당한다. 다른 종류의 살인이나 모반, 대역죄 등도 위와 같이 엄하게 처벌된다. 서울에는 이를 위해 두 개의 법정을 가진 재판소가 있다. 포청이라 불리는 하위 법정은 개별 사건을 조사하고, 경우에 따라 고문을 하면서 증인을 심문한다. 상급 법정인 형조는 판결을 내리는 재판관들로만 구성되어 있다. 고위 관료는 죄인에게 사형을 판결할 권한이 없으며, 앞에서 언급한 것처럼 지방 수령과 서울의 지사급만이 이러한 권한을 가지고 있는데, 그런 경우에도 일정한 제한을 두고서만 사형 판결을 내릴 수 있다. 한편 죄인이 고문 집행관의 손에서 숨을 거두거나 심리를 받던 중 죽는 경우, 재판관과 고위 관료에겐 절대로 책임을 묻지 않는다. 고위 관료들은 때로 어렵고 지루한 판결 문제로부터 벗어나기 위해 그러한 일을 조장하기까지 한다. 예를 들면 파리의 선교 보고에는 다음과 같은 일이 보고되고 있다. 어떤 귀족의 아들이 하인과 다투다가 칼에 찔려 죽었다. 죄인은 곧바로 고위 관료에게 끌려왔다. 피해자의 아버지는 살해 도구로 사용된 칼을 보여주며 정황을 설명했다. 고위 관료는 "사건이 어떻게 일어났는지 보여달라"고 하면서 살인자를 가리켰다. 아버지는 망설이다가 그 자리에 있던 사람들이 부추기자, 살인자가 자신의 아들을 찌른 부위와 똑같은 부위를 칼로 찔렀다.

이 사건은 지금도 조선인들 사이에서는 피의 보복 행위가 관습적으로 행해지고 있음을 보여준다. 예를 들어 비록 아버지가 법에 따라 처형되었다 하더라도, 고소인에게 보복을 하는 것이 아들의 의무다. 가족 중 한 명에게 어떤 범죄가 행해지면 이 가족은 범행 당사자나 그의 가족을 심판하는데, 여론은 이를 인정할 뿐 아니라 이를 조장하기까지 한다.

조선 왕조의 최고재판소인 금부는 왕이 임명한 고위 관료들로 채워진다. 오직 이 재판소만이 고위 관리나 모반자, 대역 죄인들에게 이들의 지위와 상관없이 판결을 내릴 수 있다. 대역죄는 가장 엄하게 처벌된다. 앞에서 언급했듯이 죄인만 처형하는 것이 아니라 재산을 몰수당하고 온 가족이 유배를 가거나 많은 경우 함께 처형된다. 이는 극동의 나라에서도 가장 부당하고 가장 끔찍한 법 중 하나로, 일본 정부의 권유로 현재 조선에서는 폐기된 상태다.

사형 방식에는 여러 가지가 있다. 역도와 대역 죄인은 머리가 잘리고 몸이 조각조각 찢긴다는 사실은 이미 언급했다. 고위 관직자는 많은 사람들이 보는 가운데 처형당하는 것을 피하기 위해 대개 감옥에서 비소를 먹는다. 군인은 목을 베어 처형한다. 판결을 받은 군인은 거적 위에 앉은 채 일개 부대원들과 함께 서울에서 20킬로미터 정도 떨어진 형장으로 옮겨지고, 이곳에서 부대원들은 사각형 모양의 대형을 이룬다. 이제 죄인의 얼굴에 회칠을 하고 상의를 벗긴다. 병사들은 화살촉을 앞으로 향하게 하여 그의 귓불에 꽂는다. 판결문이 낭독된 후 죄인은 열 지어 선 병사들을 따라 인도된다. 이런 처형이 있을 경우 항상 장군이 동반하는데, 그의 명령에 따라 머리가 떨어질 때까지 여러 명의 병사가 동시에 목덜미 쪽으로 군도를 휘두른다.

비열한 죄수는 집들이 자리 잡고 있고 사람들이 많이 살고 있는 서소문 앞의 넓은 거리에서 참수된다. 이곳에서는 해마다 30~40회의 처형이 이루어지는 듯하다. 2월 11일자 관보에서 나는 다음과 같은 칙령을 읽었다.

1. 재판소는 여덟 명의 역도(이들의 이름이 언급되어 있다)들에게 몸이 여섯

조각으로 잘리는 형벌을 내려야 한다고 청원했다. 왕은 이를 허락하지 않았다.
2. 재판소는 추밀원에 민인신과 그의 동료 두 명을 처형하도록 군 당국에 넘겨주어야 한다고 요청했다. 경고의 차원에서 이들의 머리를 내걸어야 한다는 것이다(이들은 중국인 한 명을 살해했다). 왕은 이를 허락했다.
3. 재판소는 1번에서 언급된 여덟 명의 죄인을 서소문 밖에서 오늘 참수시키라고 결정했다. 왕은 이를 허락했다.

판결이 공표되면 처형은 지체 없이 이루어진다. 사형 집행인들도 실은 사형 판결을 받은 사람들로서, 사형 집행인 자리를 수락하는 조건으로 종신형으로 감형된 자들이다. 정해진 시간에 황소가 양쪽에 사다리 모양의 틀이 있는 수레를 끌고 감옥 앞으로 온다. 수레 위에는 약 2미터 높이의 십자가가 똑바로 세워져 있다. 형리는 죄수의 머리카락과 팔을 이 십자가에 묶어 발만 허공에 떠 있도록 한다. 형장에 도착하면 미리 술을 먹여 취하도록 만든 죄수를 끌어내려 상의를 벗긴다. 그러고 나서 무릎을 꿇린 후 통나무를 그의 목덜미 아래 놓는다. 사형 집행인은 자신이 맡은 일을 집행하는데, 이때 오래된 녹슨 칼로 인해 집행이 완료될 때까지 네다섯 번 칼을 휘둘러야 하는 경우가 허다하다. 시신은 대개 2~3일간 거리에 방치된다. 그러면 개들이……. 이러한 장면은 묘사의 한계를 벗어난다.

어쨌거나 위의 글을 읽고 나면, 사람들은 일본인이 이 영락하고 야만적인 상황에 약간은 질서를 가져오고 있다는 사실에 동의하게 될 것이다.

chapter 24
조선의 독특한 점들

———— 조선인은 나이가 많은 사람에게 자신을 소개할 때 이름과 지위뿐 아니라 나이까지 언급한다. 나이는 아주 중요하다. 이 나라에서는 나이가 많으면 많을수록 더욱 존경을 받는다. 우리는 젊어 보인다는 말을 들으면 좋아하지만 조선인은 그 반대다.

조선인은 세 개의 이름을 가지고 있다. 첫째는 '일족' 또는 혈통의 이름이고, 여기에 가문의 이름이 덧붙여진다. 마지막으로 자신의 이름이 있다. 첫 번째 것, 즉 일족의 이름은 전국에 단지 140~150개밖에 없으며, 이중에는 아주 드문 이름도 있다. 각각의 일족에 속한 다른 가문을 구별하기 위해 일족의 이름 다음에, 이 가문이 어디 출신인지를 가리키는 '부'가 따라붙는다.◆ 예를 들어 우리의 마이어나 밀러에 해당하는 '김'이나 '이'라는 일족 이름에는 스무 개가 넘는 '부'가 있다. 같은 부를 가진 사람들끼리는 비록 3촌이나 4촌의 친척일지라도 서로 결혼을 해서는 안 된다. 가문의 이름은 단독으로 사용되는 법이 없다. 가문의 이름에 개인적인 이명異名을 붙여 부르거나, 젊은 사람에게는 서방이란

◆ 여기서 부는 본관本貫을 말한다.

말을, 비교적 나이 든 기혼자나 집안의 어른에게는 생원이란 말을 붙여 부른다. 하지만 남자들은 대개 세 개의 개인 이름을 가지고 있다. 어릴 적에 부르는 이름과, 일상적으로 통용되는 이름, 통상적인 법적 이름이 그것이다. 관리의 경우에는 여기에 관직명까지 덧붙여진다. 이는 일본에서 1872년 이전에 그랬던 것과 똑같이 오랜 무질서와 착오의 근원이다.

여자들의 경우에는 어릴 적에 자매들과 구별하기 위해 주어진 이름이 전부다. 결혼한 후에는 이 이름마저도 잃어버린다. 좀 더 나은 계층에서는 남편의 이름을 사용하는데, 이름 뒤에 '댁', 즉 여자 혹은 '과댁(미망인)'이라는 말을 덧붙인다.

아이들은 아버지나 어머니, 백부와 숙부 혹은 왕이나 고관대작의 이름을 입에 올려서는 안 되며, '아버지'나 '어머니'란 말조차도 사용할 수 없다. 이런 말 대신 우회적인 표현이나 완곡한 표현을 사용한다.

집안에서 아들은 아버지가 식사를 할 때 시중을 들며 잠자리를 준비한다. 아버지가 노쇠하거나 병이 들면, 아들은 그 옆에서 잠을 자며 낮에도 옆을 떠나지 않는다. 아버지가 감옥에 갇히는 벌을 당하고 있으면 아들은 집을 감옥 근처로 옮기고, 가장 좋은 음식을 가져다드린다. 아버지가 유배를 당하면 아들은 유배지까지 아버지와 동행하고, 때로는 함께 유배 생활을 하기도 한다. 아버지를 거리에서 만나면 아들은 무릎을 꿇고 인사를 한다. 아버지 앞에서 아들은 결코 담배를 피우지 않으며 불손한 행동을 하지 않는다.

조선 사회는 다양한 계급으로 나뉘어 있는데, 그중 가장 높은 위치를 차지하는 것은 수도의 귀족이다. 가장 낮은 계급은 소위 '일곱 가지 천한 직업', 즉 상인, 선원, 간수, 짐꾼, 중, 정육업자(백정), 주술사(무당)로 구성되어 있다.

많은 점에서 조선에는 봉건적인 질서가 여전히 유지되고 있는데, 그중에서도 가장 눈에 띄는 것은 노예와 몸종 제도다. 많은 귀족들은 선대로부터 물려받은 종들을 거느리고 있으며, 마음대로 부릴 수 있다. 종의 자식을 팔아도 된다. 자유로운 신분의 남자는 여종과 결혼할 수 있는데, 그러면 '비부婢夫'라 불린다. 그들 사이에서 태어난 아들은 자유로운 신분이지만, 딸은 어머니의 개인 재산에 속하며, 따라서 마음대로 매매될 수 있다.

하지만 조선에서도 노예제도는 사라져가고 있으며, 수도에서 멀리 떨어진 지방에서는 거의 없어진 상태다. 귀족의 재산 중에는 물려받은 종들 외에, 스스로 종으로 팔린 자들과 기근이 들어서 팔리거나 빚을 청산하기 위해 팔린 종들도 있다. 버려진 아이를 어떤 가족이 받아들여 키우면 이 아이는 이 가족의 종 신분이지만, 그 후손은 자유로운 신분이다. 젊은 남자 종은 대개 농사일에 종사하며, 여종은 집안일을 맡는다. 젊은 종이 결혼을 할 나이가 되면 몇 년간 일정한 금액을 지불하여 자유를 얻을 수 있다. 주인은 종의 생사를 마음대로 결정할 수 있고 처벌하거나 학대할 수 있지만, 이러한 일은 아주 드물게 일어난다. 종들을 험하게 다루는 경우는 거의 없기 때문에, 종은 도시의 가난한 짐꾼이나 지방의 자유로운 농부보다 훨씬 나은 처지다.

사유재산인 종 외에 국가에 귀속된 일종의 노예들도 있다. 즉 중죄인으로 처벌을 받으면, 그의 아내와 자식들에게도 화가 미쳐 재판관의 종이 된다. 이런 종류의 종, 그중에서도 특히 여자는 가장 불행한 처지일 것이다. 왜냐하면 고관대작의 시종이나 병사들과 같은 자들의 노리개가 되기 때문이다. 그래서 여자들은 치욕을 당하지 않기 위해 자살을 하는 일이 허다하다.

  중국이나 일본에서는 일반적으로 매일 차를 마시는 반면, 조선에서는 수도에서만, 그것도 드물게 차를 마신다. 조선인들이 자주 마시는 음료는 쌀을 끓인 물이다. 그 대신 조선인들은 이웃나라 사람들보다 고기를 많이 먹는 편인데, 엄청나게 많은 고춧가루와 식초 그리고 양념을 곁들인다. 이 나라를 찾은 방문객들은 조선인들이 먹는 엄청난 양에 다들 놀라움을 금치 못한다. 어머니들은 아이들이 더 삼킬 수 없을 때까지 억지로 밥을 먹인다. 그러고 나서는 커다란 나무숟가락을 뒤집어 두터운 손잡이로 아이의 배를 눌러 공간을 만들고, 이 불쌍한 아이에게 다시 꾹꾹 밥을 채운다.

  조선에서는 이미 석유의 존재를 알고 있지만, 이것을 조선식의 치료술에만 사용할 뿐 빛을 밝히는 데에는 사용하지 않고 있다. 석유등은 정말로 낯선 것이다. 상류계급의 집에서는 불을 밝히기 위해 질 나쁜 초나 기름 등불을 사용하는데 모두 종이 심지를 쓰며, 가난한 집안에서는 횃불을 켜거나 마당에 불을 피워놓는다. 그런데도 대형 화재가 별로 없는 것은 신기한 일이다.

  일본인은 집 바깥쪽을 꽃으로 장식하며, 집 주변에 작은 나무와 관목을 심는다. 조선의 집들엔 이런 장식이 없다. 부유한 귀족의 집조차도 집 바깥쪽은 여느 집처럼 초라하고 볼품없다. 하지만 내부를 아름답게 치장하며, 담장 안쪽에는 아름다운 정원을 가꾼다.

  조선의 관보에는 왕이 공로를 세운 관리에게 옥으로 된 책을 선물했다는 언급이 가끔 등장한다. 이 '옥편'은 사실 조선어-중국어 사전에 지나지 않는다. 왕은 공식 문서에 자신의 이름으로 서명할 뿐 아니라, '대군주'라는 직함을 함께 써 넣는다. 대형 국새의 각인은 위에서 아래로 읽어야 하는데 '대조선국 대군주보'라는 글이 새겨져 있다. 큰 나라 조선, 폐하의 인장이란 뜻이다.

조선말은 결코 듣기 좋다고 할 수 없다. 대개 후두음에 완벽한 무성음이다. 가장 순수한 조선말은 여성들과 중부 지방 사람들이 하는 말이다. 주요 도시와 북부 지방에서 하는 말은 중국식 표현과 강하게 섞여 있다. 이는 예전에 독일어가 라틴어나 그리스어 표현과 접붙여진 것과 비슷한 양상이다. 남부 지방에서는 일본식 표현을 많이 들을 수 있다. 조선말은 우랄 알타이 계통에 속한다. 그러므로 투란어나 몽골어와 친족어인 셈이다. 따라서 이들이 지닌 특징을 모두 가지고 있다. 조선에 온 가톨릭 선교사들은 1880년 요코하마에서 조선어-프랑스어 사전을 출간했다. 이 사전에는 2만 7천 개가 넘는 단어가 수록되어 있다. 편찬자들이 얼마나 끈기 있고 성실하게 작업했는지 놀라울 따름이다. 일본이나 중국 그리고 시암 등에서와 같이 조선에도 두 가지 언어가 있다. 하나는 왕을 상대할 때만 쓰는 궁중어이고, 다른 하나는 일상적인 대중들의 언어다. 후자의 경우 상대가 윗사람인지, 동년배인지 또는 아랫사람인지에 따라 쓰는 말이 다르다. 이와 비슷하게 우리도 같은 계급의 사람이나 하인에게 쓰는 말과 군주에게 하는 말이 다르기는 하다. 하지만 조선어에서 이 차이점은 한층 분명하게 나타난다. 조선의 문자는 아주 간단하고 분명하며 배우기도 쉽다.

왕궁과 고관들이 집무하는 곳으로 가는 대문 입구에서 나는 커다란 북들이 걸려 있는 것을 보았다. 이 북은 오래된 관습에 따라 청원이나 불만이 있는 사람들을 위해 사용된다. 사람들이 북을 치면 벼슬아치는 그의 청원을 들어주어야 한다. 하지만 이 아름다운 풍습은 지난 몇 년 사이에 완전히 무용지물이 되었다. 북은 여전히 걸려 있지만, 그 북을 건드리는 사람은 한바탕 고초를 치른다! 1892년 4월 14일자 관보에서 나는 이와 관련해 다음과 같은 칙령을 읽었다.

> 병조의 보고에 따르면 수문장이 왕궁의 대문을 잘 감시하도록 하지 못했다. 이에 따라 우현덕이라고 하는 남자가 숨어들어와 불만을 호소하기 위해 북을 치는 데에 성공했다. 전하께서는 장교를 벌하라고 명하셨다.

조선인이 중국의 시간 계산법을 따른다는 언급은 이미 앞에서 했다. 하루는 열두 시간으로 나누어져 있어 우리보다 두 배가 길다. 모든 시각은 다시 여덟 '각'으로, 모든 각은 십오 '분'으로 나뉘는데, 따라서 1분은 우리의 분과 같은 값을 가진다. 하지만 각각의 시각은 숫자로 표현되지 않고, 동물의 상징에 시각을 나타내는 '시'를 붙인다. 예를 들어 호시(인시寅時)는 호랑이의 시각이며, 용시(진시辰時)는 용의 시각 등과 같다. 일상생활에서는 시각의 하위 단위가 사용되지 않는다. 시각을 가리킬 때는 예를 들어 간단히 용시의 처음, 중간, 끝이라고 말한다. 만약 언젠가 철도가 개통되면 어떤 시간 계산법을 사용하게 될지 궁금하다.

조선인은 한 주씩 시간을 나누는 법을 알지 못한다. 한 달은 '작은' 달이 29일, '큰' 달이 30일로 달의 기울기에 따라 정해진다. 3년이 지날 때마다 작은 달인 윤달이 하나 더해진다.

길이를 나타내는 조선식 척도 단위는 '자'인데, 대략 우리의 '피트'에 해당한다. 높이를 나타내는 단위로 사용되는 것은 평균 키를 가진 남자의 신장◆이다. 거리를 재는 단위는 '리'인데, 대략 4킬로미터에 해당한

◆ 척尺을 말함.

다. 체적의 단위로는 '홉'이나 '한 주먹'이 사용되고, 액체의 경우에는 기장의 낟알이 1천 개 정도 들어가는 그릇을 가리키는 '작은 그릇'이 사용된다. 땅의 넓이는 쌀이나 곡식 낟알을 파종할 수 있을 만한 양에 따라 측량된다. '한 주먹의 곡식만 한 땅'이란 한 주먹의 낟알을 씨로 뿌릴 만한 넓이를 가리키며 홉지기라고 부른다.

chapter 25
조선의 유럽인

　　　　외국인에게 개방된 중국과 일본의 항구들이 여러 나라에서 온 유럽인들을 유혹해 끌어들이는 데 반해, 조선에 있는 유럽인 거주지는 아주 천천히 발달했다. 서해안의 제물포와 남해안의 부산, 동해안의 원산과 같은 세 항구가 외국인에게 개방된 것은 겨우 10년 남짓 되었다. 하지만 이 항구에 거주하는 유럽인은 모두 합쳐 73명에 불과하다! 이 세 도시 외에 수도에도 유럽인이 살고 있긴 하지만, 모두 외교 사절단이나 영사관 그리고 선교 시설에 속한 사람들이다. 가장 중요한 항구인 제물포에 들어온 유럽인 회사는 네 개뿐이며, 원산에는 하나의 (러시아) 회사가 있을 뿐이고, 부산에는 전혀 없다. 제물포에 있는 회사 네 개 가운데 두 개는 독일 회사로, (함부르크의) 마이어 사E. Meyer & Co.와 뫼르젤 사F. H. Mörsel다. 나머지 유럽인들은 조선 정부나 중국 세관에 고용된 사람들이다. 국적으로 볼 때는 동아시아의 다른 나라에서와 마찬가지로 영국인이 24명으로 가장 많다. 그다음으로는 독일인이 19명, 미국인이 13명이다. 그 외에 러시아인 일곱 명, 프랑스인 네 명, 네덜란드인 세 명, 이탈리아인 두 명, 포르투갈인 한 명이다.

　　조선에 주재하는 외교단과 영사단은 모두 서울에 있으며 전체가 14명의 유럽인인데, 그중 독일 황실 영사관에 세 명이 있다. 그럼에도 불구하고 서울에는 유럽인들을 위한 클럽이 있는데, '외교·문학 서클'이란 자부심 넘치는 이름을 가지고 있다. 이는 이러한 종류의 클럽 중에서는 세계에서 가장 작은 클럽일 것이다. 19명의 회원들 중에는 영사단 외에 세관의 공무원들과 왕의 미국인 고문인 그레이트하우스^{C. R. Greathouse}와 르장드르^{Charles W. Le Gendre} 장군 그리고 두 명의 의사가 있다. 이 클럽은 단층의 조선식 진흙집에 자리 잡고 있는데, 이곳엔 방이 두 개밖에 없다. 방 하나는 당구대와 술집 탁자 하나가 들어갈 정도의 크기로, 여기서는 중국 급사 한 명이 청량음료를 준비한다. 다른 방은 탁자 하나와 의자 네 개가 있는 작은 별실로, 탁자 위에는 상하이와 요코하마에서 온 간행물이 몇 개 놓여 있다. 지저분하고 좁은 거리에 위치한 이 집은 자부심 넘치는 이름값을 못했기 때문에, 클럽 대표들은 지난해에 2층짜리 클럽하우스를 새로 짓기로 결정했다. 내가 서울에 머무르는 동안 지붕을 올리는 작업이 진행되고 있었다. 지금쯤이면 새 클럽하우스도 개관했을 것이다. 들어간 비용은 3천 달러에 달했다.

거주지가 비록 작긴 해도 때때로 이곳은 생동감이 넘친다. 연회와 사교 모임, 사냥뿐 아니라 무도회까지 열리는데, 서울에는 일곱 명!에 달하는 유럽 여인들도 있기 때문이다. 두루두루 호평을 받고 존경을 받고 있는 독일 영사 크린^{F. Krien}의 정원에는 훌륭한 '잔디 테니스장'이 있으며, 조선이 문을 연 이후로 수도를 방문한 소수의 여행자들, 예를 들면 독일이나 오스트리아의 해군 장교들이 그의 집에서 친절한 접대를 받았다.

유감스럽게도 독일 황실 영사관 건물은 제국의 면모나 외교 대표가 가지는 면모에 걸맞지 않다. 영국과 러시아, 프랑스, 일본이 유럽식으로 지은 매우 아름답고 큰 건물을 고상한 설비를 갖춰 소유한 반면, 독일 영사관은 작고 초라한 단층 건물에 자리를 잡고 있다. 부영사인 라인스도르프는 외국인 거주지에서 가장 평판이 좋은 영사와 마찬가지로 근처에 있는 조선식 건물에 살고 있고, 공사관 서기장인 돔케Paul C. Domke는 또 다른 건물에 살고 있다. 영사는 영사관 건물의 위치와 관련해서 더 나은 선택을 할 여지가 없었다. 왜냐하면 잘 가꿔진 커다란 정원이 같은 토지 구역 위에 자리 잡은 세 건물을 둘러싸고 있기 때문이다. 이제는 아마도 독일제국이 적당한 건물을 지을 수 있는 수단을 승인할 때인 것 같다. 임대해서 그런 건물을 쓰는 것은 간단한 이유에서 제외된다. 왜냐하면 서울에는 거기에 맞는 건물이 없기 때문이다.

적당한 건물을 짓는 것은 독일이라는 이름의 면모를 위해서만 바람직한 것이 아니다. 서울에는 호텔이 없으며, 외국의 해군 장교들이나 외교 사절 그리고 고관들이 영사의 호의를 기대할 수밖에 없다는 점은 이미 언급했다. 현재 제공되고 있는 협소한 공간에서는 이것이 아주 어려운 상황이다. 영사의 손님들이 편안히 지낼 수 있도록 하기 위해, 또 결코 가벼이 여길 수 없는 식사 제공을 위해 이 공간에서 할 수 있는 것은 모두 지원된다. 게다가 피아노도 한 대 구비되어 있다! 잘 알려져 있듯이 운반 도구가 부족하고 도로 사정도 좋지 않은데 어떻게 해서 이 악기와 클럽에 있는 당구대가 제물포에서 서울까지 운반될 수 있었는지는 정말 수수께끼가 아닐 수 없다. 독일 영사관 외에 손님을 가장 환대하는 곳은 조선의 세관 감독인 매클리비 브라운McLeavey Brown의 집무지일 것이다. 왕의 미국인 고문인 그레이트하우스 역시 매우 인기 있는 사람이다. 1880년대에 그의 전임자는 마닐라에 주재하는 황제 파견 영사와 형제간인 파울 게오르크 폰 묄렌도르프Paul Georg von Möllendorff였다. 묄렌도르프는 현재 상하이에 있는 중국 세관에서 가장 높은 자리에 있는 공무원 중 한 사람으로서 서울에서 큰 명망을 누렸으며, 왕국의 가장 높은 지위를 차지했다. 유럽에 그처럼 적대적이던 조선에서 이루어진 많은 개혁은 그의 공로로 돌릴 수 있을 것이다. 하지만 그의 몰락과 더불어 그가 이룬 개혁도 물거품이 되었다. 묄렌도르프가 책임자로 계속 남아 있었다면, 이 나라의 행정과 상업은 벌써 최상의 상황이 되었을 것이며, 정부 요직과 외국 교역에서도 가장 큰 몫이 독일인에게 돌아갔을 것이다.

왕과 외무 장관은 때로 연회나 만찬을 베풀기도 하는데, 이때에는 정말 떠들썩한 잔치가 벌어진다. 초대장은 회화로 장식되고 조선의 문자를 붓글씨로 써 넣는다. 외무 장관이 보낸 초대장에는 다음과 같은 글이 적혀 있다.

> 붉은빛은 바래고 녹색이 점점 짙어집니다. 봄의 매혹적인 빛깔(?) 이 도래했습니다. 제가 오늘 오후 베푸는 잔치에 참석하여 저와 저의 친구들과 함께하는 즐거움을 주시지 않겠습니까?

잔치에는 때로 무희들도 참석하는데, 이들은 유럽식으로 차려진 연회석에서 외교관들과 통역사들 사이에 자리를 잡는다. 조선인들에겐 무희들과 함께 있는 것이, 이들이 용기병龍騎兵처럼 열심히 경배하는 적포도주와 샴페인보다 더 큰 재미를 주는 것처럼 보인다. 다만 우리의 식탁에서는 용납되지 않는 것은 물론이고 그 밖에도 혼자 있을 때만 허용되는 여러 가지 소리를 냄으로써 이들은 즐거운 식사에 자신들이 만족하고 있다는 것을 표현한다. 연회가 끝나면 대개 줄타기와 마술, 무희들의 춤 공연이 이어지는데, 그렇다고 연회의 주최자가 큰 비용을 부담하는 것은 아니다. 왜냐하면 조선 춤을 추는 여인들은 고위 관헌의 명령에 따라

대가 없이 손님들을 즐겁게 해주어야 할 의무가 있기 때문이다.

유럽인들은 일상적인 상황에서는 서울에서 절대적인 안전을 누리고 있다. 집 대문은 밤중이나 주인이 없을 때에도 열려 있으며, 아무도 문을 잠글 생각조차 하지 않는다.

약 35명에 달하는 선교사들은 자기들끼리 몰려다니며, 클럽엔 말할 것도 없고 회합에도 잘 나타나지 않는다. 서울에 있는 유럽인들의 거주지가 아주 작다는 사실을 염두에 둘 때 이는 이목을 끄는 일이다. 이들은 다른 모든 동아시아 국가들에서도 그렇듯이 여기서도 그리 달가운 존재가 아니다. 따라서 선교 사업에서 얻는 것도 미미하다. 어디서나 그렇듯 훌륭한 예외를 보여주는 것은 가톨릭 선교사들, 무엇보다도 조선의 주교인 구스타브 샤를 뮈텔Gustave Charles Mutel 신부다. 선교사들이 여러 기독교 종파에 속해 있어 조선인들은 선택의 여지가 풍부하다. 다만 유대교도가 될 기회는 없다. 왜냐하면 동아시아에는 이스라엘의 선교사가 없으며, 조선 어디에서도 이들을 찾아볼 수 없기 때문이다. 이와 달리 중국에는 작은 이스라엘 거주지가 있는데, 이곳 사람들은 중국식 복장을 할 뿐 아니라 긴 변발까지 하고 다닌다.

1894년 여름 〈런던 타임스〉의 파리 통신원은 조선 국민 중 4분의 1이 기독교를 믿는다고 보도했다! 이 보도에 따르면 반도에는 60만 명의 가톨릭 신자와 70만 명의 개신교 신자가 있다고 한다! 대개는 정통한 소식통을 가지고 있는 이 명망 있는 언론이 이렇게 잘못된 정보를 믿다니 믿을 수 없는 일이다! 내가 서울에 있는 가톨릭 선교관에서 뮈텔 주교로부터 직접 들은 설명에 따르면, 올해 가톨릭교도는 모두 2만 5천 명이며, 그중 6,207명이 서울에 거주하고 있다. 서울에 거주하고 있는 영국 국교의 주교로서 존경을 받고 있는 존 코르페C. John Corfe 신부는 자신의 교회 신도가 수백 명 정도라고 알려주었으며, 미국 선교단의 경우 기독교로 개종한 신도는 손가락으로 셀 수 있을 거라고 했다! 조선에는 〈런던 타임스〉가 보도한 대로 150만 명의 기독교인이 아니라, 모두 합쳐서 3만 명이 채 안 되는 기독교인이 존재한다.

제물포에는 외교 사절단이 없다. 하지만 얼마 안 되는 유럽인들은 (그중 독일인은 세 명이다) 자신들만의 클럽을 가지고 있는데, 이 건물은 서울에 있는 것보다 훨씬 호화롭고 아름답다. 이들의 사교 생활은 수도만큼 매력적이진 않다. 부산에 거주하고 있는 유럽인은 영국인 두 명, 네덜란드인 두 명, 독일인 한 명이 전부이며, 모두 세관의 직원이다.

상하이와 광둥, 톈진 등과 같이 제물포에서도 '외국인 조계租界', 즉 외국인에게 정해진 구역은 '자치 위원회'가 다스리는데, 현재 영사가 이 위원회의 장을 맡고 있다. 수도나 개항장에 거주하는 유럽인은 생활하는 데 전혀 불편함이 없으며 게다가 아주 안전하다. 내륙을 여행할 때도 평상시에는 두려워할 만한 것이 없다. 다만 선교사들은 가끔 위험에 노출되기도 하지만, 그렇다고 해도 지난 10년간 유혈 사태로 번지는 경우는 없었다. 다시 말해 조선의 상황은 분명히 나은 방향으로 바뀌었다. 현재 다시 권력을 잡은 대원군, 즉 왕의 아버지가 20년 전만 해도 만 명이 넘는 기독교인을 끔찍한 방식으로 고문하고 처형한 후 시신을 잘랐다는 사실을 생각하면 놀라운 발전이다. 지난 수백 년간 기독교로 개종한 사람들의 확고함이나 영웅적 행위, 선교사들의 기꺼운 희생과 자기 부정에 있어 조선의 가톨릭 선교사는 전례가 없을 정도로 대단하다!

조선에는 일본인과 중국인이 유럽인보다 훨씬 많다. 일본이 제물포에 진군해 들어오기 전까지 중국인은 제물포에 737명, 서울에 1,257명, 부산과 원산에 211명, 모두 합쳐 2,205명이 살았다. 조선에 거주하는 일본인은 9,204명으로, 제물포에 2,650명, 원산에 767명, 부산에 4,983명이 살고 있고, 나머지는 서울에 산다. 이 모든 도시에서 이들은 정확히 경계 지어진 자신들만의 구역을 가지고 있으며, 이 구역은 일본 영사관의 지배하에 있다. 조선과 외국 사이에 이루어지는 교역의 80퍼센트를 일본인들이 장악하고 있다.

chapter 26
제물포 나들이

---- 나는 아직도 북쪽에 있는 두만강 유역까지 여행을 했으면 싶다. 그런데 1894년 7월 말 중국과 일본이 서로 적대감을 표출하기 전 이미 거리는 양쪽의 군대로 가득 찼고, 조선의 마을에 있는 얼마 안 되는 형편없는 '간이 숙박업소'들은 군인들로 붐볐으며, 많은 지역에서 봉기가 있었다. 그런 탓에 나는 내륙 지역을 여행하지 말라는 경고를 여기저기서 받았다. 게다가 여행을 위한 통행증은 물론이고, 이와 더불어 군사적 호위 역시 거부되었다. 이유는 내 안전을 보장할 수 없다는 것이었다. 유일하게 조선을 정기적으로 운항하고 있는 유센 가이샤 소속의 증기선들도 침략군에게 차출된 탓에 나는 정기 노선의 마지막 배를 이용하지 못했다. 전쟁으로 인해 생긴 정황이 나를 고요한 아침의 나라에 얼마나 오래 붙잡아놓을지 누가 알 수 있었겠는가? 게다가 중국의 함대는 벌써 일본기旗 사냥에 나섰다. 중국의 전쟁 포로가 되어 즈푸나 텐진 어딘가로 끌려가 감옥에 갇히거나 머리까지 잘리는 것은 틀림없이 흥미로운 모험이 될 것이다! 하지만 나는 머리가 하나뿐이고, 이것이 내게는 흥미로운 모험보다 우선이었다. 게다가 나는 방금 도착했고, 내가 보고자 했던 것은 이미 본 상태였다. 반면 일본의 멋진 피서지인 미야노시타

(하코네)와 닛코가 내게 손짓하고 있었다. 그래서 나는 조선의 수도에서 지방으로 가려고 계획했던 여행을 연장하는 대신, 제물포에서 부산으로 가는 다음 증기선을 타고 부산에서 일본의 시모노세키로 여행하기로 결심했다.

많은 유럽인들이 이 여행길을 떠나고자 했다. 호의적이고 누구에게나 존경받는 조선의 영국인 주교 코르페가 무엇보다 이 여행을 원했는데, 그는 주교인 동시에 작센-코부르크와 고타의 대공으로부터 명예 보좌 신부로 임명된 인물이다. 여기에 그의 훌륭한 조력자이자 교양이 풍부한 사제인 마크 트롤로페Mark Trollope도 이 여행에 동참하고자 했다. 그는 극동 아시아에서 위험천만한 선교사의 사명에 헌신하기 위해 옥스퍼드 대학을 떠난 지 얼마 되지 않았다. 그 밖에 서울에 있는 선교단의 많은 가톨릭 수녀들과, 마지막으로 언급하지 않을 수 없는 〈런던 타임스〉의 통신원 미치A. Michie가 있다. 세관 감독인 매클리비 브라운의 집에는 외교 사절이 여럿 묵고 있는데, 이 집에서 벌어진 성대한 환송연에서 제물포로 돌아가는 여행에 대한 이야기가 화제에 올랐다. 미치는 다음 날 아침 용산에서 제물포로 떠나는 증기선에 제때 오르기 위해 한밤중에 떠나려고 했다. 하지만 앞서 언급했듯이 서울의 성문은 해가 지면 닫힌다. 그러니 밤에 도시를 떠나려면 15미터가 넘는 높은 담을 기어올라야 한다. 뿐만 아니라 짐과 가마 역시 담 위로 넘겨야 하는데, 이는 초승달이 떠 있는 어두운 밤에는 위험천만한 일이다. 미치는 정말로 이렇게 하다가 담에서 떨어져 발에 심각한 부상을 입었다. 나는 증기선 여행을 이미 해보았다. 일본인이 점령한 지역을 거쳐 제물포까지 가는 육로 여행이 훨씬 흥미로울 것 같았다. 그래서 나는 짐을 조선인 짐꾼들에게 맡기고, 날이 밝기가 무섭게 고양이만 한 자원 말에 올라타 서대문을 나섰다. 서울이여 안녕! 십중팔구는 다시 볼 일이 없을 것 같구나!

 한 시간 후 나는 한강의 가파른 강가에 위치한 커다란 마을인 마포에 도착했다. 내 마부(조선에서는 마부 없이 말 타는 사람이 없다)는 내가 탄 말을 나룻배 위로 끌고 갔고, 우리는 이 배를 타고 급류가 흐르는 강을 넘었다. 선원들은 흐르는 강물을 가로질러 건너편에 있는 부두에 닿기 위해 4분의 1마일 정도 힘들여 노를 저어야 했다. 건너편에 이르자 결혼 행렬을 헤치고 우리의 길을 가야 했다. 진하게 화장한 신부가 얼굴을 하얗게 칠하고 눈은 꼭 감은 채 친척들에 의해 막 신랑의 집으로 인도되고 있었다. 목욕하고 있던 성인 남자 몇 명이 이 행렬을 아무 거리낌 없이 입을 벌리고 쳐다봤는데, 이들은 무화과나무의 존재◆를 몰랐음에 틀림없다. 하긴 무지한 조선인들에게 어떻게 식물학적 지식을 기대할 수 있겠는가? 1피트 정도 깊이의 강변 모래를 밟고 반 마일 정도를 더 가서 약 1미터 깊이의 두 번째 지류에 도착했다. 이 지류를 나는 왜소한 말 등에 탄 채 발에 물을 적시며 건너야 했다. 건너편에서는 약 1마일 정도를 가도록 자갈과 모래 외에는 아무 흔적도 볼 수 없었다. 그렇게 우리는 통행이 많아 잘 다져진, 서쪽으로 향하는 길에 도착했다. 그 길은 이 나라에서 통행량이 가장 많은 간선도로였다. 오전이 끝날 무렵에야 우리는 서울과 제물포 사이의 30마일에 이르는 긴 구간에서 유일한 마을인 부평에 도착했다. 부평은 일본인이 점령하고 있었다. 우리는 마을에 있는 유일한 여관에서 말에게 먹이를 주기 위해 멈춰 섰다. 그 사이 나는 '호텔 시설'을 둘러보았는데, 조선 어디를 가나 비슷한 모습이었다. 여기에서 조선에서 여행하는 것에 대한 일반적인 사항에 대해 얘기해야 할 것 같다.

◆ 아담과 이브가 무화과나무 잎으로 알몸을 가렸던 것을 암시하는 듯하다.

여느 나라에서와 마찬가지로 이곳에서 여행자에게 꼭 필요한 것은 인내심이다. 시간이 우리처럼 초나 분이 아니라 반#시간으로 계산되며 한 시간이 우리의 두 시간과 마찬가지인 나라, 할 일 없이 빈둥거리는 것이 가장 널리 퍼져 있는 소일거리인 이 나라에서는, 시계와 더불어 초조함도 집에 놓고 와야만 한다. 그 대신 믿을 만한 조선의 고용인과 자신이 탈 노새 그리고 필요한 동전을 실을 노새를 챙겨야 한다. 노새나 당나귀는 유일한 운송 수단은 아니지만 가장 안락한 수단이다. 자동차는 조선에 알려져 있지 않다. 언젠가 서울에서 북쪽으로 250킬로미터 정도 떨어진 주요 도시인 평양까지 자전거 여행을 시도한 사람이 있긴 하지만, 도로 사정이 형편없어 자전거를 타기에는 무리다. 그리고 아무도 조선식 가마에 앉아 이리저리 흔들리며 가고 싶어 하지 않는다. 게다가 이렇게 여행하는 것은 비용이 매우 많이 든다. 이를 위해서는 네 명에서 여섯 명의 운반인을 데려가야 하는데, 아프리카의 흑인들처럼 그렇게 값싸지 않다. 한 사람당 매일 2천 냥씩 주다 보면 여행 경비가 눈덩이처럼 불어난다. 이와 달리 관리들이나 고관대작들은 거의 예외 없이 가마를 이용한다. 왜냐하면 운반인과 숙박업소, 식료품 등은 해당 지역의 주민들이 무료로 제공하기 때문이다.

그러니 이미 언급했듯이 남은 선택은 노새밖에 없다. 그것도 안장이 없는 노새 말이다. 여행이 여러 날 걸릴 것 같으면 짐을 실을 노새를 한 마리 더 끌고 가야 하는데, 그만큼 여행 경비도 크게 늘어난다. 따라서 여행자들은 짐을 같은 무게의 두 개의 짐짝으로 나눠 노새의 양 옆구리에 매달고, 그 위에 깔개를 몇 장 올린 후 거기에 앉는다. 당연히 좌석은 약간 높은 편이고 위험하다. 왜냐하면 노새의 목에 다리를 꼬아서 올려 놓는 것 말고는 다른 고정 방법이 없기 때문이다. 그 대신 노새 한 마리를 절약한 셈이다! 이런 짐 싣는 말과 여기에 속한 마부를 빌리려면 평균 3~4천 냥이 든다. 내가 조선의 지방 도로에서 본 여행자들은 남자, 여자, 상인, 하급 귀족 할 것 없이 다들 그렇게 하고 있었다. 내가 부평에서 아침 간식을 먹는 동안 두 명의 간호사가 이런 식으로 서울에서 우리 쪽으로 오고 있었다. 여행 가방과 깔개 그리고 작은 가방이 노새의 양옆에 매달려 있었고, 두 여자는 어쩔 수 없이 다리를 쫙 벌린 채 맨 몸으로 커다란 짐 위에 걸터앉아 있었다! 때로 상인들을 만나기도 했는데, 이들은 불쌍한 동물 위에 얼마나 많은 짐을 실었는지 어슬렁거리며 걷는 짧은 다리만 보였다. 물론 머리와 꼬리도 보이긴 했지만, 이 인정머리 없는 상인들은 그 많은 짐 위에 올라타고 있었다. 불쌍한 노새 같으니! 나는 이 둘의 역할을 바꿔, 노새와 함께 많은 짐을 살찐 상인의 등에 실었으면 하고 얼마나 바랐는지 모른다.

　(노새를 끄는) 마부에게는 10리(1리는 4킬로미터)마다 일정한 금액과 음식을 주거나, 전체 구간에 대한 비용을 합의한 후 먼저 절반을 지불한다. 여러모로 보아 후자가 더 유리한 방식이다. 여행 방식만큼이나 중요한 것이 여행 경비다. 여행이 오래 걸릴 것 같으면 조선에서 거의 유일하게 유통되는 동전 꾸러미를 노새 몇 마리에 나눠 실어 날라야 하는데, 덩달아 여행 비용도 껑충 뛴다. 다행히 비교적 큰 몇몇 상업도시에서는 조선 화폐를 중국 돈 쇄은^{碎銀}(약 75멕시코달러◆에 해당하는 은괴)으로 바꿀 수 있다. 따라서 하나의 쇄은으로 24만 냥을 받게 되는 셈이다. 그보다 작은 쇄은은 받지 않는다. 따라서 그와 같은 은괴 몇 개와 그 외에 며칠 동안 쓸 2~3만 냥을 지니고 다니는 것이 최상의 방책이다. 어쨌거나 독

◆ 은화로, 질이 고르고 중량이 정확해 무역 화폐로 널리 쓰였다.

일에서는 꿈도 꿀 수 없는 일이다. 물론 멕시코와 남아메리카 서부에서도 나는 무거운 돈 꾸러미를 지니고 다녀야만 했다. 하지만 그것은 적어도 은이었다. 이미 중국에서부터 상황이 심각했다. 왜냐하면 거기서도 내 여행 짐은 엄청난 양의 동전 꾸러미로 인해 대단히 무거웠기 때문이다. 하지만 중국에는 적어도 여러 도시의 은행에서 환어음으로 바꿀 수 있었다. 그러나 조선에는 은행이 없었다. 공무로 여행하는 사람이나 고관대작 그리고 관리에게는 지역 관청이 은행의 역할을 대신한다. 지역 관청에서는 고관대작이 요구하는 금액을 관청의 장부에서 지출하거나 백성들에게 조달하게 해야 한다. 여행 중인 유럽인에게도 외교관의 중개에 의해 환표換票, 즉 지방 관리에게 보내는 신용장이 교부될 수 있다. 하지만 지역 관리들에게 돈이 없을 경우, 이들은 유럽인을 위해 주민들의 재물을 강탈해야만 하는데, 이는 폭동의 빌미가 될 수도 있다. 따라서 요즘과 같이 민감한 시기에는 관차는 주머니에 모셔두고 차라리 현금을 가지고 다니는 것이 낫다. 조선에서도 착하게 현금으로 지불하는 사람에게는 친절하게 웃으면서 다가온다.

  가장 심각한 문제는 숙소를 정하는 일이다. 식료품은 함석통에 넣어 가지고 다닐 수 있지만, 호텔은 그럴 수도 없으니 말이다. 조선에서 숙소는 말로 표현할 수 없을 만큼 고약하다. '침실'이라 함은 어두침침하고 천장이 낮은 방으로, 따뜻하게 데워진 돌바닥으로 되어 있는데, 대개는 외양간 옆에 붙어 있다. 게다가 방 안에는 다양한 종류와 크기의 벌레들이 돌아다니면서, 정말 탐욕스럽게 유럽인의 피를 노리고 있는 것 같다. 이 녀석들도 대규모 공격이 닥치면 목숨을 걸어야 한다는 사실을 알고 있다. 하지만 이 교활한 미식가들은 그럼에도 불구하고 결사적으로 먹잇감에게 달려든다. 이 녀석들에게 우리는 깨끗한 자고새나 다름

없다. 녀석들을 유일하게 막아줄 수 있는 것은 배초향이라 불리는 조선의 탁월한 분말 살충제다. 나는 그것을 벼룩의 천국인 일본에도 가지고 갔다. 하지만 나는 일본인들과 이미 여러 달 동안 잘 알고 지냈음에도 불구하고 그들에게서 일본의 벼룩에 대해서는 아무 말도 듣지 못했다. 그들의 주인처럼 이 녀석들도 조선인보다 훨씬 '상수'다. 배초향이 있는데도 불구하고 녀석들이 대단한 식욕을 가지고 물고 피를 빨아대는 통에, 나는 녀석들이 편안하게 즐기는 것을 어떤 식으로도 방해할 수 없을 것 같았다. 배가 부르면 녀석들은 부드러운 배초향에 앉아 소화를 시켰다.

조선의 초라한 집에서는 침대나 침대 덮개, 매트리스와 같은 것은 당연히 상상할 수도 없다. 설령 있다고 해도 벌레 저장소나 다름없는 그것을 사용하지는 못할 것이다. 따라서 사람들은 대개 접이식 매트리스와 한두 장의 깔개를 가지고 다니는데, 이는 부드러운 안장이 되기도 한다. 깡통에 담겨 있는 유럽의 식료품과 비교할 때, 조선의 식료품은 비교적 괜찮은 편이다. 모든 '호텔'에서 훌륭한 밥과 콩, 달걀, 닭, 김치(조선식 절인 양배추), 생선 그리고 해조류가 제공되며, 여기에 국민 음식이라 할 수 있는 국수, 즉 메밀로 만든 마카로니가 나온다. 다만 음식이 준비되기까지는 족히 한 시간이 걸린다. 부평에서 한 시간 동안 휴식을 취한 후 나는 뜨거운 뙤약볕을 받으며, 벼가 자라고 있는 논과 과수원이 펼쳐진 아름답고 풍요로운 지역을 계속 말을 타고 다녔다. 구릉은 곳곳이 소나무 숲으로 덮여 있었고, 그 사이로 진흙으로 지어진 작은 오두막이 옹기종기 모여 있었다. 길은 일본 기병들이 점령하고 있었다. 200~300보 걸음을 옮길 때마다 순찰대가 내 옆을 지나갔다. 이들은 내게 별 신경을 쓰지 않았다. 그 대신 남쪽에 있는 산들을 날카롭게 감시했다. 그쪽 방향에 있는 아산牙山에 중국인들이 진을 치고 있어, 언제라도 들이닥칠 수 있기 때문이었다. 일본 순찰대는 아무 일이 없는 것에 대해 매우 안도하고 있었다. 많은 구간이 한때 바다 밑이었던 것처럼 보였으며, 몇 개의 고립된 구릉이 섬처럼 솟아 있는 것 같았다. 이곳에 융기가 있었던 것일까? 나중에 제물포에서 알아본 바에 따르면, 역사 이래로 해안선의 융기나 침강 현상은 알려진 바 없다고 했다. 제물포의 평탄한 해변 덕분에 이러한 사실은 관찰하기가 용이하다.

정오경 제물포에서 동쪽으로 10마일쯤 떨어진 곳에서 우리는 엄청나게 가파른 구릉지대를 넘어야만 했다. 일본군의 대포가 어떻게 이 길을 통해 항구에서 수도까지 운반되었는지 신기한 일이었다. 그런 산길에서 경사도를 낮추기 위해 지그재그 형태의 길을 구축하는 방법을 조선인들은 모르는 것처럼 보였다. 길은 약 300미터 높이의 협로까지 곧바로 이어졌고, 여기서 다시 건너편 아래까지 똑바로 나 있었다. 오후 3시경 마침내 우리는 해가 쨍쨍 내리쬐는 먼지 나는 도로에서, 섬이 많은 만灣과 제물포항을 보았다. 30분 후에 우리는 제물포에 도착했다. 정박소에는 부산을 지나 일본으로 나를 다시 데려다줄 증기선이 떠 있었다.

chapter 27
조선 팔도

----　　내가 조선의 내륙에 관한 지식을 얻을 수 있었던 것은 오로지 가톨릭 선교사들 덕택이다. 왜냐하면 지금까지 조선을 여행하는 사람이나 상인이 해안 도시를 벗어나 조선 깊숙이 들어가본 적이 없기 때문이다. 종교인이 아닌 유럽인이 해본 유일한 여행은 서울에서 조선을 가로질러 동해안에 위치한 항구 도시인 원산까지 가는 여행과, 남쪽에 있는 부산까지 이어지는 여행, 그리고 마지막으로 러시아의 경계에 위치한 하얀 산◆에 이르는 여행이다. 이 산은 조선의 경계를 이루는 두 개의 강, 즉 황해로 흘러드는 압록강과 일본해(동해) 쪽으로 흘러드는 두만강을 가르는 분수령이다.

　조선은 산이 많은 나라다. 만주에서 뻗어 나온 커다란 산맥이 조선의 동해안을 따라 달리면서, 조선 반도 전체를 북에서 남으로 꿰뚫는다. 여기서 가지를 친 작은 산맥들이 이 나라의 많은 부분을 덮고 있다. 하지만 그 외의 다른 지역에도 푸른 구릉과 소나무 숲으로 뒤덮인 산들 또는 초목이 없는 단단한 바위들이 솟아 있다. 여행을 할 때면 한쪽 계곡에서

◆ 백두산.

다른 쪽 계곡으로 가기 위해 도처에서 이런 지형을 넘어야만 한다.

어떤 선교사는 다음과 같이 적고 있다. "산의 정상에 서면 뾰족하고 가파른 바위산과 둥근 산봉우리, 오를 수 없는 암벽들이 수없이 보이고, 멀리 지평선 너머에는 더 높은 산들이 보인다. 이 땅 어디를 가나 볼 수 있는 풍경이다." 유일한 예외는 서해안 쪽으로 뻗어 나간 지역인 내포의 고원 지방이다. 이 지역 역시 융기 지형이긴 하지만, 다른 지역보다 산이 높지 않고 그 수도 많지 않다. "이 넓은 용암 지대보다 우울한 것은 없다"고 굴드 애덤스Goold Adams 선장은 말하고 있다. "수 마일을 지나도 덤불 같은 거친 풀 외에는 아무것도 보이지 않으며 때때로 원추형의 작은 언덕이 변화를 주는데, 이 언덕들은 지면에서 약 80미터 높이까지 솟아올라 있다. 이 고원은 사방이 산들로 둘러싸여 있다. 어느 곳에서도 사람 사는 집은 보이지 않는다. 우리는 말을 타고 이틀 동안 황무지를 달린 끝에 남산에 도착했는데, 여기서 처음으로 텐트를 치기엔 적당치 않은 장소를 만났다. 그래서 우리는 결코 안락하다고 할 수 없는 조선의 숙박업소에 피난처를 구해야 했다. 온갖 종류의 기어 다니는 벌레가 믿을 수 없을 정도로 많았는데, 항상 같은 지붕 아래에 있는 외양간이 이 불청객들을 끌어들이는 것 같았다. 여기서는 잠자는 방과 부엌 그리고 외양간이 하나의 공간에 같이 있는 것을 흔히 볼 수 있다."◆

조선의 중추를 이루는 산맥의 동쪽 경사면은 매우 가파르다. 따라서 지대가 높고 바위로 된 해안에는 만이나 항구가 아주 적다. 서쪽 경사면은 훨씬 완만하며, 섬을 포함해 약 21만 9천 제곱킬로미터, 즉 영국의

◆ 앨프리드 캐번디시와 굴드 애덤스가 공저한《한국의 성스러운 백두산Korea and Sacred White Mountain》에서 인용한 대목으로 보인다.

면적과 비슷한 조선 전체 면적의 4분의 3 이상을 점한다. 서해안 쪽으로는 수량이 풍부한 강이 많은데, 이중 다수가 내륙으로 50~80킬로미터까지 배를 운항할 수 있다. 해안은 잘 발달되어 있고, 연안에는 섬들과 훌륭한 항구가 많이 있다. 산맥의 동쪽 경사면은 서쪽 경사면보다 숲이 훨씬 풍부해서, 바다에서 바라보면 전체 해안선을 따라 두만강 어귀에서 브로턴 해로까지 이르는 거대한 하나의 숲처럼 보인다. 산맥 동편과 서편의 기후 차이도 두드러진다. 높은 산들의 꼭대기에는 한여름에도 눈이 덮여 있다.

같은 위도에 위치한 다른 유럽 국가들과 비교할 때 조선의 겨울은 훨씬 춥고 여름은 훨씬 덥다. 시베리아 쪽을 향해 북쪽 경계를 이루는 두만강은 연중 5개월 동안 얼어 있으며, 서울의 한강은 2~3개월 동안 얼어 있다. 팔레스타인, 튀니지와 같은 위도에 있는 남쪽 지방조차도, 비록 계곡에서는 눈이 하루 동안 쌓여 있는 경우가 드물긴 하지만 겨울 동안에는 높이 쌓인 눈이 산을 덮는다. 가톨릭 선교사들이 관찰한 바에 따르면, 남쪽 끝에서 가장 낮은 온도는 영하 13도 정도이며, 위도 37도에서는 영하 9도였다. 가장 쾌적한 계절은 봄과 가을이다. 여름에는 찌는 듯이 덥고 비가 엄청나게 내린다. 태풍은 9월 말에 가장 자주 찾아온다. 연평균 기온은 서울이 12.7도, 제물포가 12.4도, 원산이 12도, 부산이 15.5도다. 여름(6~9월)의 평균기온은 같은 순서로 24.2도, 23.2도, 22.8도, 23.9도다. 겨울(12~3월)의 평균기온은 0.6도, 1.2도, 0.8도, 6.9도다. 1892년 여름 서울의 가장 높은 기온은 36.2도였다. 서울에서 연중 가장 더운 달은 8월로, 최고 평균치는 31.5도이며, 최저 평균치는 22.4도다. 연간 강우량은 서울이 915밀리미터, 제물포가 787.4밀리미터, 원산이 1,060밀리미터이며, 부산이 1,236밀리미터에 달한다. 여름 넉 달 동안의 평균강수량은 서울이 555, 제물포가 447, 원산이 694, 부산이 501밀리미터다. 1892년 가장 강수량이 많았던 때는 서울에서 7월 7일 밤 10시부터 7월 9일 아침까지였는데, 이 시간 동안 265밀리미터에 달했다.◆

조선의 행정 지역이 8개의 구역 또는 '도'로 나뉜 것은 지금까지 이 땅을 지배하고 있는 왕조의 첫 번째 왕으로부터 유래한 것이다. 가장 북동쪽에서 시작해 남쪽 서해안을 거쳐 다시 북동 방향으로 진행하는 순서에 따르면 이 지역들은 다음과 같다.

	조선이름	독일어 번역
1.	함경도	= 완벽한 거울
2.	강원도	= 강과 초원 지역
3.	경상도	= 경이로운 축복
4.	전라도	= 완전한 망
5.	경기도	= 수도 지역
6.	황해도	= 황해 지역
7.	평안도	= 평온과 평화

첫 번째 언급한 지역은 원산에 관한 장에서 설명하게 될 것이다. 두 번째로 언급한 강원도는 전국에서 가장 산이 많은 지역이며 인구는 가장 적다. 정부 보고에 따르면 강원도에는 9,300채의 가옥과 병역 복무가 가능한 4만 4천 명의 남자가 있다(조선에서는 인구 조사 때 사람의 수를 세는 것이 아니라 가옥의 수를 센다). 인구가 가장 밀집해 있는 곳은 서쪽 지역으로, 도의 수부首府인 원진◆◆도 이곳에 있다. 조선인들의 종교적 사유다운 특징은 산의 이름을 짓는 데서 드러난다. '노란 용'(황룡), '나는 불사조'(봉황), '잠복해 있는 용'(복룡)과 같은 지명이 그것이다. 조선

◆ 서울에 주재하는 학식 있는 러시아 외교관 베베르K. I. Veber는 이 정보를 소책자로 출간했다. 그는 최근 함부르크에 있는 프리드릭센 출판사에서 한국과 중국 북동부가 포함된 훌륭한 지도를 출간했는데, 이는 아마도 지금까지 그려진 지도 중에 가장 정확한 지도일 것이다. —지은이

◆◆ '원주'의 잘못된 표기인 듯하다.

인들은 수많은 폭포로 중간 중간 끊긴 이 지방의 물길을 '설백^{雪白}의 강'이라고 표현한다. 해안에서 경도 1.5도 동쪽으로는 암석으로 이루어진 다줄레^{Dagelet} 섬이 있는데, 이 섬을 덮고 있는 울창한 숲 때문에 조선인은 울릉도, 일본인은 마쓰시마 혹은 소나무섬이라고 부른다. 이 섬에는 몇백 명의 조선인들이 살고 있다. 강원도 주민들은 지적이고 성실한 것으로 묘사되는데, "이웃해 있는 남쪽 주민에 비해 실행력은 적으며, 이웃해 있는 북쪽 주민들만큼 상업에 적극적이며 고집이 세다". 이 지역의 여인들은 전국에서 가장 아름답다고 하는데, 그래서 예전에 중국 황제의 규방에 보낼 여인을 여기서 선발했다고 한다.

낙동강의 전체 강 유역을 포함하는 경상도는 조선에서 가장 인구가 많고 비옥한 지역이다. 일본과 가깝고, 일본의 침략을 수없이 당했으며, 일본과 활발한 교역을 하고 있다는 점은 이 지역 주민들의 언어와 행동 그리고 지역 관습에서 분명하게 드러난다. 어떤 일본 작가는 이들이 북쪽 지역의 주민보다 단순하며 덜 타락했다고 묘사하고 있다. 사치와 유복한 생활은 이들과 거리가 멀고, 작은 농장이 아버지에게서 아들에게 상속되어 몇 세대 동안 같은 가족의 소유로 남아 있다. 비교적 신분이 높은 집안의 여인들은 북쪽 지방의 여자들만큼 엄격하게 폐쇄되어 있지 않으며 거리를 돌아다니기도 하는데, 다만 항상 여종을 동반한다. 이들은 다른 어느 곳보다 열렬히 불교를 추종한다. 신라의 옛 수도였던 경주는 불교를 포교하는 중심지였으며, 비록 1597년 일본인들에 의해 불타 버리긴 했지만 그 영향은 여전히 남아 있다. 이 지역은 이 땅에서 가장 오래된 문명의 거점이다. 길과 도로는 다른 지역보다 잘 관리되고 있으며, 여행자를 위해 정부가 운영하는 역마도 다른 곳보다 많다. 이 지역의 주요 부분은 '좌'와 '우'로 나뉘어 두 명의 고관이 다스린다. 조선인들은 이처럼 행정적인 분할을 하는 데에 '좌'와 '우'라는 표현을 좋아하는데, 이는 행정구역뿐만 아니라 군대와 관청에도 해당한다. 경상도는 '삼남', 다시 말해 남쪽의 세 지역을 총괄하는 '해군 제독'의 사령부가 있는 곳이기도 하다. 이들은 조선에서 가장 높은 관직을 지닌 축에 속한다.

전라도는 조선에서 가장 남쪽에 있는 제일 따뜻한 곳으로 땅에서 나는 다양한 산물이 풍부한데, 그중에서도 쌀과 단 과일이 유명하다. 가장 오래된 여행기에는 전라도에 악어와 원숭이가 있다고 기록되어 있다. 이 동물들은 그사이 멸종되었거나 원래 존재하지 않았다. 전라도 지역에서 왕성하게 활동하여 성과를 거두고 있는 선교사들의 보고를 다 뒤져보아도, 이러한 동물이 조선에 있다는 얘기는 전혀 찾을 수 없었기 때문이다. 충청도는 조선의 곡창이라 여겨지며, 흉년이 들 때에도 상당한 양을 외국으로 수출할 정도다. 수도가 있는 지역인 경기도는 가장 작지만, 정치적·행정적 측면에서 볼 때 가장 중요한 지역이다. 조선인들이 강력하다고 생각하는 네 개의 요새가 수도를 방어한다. 남쪽의 수원과 남동쪽의 광주는 부산에서 수도로 통하는 도로에 위치하는데, 이 요새가 있었음에도 불구하고 이 길들은 과거 일본인들이 침략했을 때 그들의 수중에 떨어졌다. 북쪽에는 개성(혹은 송도)이 있고, 서쪽에는 서울로 향하는 물길을 방어하는 강화가 있다. 이 모든 요새의 성벽 위에는 이미 여러 번 중국인과 일본인의 깃발이 꽂혔다. 이중에서 가장 중요한 도시는 개성이다. 조선 최초의 상업 도시는 아니지만 첫째가는 도시이며, 960년부터 1392년까지는 왕조의 거처이자 수도였다. 하지만 유혈 전투가 많이 벌어졌던 곳은 경기도보다는 황해도 지역이었다. 왜냐하면 중국에서 가장 동쪽에 있는 산둥 지역이 황해 쪽으로 튀어나와 있는 이 지역과 불과 80마일 정도밖에 떨어져 있지 않기 때문이다. 지난 몇 세기 동안 조선은 중국의 침략을 자주 받았고, 그다음에는 몽골과 만주의 침략을 받았다. 그 당시 황해도는 커다란 진주가 많이 나는 것으로 유명했다. 지금은 진주잡이가 많이 쇠퇴했다. 조선의 오랜 관습에 따르면 여유가 있는 집안에서는 시체의 부패를 방지하기 위해 죽은 사람의 입에 진주알 세 개를 물린다. 아마도 이 때문에 부자의 무덤 속에 많은 보물이 들어 있다는 믿음이 퍼지게 된 것 같다. 서울 사람들은 황해도 사람을 속이 좁고, 편협하며, 욕심이 많고, 믿을 만하지 못하다고 여긴다. 이 지역 사람들은 사실은 다른 종족에 속해 있다. 왜냐하면 이들은 기원전에 조선 반도를 차지하고 있던 마한의 후손들이기 때문이다. 같은 얘기가 북서쪽 지방인 평안도 주민에게도 해당한다. 평안도는 금속, 주로 금은이 풍부한 것으로 유명하다. 다만 토착 주민들이 광산을 채굴하는 것은 법적으로 금지되어 있다.

중국과 경계를 이루는 압록강 바로 밑에, 역시 배로 한 구간쯤은 거슬러 올라갈 수 있는 대동강 혹은 평양이 위치하고 있다. 이 강어귀에서 50마일쯤 상류에는 최근에 중국과 일본 사이에 벌어진 전쟁에서 자주 언급된 평양이라는 도시가 있다. 이 도시는 기원전부터 10세기까지 한 왕조의 수도이자 거점이었다. 1894년 가을에 벌어진 전투가 첫 번째 전투는 아니었다. 이 주변에서는 이곳에서 만난 여러 나라들이 끊임없이 전투를 벌였으며, 1866년 미국의 '제너럴셔먼' 호의 선원들이 죽임을 당한 곳도 바로 이곳이다. 평안도의 해안을 따라 밀수가 많이 이루어진다. 다음에 실린 표는 조선의 각 지역을 간략히 개관하고 있다. 하지만 조선의 공식 자료에서 뽑은 것이어서 신빙성 있는 내용은 아니다.

동아시아의 비교적 오래된 지도를 보면 압록강이 중국과 조선의 경계

	지역	수도	관할 구역 수	도시 수	가옥 수	병역 가능 남성 수	잠정 인구 수
1	함경	함흥	?	15	103,200	87,170	550,000
2	강원	원주	43	?	93,000	44,000	420,000
3	경상	대구	71	31	421,500	310,440	2,000,000
4	전라	전주	56	22	290,550	206,140	1,400,000
5	충청	공주	?	10	244,080	139,201	1,200,000
6	경기	한양(서울)	36	17	166,720	105,573	880,000
7	황해	해주	?	6	103,200	87,170	580,000
8	평안	평양	?	?	293,400	174,538	1,200,000
					1,715,650	1,144,232	8,230,000

를 이루고 있지 않다. 경계선은 60~70킬로미터 더 북서쪽에 있으며 일종의 울타리가 그려져 있는데, 이것은 그보다 서쪽에 만주와 중국의 원래 경계에 그어져 있는 두 번째 울타리와는 다른 것이다. 이 두 번째 경계선은 수백 년 전에 중국이 만주나 몽골과 경계를 짓기 위해 만들어진 것이지만 현재는 존재하지 않는다. 다만 약간의 흔적이 여기저기 남아 있을 뿐이며, 지도에는 더 이상 표시되어 있지 않다. 훨씬 더 중요한 것은 동쪽 울타리다. 중국 대사인 기영의 조선 여행에 대한 보고에 덧붙여져 있는 지도에는 이 울타리가 조선과 중국의 경계를 이루고 있다. 1875년 이후에 나온 지도에는 이 울타리가 그려져 있긴 하지만, 이 울타리와 압록강 사이에 놓인 조선 땅이 중국 영토로 표시되어 있다. 하지만 이 안에는 도로도 없을 뿐 아니라, 도시명이나 지명이 전혀 없다. 어떤 것이 옳은 것인가? 300년 전 만주와 조선은 대규모 도둑 떼의 습격 때문에 고통을 겪어야만 했는데, 이 도둑 떼는 경계를 넘나들면서 이쪽저쪽을 번갈아가며 약탈하고 파괴했다. 그러자 조선은 중국과 합의하여 두

나라의 경계에 중립지대를 만들고, 동쪽 경계는 압록강으로, 서쪽 경계는 앞서 언급했던 울타리로 하기로 했다. 이렇게 주인 없는 땅을 만들기 위해 네 개의 도시와 수많은 지역이 파괴되었고, 이 지역의 주민들은 중립 지역이 아닌 다른 곳으로 거주지를 옮겨야 했다. 하지만 관세 국경은 압록강이 아니라 주요 도시 봉황장◆ 근처의 대단히 강력하고 튼튼한 울타리에 있었는데, 이곳에는 이 인위적인 경계에 있는 여덟 개의 입구 가운데 가장 남쪽에 위치한 입구가 있었다.

해마다 베이징 궁정으로 가는 조선 사절단도 이 문을 통과해 갔다. 대개 이들이 도착하는 때는 봉황장에서 대규모 시장이 열리는 시기로, 이곳에서 조선의 산물과 만주인들의 생산품이 서로 교환되었다. 하지만 이 주인 없는 지역은 국경을 접하고 있는 두 나라에 안전을 보장한다는 원래의 목적을 달성하지 못했다. 오히려 그 반대였다! 이 지역은 중국 범법자들과 만주 도적 떼의 본거지가 되었던 것이다. 사정이 이렇게 되자 1875년에 조선의 왕은 이들의 침입에 대해 중국 궁정에 불만을 제기했다. 즈리 총독 이홍장은 베이징의 총리아문으로부터 이 지역을 정비하기 위한 부대를 국경 지역으로 보내라는 지시를 받았다. 이 부대는 배가 다닐 수 있는 압록강을 거슬러 올라갔다. 하지만 이들은 이 주인 없는 땅에서 도적 떼뿐만 아니라, 몇백 년이 지나는 사이 이 지역에 정착해 평화롭게 살고 있는 농부들의 모습도 보았다. 이 사실을 알게 된 이홍장은 베이징에 청원서를 보내, 약 10만 제곱킬로미터에 달하는 넓은 지역을 중국의 지배하에 두자고 제안했다. 그의 제안은 받아들여졌고, 조선의 왕은 이러한 결정에 저항하기에는 힘이 너무 약했다. 그래서 오

◆ '봉황성'을 잘못 표기한 듯하다.

늘날 중국과 조선의 실질적인 국경선은 압록강이 되었다. 하지만 지도에 표시되어 있던 울타리는 원래 있던 곳에 폐허가 된 채 서 있고, 지도에 더 이상 표시되지 않는다.

  베이징과 묵덴으로 가는 길은 여전히 봉황장을 통하지만, 현재 관세 국경은 의주라는 조선의 도시에 있다. 이 도시는 압록강 어귀의 튼튼한 성벽으로 둘러싸인 고지에 위치하고 있다. 이 강은 봄과 가을이면 물이 많이 불어나곤 하는 까닭에, 강어귀에 위치해 강을 세 줄기로 가르는 두 개의 섬은 완전히 물에 잠긴다.

chapter 28
산업

조선인은 한때 여러 가지 기술을 가지고 있어 이웃나라의 국민들보다 훨씬 앞서 있었는데, 심지어 일본인도 예외는 아니었다. 조선인들은 12세기에 벌써 서적 인쇄술을 알고 있었다. 이들은 책 한 면을 나무판에 새겨 압착기를 사용해 인쇄했다. 일본인들은 이들로부터 이 기술을 전수받았다. 하지만 조선인들은 이 기술을 더 발전시키지 못했다. 현재 알려진 바로는 1317년부터 1324년 사이에 인쇄된 것이 틀림없는 책이 있었다고 한다. 이는 유럽의 인쇄술 발명보다 100년이나 앞선다! 1420년에는 이미 금속활자가 만들어졌다. 조선의 도자기와 채색 백자는 이미 15세기에 아주 유명했고, 17세기 말까지도 일본인들이 대량으로 구입했다. 1597년 일본이 조선을 끔찍하게 파괴한 전쟁이 끝났을 때, 사쓰마의 강력한 다이묘였던 나베시마는 조선의 도공들을 자신의 고향인 규슈 섬으로 끌고 갔는데, 오늘날 '옛 사쓰마' 도자기가 최고 명성을 누리게 된 것은 바로 이 도공들 덕분이다. 뿐만 아니라 조선인은 목면으로 만들어진 종이의 발명가이기도 하다. 하지만 일본인들이 새로 습득한 기반 위에서 무언가를 더 만들어 마침내 많은 영역에서 산업을 발전시킴으로써 오늘날 유명해진 반면, 조선인들은 수백 년 동안 그 자리에 머물러 있다. 외부 세계로부터 철저하게 차단되어 있고, 관리들의 억압과 착취 그리고 무능력한 정부 탓에 그나마 존재하던 산업은 오히려 뒷걸음질을 쳤다.

이 와중에 조선의 시골 주민들이 자신들이 입을 옷과 가사를 위해 필요한 품목들을 직접 생산하는 상황도 한몫했다. 조선인들은 여름 내내 논밭에서 일을 하고 겨울에는 집 안에서 일을 하며 시간을 보낸다. 이들은 지붕과 울타리, 담장을 수리하며, 아마포와 목면을 짜고, 끈을 꼬고 거적을 짜며, 그릇과 소쿠리를 만든다. 게다가 이들은 누에를 키워 명주실을 준비한다. 직접 만든 베틀에 앉아 거칠기는 하지만 질긴 천을 짜고, 이것으로 자신들의 옷을 직접 재단한다. 이들은 염색하는 데 필요한 재료를 모두 알고 있으며, 집에서 직접 염색까지 한다. 한마디로 이들은 가족에게 필요한 모든 것, 즉 지붕에서부터 짚신에 이르기까지 자기 손으로 만든다. 정말 로빈슨 크루소라고 할 수 있으며, 톨스토이 백작이 말한 의미에서 이상적인 상황이다. 하지만 이는 한 나라의 산업을 일으키는 데는 결코 적합하지 않다.

조선에는 특별한 도구와 일하는 사람의 특별한 지식과 숙련도가 필요한 그런 산업만이 존재한다. 이 점에서도 조선인은 중국인이나 일본인과는 아주 다른 독특함을 가지고 있다. 일본인들은 자신의 작업장에서 일하며, 상점을 소유하고 있어서 이곳에 물건을 팔기 위해 내놓는다. 조선에서는 그러한 것을 거의 보지 못했다. 대다수의 노동자들은 일자리가 있는 곳에서 무언가를 만든다. 이들은 연장을 가지고 다니며, 어떤 집에서 일이 끝나면 다른 집으로 이동한다. 마치 독일 동부와 오스트리아를 떠돌아다니는 슬로바키아 '땜장이들'과 비슷하다. 도기장이처럼 일하는 데 특정한 시설이 필요한 사람들조차도 계속해서 돌아다닌다.

이들은 진흙과 나무가 충분한 곳에 한동안 자리를 잡고, 자신들이 만든 물건을 주변 마을에 공급한다. 그다음에는 다른 지역으로 이동한다. 대장장이와 철공 역시 이곳저곳으로 옮겨 다니는데, 자신들의 원시적인 도구로 광석을 얻는 것이 어렵게 될 때까지만 한곳에 머무른다. 도대체 어떻게 다른 방식으로 일할 수 있단 말인가? 짐 나르는 짐승이나 짐꾼이 형편없는 도로를 통해 이들에게 광석을 운반하려면 엄청난 비용이 들 수밖에 없다. 그래서 이들은 직접 광물층(철, 구리, 아연) 근처를 돌아다니면서 직접 채굴하고 녹여야만 하며, 갱도 근처에서 물품을 만든다. 철로나 잘 정비된 도로만 있어도, 전체 산업은 한층 합리적인 방향을 취하게 될 것이며, 유럽의 여러 나라들과 비슷한 방향으로 발전할 것이다.

이런 사정에도 불구하고 조선에는 많은 산업 부문에서 아주 숙련된 노동자들이 있다. 서울과 비교적 큰 도시에서는 정말 좋은 칼이 생산되는데, 이중 수천 개가 매년 중국으로 수출되며, 중국의 황제에게 보내는 공물 품목에 속하기도 한다. 물론 이들은 유명한 일본식 칼을 만든 그런 정교한 쇠는 생산할 수 없다. 그 대신 이들은 화승 발사기와 점화 도구를 갖춘 총이나 대포, 성벽에 설치할 총을 만든다. 프랑스군은 강화를 공격할 때 요새 위에서 후장포後裝砲를 발견했다. 조선인이 이 무기의 최초 발명자라고 말해도 틀린 말은 아닐 것이다. 물론 이 무기가 큰 성공을 거둔 것은 아니었다.

조선 철 산업의 특산품은 은장식이 박혀 있는 둥글거나 사각형 형태의 작고 매력적인 쇠 상자인데, 스페인 사람들이 만드는 것과 비슷하게 생겼다. 나는 아주 예술적인 상자 몇 개를 비교적 싼 가격에 입수했다. 장식의 무늬는 우아하고 독창적이다. 가장 자주 사용되는 모티프 중의 하나는 조선의 국기에서 볼 수 있는 것처럼 원반의 두 영역이 중간에서

S자 모양으로 시작해 점점 가장자리로 흘러나가는 문양이다. 이 모양은 조선의 음양, 즉 플러스와 마이너스, 남성적이고 여성적인 요소를 표현하는 것으로, 조선인들은 이 요소를 통해 우주가 창조되었다고 생각한다. 이들의 생각에 따르면 금속과 광물도 음과 양의 창조물이다.

다른 원반 모양이나 사각형 모양은 중국에서 자주 볼 수 있는 은으로 된 그리스 장식 형태인데, 그렇다고 그리스풍은 아니며 오히려 중국풍이라고 해야 한다. 조선인은 구리나 청동 그릇을 아주 훌륭하고 독창적인 형태로 만든다. (금속제 물부리에) 금속으로 만들어지는 담배 파이프에는 흑색 합금 장식이 새겨져 있다. 비교적 작은 장비와 금속함 등은 여러 가지 색깔의 법랑 세공이 되어 있다. 이보다 더 섬세한 금속 공예품은 고관의 허리띠 쇠 장식과 고위 관리의 모자에 새겨진 우아한 은 두루미 장식을 들 수 있다. 조선에서는 무겁고 투박한 은반지를 제외하면 장신구를 거의 제작하지 않는다. 장신구에 대한 수요는 모두 중국에서 온다.

조선에서 사용되는 유일한 가구는 담뱃대 걸이와 탁자, 궤와 상자인데, 아주 예쁘게 조각되어 있다. 놋쇠로 된 테두리 장식은 전체 장식의 중심이라 할 수 있는데, 대개 나비 모양을 하고 있다.

오늘날에도 조선에서 생산되고 있는 도자기와 백자는 이 나라의 일반 가정에서 쉽게 볼 수 있는데 이는 옛날 방식을 그대로 따라 만든 것들이다. 조선인들은 유리라는 것을 모르기 때문에 그릇이나 병도 도자기로 만드는데, 대개 푸른색과 흰색 혹은 균열 무늬를 넣은 짙은 회색을 띤다. 숟가락도 도자기로 만드는데, 조선인들은 이웃나라 사람들보다 숟가락을 훨씬 많이 사용한다. 이들은 낡은 맥주병이나 포도주병을 기꺼이 구입하며, 이 물건들은 서울의 시장에서 잘 팔리는 품목에 속한다. 창호지로 만든 창문에는 유리 조각을 조심스럽게 끼운다.

비단 자수는 색상과 세공이 아주 아름다우며, 무늬는 북중국의 작업 방식을 생생하게 연상시킨다. 몇몇 자수, 그중에서도 내가 가져온 고관의 흉배 자수는 전문가들로부터 대단히 잘 만든 것에 속한다는 평을 들었다. 조선에서는 남자나 여자 할 것 없이 다 들고 다니는 부채 역시 그만큼 아름다운데, 대개는 접힌 종이로 되어 있거나 실처럼 얇은 대나무 살 위에 그림이 그려진 종이를 붙여 만든다. 비록 일본인만큼 섬세하진 않지만 조선인은 죽세공품도 아주 섬세하게 잘 만든다.

하지만 조선의 산업에서 호사품은 종이다. 종이가 이 조용한 아침의 나라에서 얼마나 다양하게 사용되고 있는지 정말 놀라울 따름이다. 놀이용 카드와 부채, 상자, 창호지, 장판, 벽지 등과 같은 것뿐만 아니라 양산과 우산, 방수모, 비옷, 병사들의 흉갑, 옷 안감, 초의 심지, 매는 끈 등에 거의 유일한 재료로 사용된다. 관리들의 봉급도 부분적으로는 전지로 지급된다. 종이는 베이징의 황제에게 매년 보내는 공물의 품목에 속하며, 일본과 중국으로 수출되어 아주 좋은 평가를 받고 있다. 베이징에서도 고급 관리의 의복은 대개 질기고 잘 찢어지지 않는 조선의 종이로 안감을 댄다. 그 밖에도 안장과 담배쌈지, 자루, 가방 등도 종이로 만들어진다.

조선에서 종이를 생산하는 방법은 대단히 간단하다. 나는 서울에서 산책을 하다가 종이 생산 작업을 볼 기회가 있었는데, 종이는 주로 북문 근처의 야외에서 많이 생산된다. 가파른 바위로 된 북한산에서 폭포를 이루며 맑고 거친 개천이 그곳으로 쏟아져 내리고 도시의 중심부를 거쳐 한강으로 흘러든다. 바로 이 개천 주변을 따라 제지업자들이 살고 있다. 왜냐하면 종이를 만들기 위해서는 맑은 물이 절대적으로 필요하기 때문이다. 이곳에는 낡은 천과 휴지 조각들이 산더미같이 쌓여 있는데,

업자들은 이것들을 커다란 물통에 집어넣은 다음 휘젓고 내리쳐서 잘 씻는다. 때와 색소가 모두 빠져나가면 기다란 나무 함지에 넣고, 마치 스페인이나 이탈리아에서 포도주를 만들기 위해 포도를 짓이기듯이 여러 명의 작업자들이 맨발로 밟는다. 한껏 밟은 종이 덩어리에서 물이 다 빠지면, 세 번째 커다란 통에 넣어 한두 시간 동안 그대로 둔다. 이제 작업자들은 자수틀과 비슷하게 나무 구둣골로 테두리가 둘러져 있고 1미터 넓이에 길이가 1.3미터 정도 되는 대나무 판을 사용해 죽과 같은 종이 덩어리를 떠서는 잘 펼쳐진 흰 천에 붓는다. 그러고 나서 매트를 들어올리고 이것으로 다시 종이 덩어리를 떠올려 첫 번째 층 위에 겹치게 한다. 이러한 작업은 전지의 층이 어느 정도 높이가 될 때까지 계속된다. 이제 전지를 천 위에 펼쳐 햇볕에 말린다. 하지만 이걸로 종이가 다 만들어진 것은 아니다. 전지가 굳자마자 이것을 얇은 띠 모양으로 잘라썼고 찧는 과정을 다시 반복해, 여기에 닥풀을 첨가한다. 이 닥풀은 남부 지방에서 많이 나는 식물로, 녹말을 함유한 뿌리와 씨는 섬세하면서도 질긴 종이를 만드는 데 사용된다. 닥풀을 첨가하면 성긴 종이도 대단히 질겨진다. 전지가 거의 다 마르면 각각 평평한 화강암 판에 놓고, 납작하고 반들반들한 나무 몽둥이로 전지가 얇고 매끄럽게 될 때까지 두드린다. 두꺼운 종이류를 만들 때는 여러 장의 전지를 함께 두드린다. 서울의 '제지 구역'에서 하루에 생산되는 종이는 대형 전지로 대략 250장에 불과하다. 특히 이 종이는 북중국으로 많이 수출되는데, 1893년에는 수출량이 11만 7천 킬로그램으로, 4만 5천 멕시코달러에 달했다. 하지만 이는 관리들에게 보고된 양이다. 오랫동안 조선의 서해안에서는 밀거래가 성행하고 있어 실제 수출량이 얼마나 되는지는 알 길이 없다.

chapter 29
토산품

어떻게 그리고 누구를 통해서 조선이 불모의 땅이라는 오명을 썼으며, 1,200만에서 1,600만 정도 되는 국민을 먹여 살릴 형편이 못된다는 평을 듣게 되었는지 알아보는 것은 분명히 흥미로운 일일 것이다. 이 나라의 여러 지역에서 내가 직접 본 바와 그 지역의 선교사나 상인, 외교관들로부터 들은 이야기 그리고 마지막으로 꼭 언급해야 할 지난 몇 년간의 수출 목록에 따르면, 그러한 오명은 터무니없는 것이다. 분명하게 주장하건대 동아시아에서 자연 산물이 조선보다 풍부하게 나며 비옥한 나라는 없다. 조선의 땅 위와 땅 밑에 잠들어 있는 부를 지금까지와는 다른 방식으로 활용하기 위해서는 개방과 단호한 추진력이 필요할 뿐이다. 산업을 쇠퇴시킨 것과 같은 원인이 지금까지 농업과 광업까지도 위축시켰는데, 특히 광업의 경우 금과 은, 구리, 철, 석탄, 아연, 석유 등의 광맥이 엄청나게 풍부하고 광범위하게 퍼져 있다는 것이 입증되었음에도 불구하고 일반적으로 잘 알려져 있지 않다. 아마도 일본인들이 이러한 부를 개발할 방법과 길을 찾을 것이다. 그렇게 되면 지구상의 어떤 나라도 다가올 두 세기 동안 이 '고요한 아침의 나라' 보다 더 큰 부흥을 이룩하지 못할 것이라고 생각한다. 일본인들은 이 나라의 천연자원에 대해 아주 잘 알고 있다. 중국인보다 훨씬 더 잘 알고 있는 것 같은데, 이들이 수백 년 전부터 그처럼 끈질기게 이 땅을 정복하기 위해 호시탐탐 기회를 노려왔고, 마침내 실행에 옮긴 주된 이유가 거기 있을 것이다. 아마 곧 조선에서 시작될 다양한 사업에 독일인도 참여할 수 있기를 바라 마지않는다. 독일의 광산업자와 기술자, 기업가들은 여기서 광범위한 영역을 개척할 수 있을 것이다. 이러한 점을 명심해, 산업 국가들이 조선으로 향하는 경쟁 대열에서 뒤처지지 않기를 바란다. 앞으로 다리와 철도, 온갖 종류의 기업이 들어설 것임에 틀림없다. 이러한 것을 미국이나 일본에게 넘겨줘야 할 이유가 전혀 없다. 오직 이 두 나라만이 조선에 자리를 잡고 있다. 영국인들은 이곳에 없으며, 프랑스인들은 호전적인 원정 때문에 증오의 대상이다. 그에 비해 독일인은 덜 알려져 있지만 우호적으로 여겨지고 있다. 조선의 지도층이 유럽적인 것이라면 모두 반감을 가지고 있음에도 불구하고 독일인은 이미 다양한 사업을 영위하고 있다. 조선의 고관들은 앞으로 계속 저항할 수 없을 것이며, 이 점은 일본인들이 해결할 것이다. 새로운 항구들이 들어서게 될 텐데, 무엇보다 북쪽의 평양과 안주安州, 남쪽의 목포항이 외국과의 교역을 위해 개항할 것이다. 이 항구들과 강 상류를 잇는 새로운 증기선 노선도 이익을 보게 될 것이다.

조선의 기후는 동아시아의 다른 나라들보다 유럽인에게 훨씬 유리하며, 스페인 북부의 기후와 비슷하다고 할 수 있다. 물론 조선의 북쪽에 위치한 두 지방의 겨울은 아주 매섭다. 하지만 이 지역은 개방이 이루어지더라도 우선은 관심의 대상에서 제외된다. 주목의 대상이 될 만한 곳은 중부 지방과 남부 지방이다. 이곳에는 우리 나라에서 나는 온갖 종류의 농작물이 자랄 뿐 아니라, 목화와 삼, 아마, 담배, 쪽, 대황 그리고 무엇보다 벼가 자란다. 쌀은 수확이 좋으면 대량으로 수출되기도 한다. 조선에서 가장 중요한 작물 중 하나는 인삼(강장제)으로 중부 지방인 경기도와 황해도 지방에서 야생으로 많이 자라며, 남동부 지방(경상도)에서는 대량으로 재배된다. 이 식물의 최상품은 중국에서 1킬로그램당 수천 마르크에 팔린다. 전라도 지방에서는 생강이 잘 자란다. 전체적으로 보았을 때 열대작물을 제외하고 조선에서 좋은 작황을 기대하지 못할 작물은 거의 없다. 과일도 아주 잘 자란다. 딸기와 복숭아, 살구, 품질이 좋은 감 외에도 남부 지방에서는 밤, 유자, 석류뿐 아니라 대추도 생산된다. 제주도에는 호두와 귤, 개암이 많이 난다. 대나무는 남부 지방 전역에서 잘 자라며, 포도나무에도 질 좋은 포도가 달린다. 하지만 사과와 배는 독일 것과 비교가 안 된다. 왜냐하면 조선인은 이 나무들을 잘 돌보지 않으며, 접목 기술을 모르기 때문이다. 동쪽 지방에서는 의복 재료로 사용되는 야생 삼이 많이 자란다. 이 뿌리는 젤라틴 형태로 찌면 아주 맛이 좋아서 쌀과 함께 섞어 먹는다.

독일에 있는 온갖 종류의 나무들, 참나무와 너도밤나무, 자작나무, 송백나무 등은 조선에서도 자라며, 이외에 코르크나무와 뽕나무, 수지를 내는 나무도 잘 자라는데, 이 수지로는 일본과 중국에서 특히 탐내는 일급의 니스가 생산된다. 약간만 손을 대면 모든 것이 풍부한 생산량을 가져올 것이다. 하지만 조선인들은 이런 일을 꺼리며, 자신들이 생활하는 데 필요한 양만 수확한다. 독일 어디서나 볼 수 있는 들꽃으로 덮여 있는, 싱싱한 녹색 초원이 계곡을 가득 채우고 있고 산비탈을 덮고 있는데, 이는 소와 양, 염소를 위한 훌륭한 방목장이다. 하지만 조선에서 양은 오직 제사를 드리는 목적에만 사용되며, 소는 소규모로만 길러지고 있고, 염소를 기르는 것은 왕의 독점적 권한에 속한다. 그 대신 조선에서는 돼지를 많이 기른다.

조선에서 가장 중요한 토산물은 쌀과 콩이다. 왜냐하면 이 곡물이 국민들의 주식이며 이웃 나라에서 항상 구매자를 구할 수 있기 때문이다. 그다음으로는 약 500년 전 조선에 알려진 담배와 목화가 중요하다. 일설에 따르면 이 씨앗은 베이징에서 귀환하는 조선의 한 사신이 붓대에 숨겨 처음으로 '고요한 아침의 나라'로 가져왔다고 한다. 마치 한때 누에고치의 알이 중국에서 콘스탄티노플로 옮겨졌던 것처럼 말이다. 미국에서는 목화가 남부에만 제한되어 있고 북위 36도를 넘지 못하는 것과 달리, 조선에서는 전국에서 목화가 재배되며, 북위 44도에 위치한 만주 지역에서도 잘 자란다! 현재 조선에는 약 40만 헥타르의 목화 재배지에서 매년 60만 킬로그램가량의 수확이 이루어지는데, 물론 많은 양은 아니다. 경상도에는 이미 면직 생산을 위한 공장도 하나 있다. 하지만 10여 개의 공장이 성공적으로 더 운용될 수 있을 것이다.

앞에서 알 수 있는 바와 같이, 조선은 아주 큰 발전을 이룰 거의 모든 자연적인 조건을 갖추고 있다. 다만 모든 종류의 발전을 혐오하는 가련한 정부만이 이러한 발전을 가로막아 왔으며, 모든 시도를 미연에 제거했다. 이 정부는 해안이든 내륙이든 할 것 없이 모든 상업 활동에 엄청난 세금을 매겨 부담을 주고 있으며, 도둑이나 다름없는 관리들이 국민들을 조직적으로 강탈하는 것을 허용할 뿐 아니라, 교통로를 놓는 것을 일절 허용하지 않는다. 운송 수단이 없는 나라는 각각의 개별 구역이 넘을 수 없는 장벽으로 둘러싸여 있는 것과 같다. 일본인들은 관리들을 제거했다. 이제 독일인에게 철도 건설권이 이양될 것이다. 먼저 제물포-서울 노선, 두 번째로는 서울-부산 노선, 세 번째로는 서울에서 개성을 거쳐 안주로 가는 북쪽 노선이 비교적 쉽게 건설될 수 있을 것이며, 채산성이 좋을 것이다.

chapter 30
러시아의 관심과 원산

──── 우리는 사람들이 때때로 극장 매표소 앞에 몰려드는 것을 이해할 만하다고 생각한다. 누군가 양보하면 그 뒤에 있는 사람이 빈자리로 들어서고 결코 다시 양보하지 않는다. 하지만 지구상에서 가장 큰 두 나라인 러시아와 중국이 동아시아의 빈자리를 둘러싸고 서로 밀어붙여야 하는 사실은 쉽게 납득할 만한 일은 아니다. 현재 러시아는 2,250제곱미터에 달하는 '얼마 안 되는' 영토를 지배하고 있으며, 중국의 영토는 그 반이 약간 넘는다. 하지만 독일제국보다 거의 43배나 넓은 땅을 가지고 있는 러시아는 이에 만족하지 못하고 있다. 중국이 다른 열강과 갈등을 겪을 때면, 러시아도 벌써 한 손에 커다란 가위를 들고 중국의 경계에 있는 땅을 하나씩 하나씩 잘라 자신의 주머니에 챙겼다. 사람들은 이를 경계 정리라 부른다. 중국은 1858년 5월 16일 아이훈 조약◆ 당시 가장 심한 일을 겪었다. 당시 니콜라이 니콜라에비치 무라비요프 Nikolai Nikolaevich Muraviyov 백작은 아무르 강의 남쪽 어귀, 즉 우수리 강과 일

◆ 1858년 중국 헤이룽장성의 연안 아이훈에서 청나라와 러시아가 맺은 조약으로, 헤이룽 강 좌안을 제정 러시아령으로, 우안을 청나라령으로 하며, 연해주 지역을 양국의 공동 관리 아래 두도록 했다.

본해 사이에 있던 자투리땅을 러시아에 양도하도록 했다. 이는 지도상으로는 별것 아닌 것처럼 보이지만, 실제 크기는 전체 조선 땅, 또는 영국 땅보다 넓다. 이 땅을 얻는 것은 다른 모든 이해관계를 제외하더라도 엄청나게 큰 가치가 있다. 왜냐하면 새로 얻은 지역인 프리모르스키(연해주)는 금과 석탄 그리고 다른 광물과 온갖 종류의 작물이 풍부하며, 숲과 강, 항구도 많기 때문이다. 여기에 다른 정황도 한몫을 한다. 중국은 자국 영토였던 이 엄청난 구간에서 물러남으로써 일본해에서 완벽히 차단되었고, 두만강을 경계로 러시아와 조선이 맞닿게 되었다. 러시아는 지난 수십 년간 시베리아에서 입증된 그 대단한 에너지를 가지고 새로운 영토를 '문명화' 하는 작업에 착수했다. 이쪽으로의 이주를 장려했으며, 뉴욕에서 싱카이 호(러시아어로는 한카 호)와 우수리 강으로 가는 증기선을 마련했고, 블라디보스토크와 포시에트 같은 새로운 항구를 세웠다. 또한 발트 해에서 시베리아에 이르는 전신선을 태평양까지 연장했고, 새로운 해안 지역의 주민을 구성하고 있는 야만족이나 반쯤 개화된 종족에게 질서를 가져왔다. 이 엄청난 과업은 안드레이 알렉산드로비치 포포프 Andrei Alexandrovich Popov 장군의 지휘 아래 시작되었다.

블라디보스토크는 새로운 지역의 수도이며, 신속하게 완성되어가고 있는 시베리아 횡단철도의 종착지다. 블라디보스토크 항은 훌륭한 항구다. 대형 선박도 안전하게 진입하여 적당한 정박 지점을 찾을 수 있다. 먼저 커다란 해상 선착장이 갖추어졌고, 나중에는 육상 선착장도 마련되었다. 넓은 병영은 1만 명 정도의 병사가 들어갈 수 있는 공간을 제공한다. 여러 열강에서 온 무역상들은 이곳에 사업소를 차렸는데, 이중 가장 큰 것은 독일의 회사인 함부르크의 쿤스트와 알버스 Kunst & Albers 다. 하지만 블라디보스토크는 심각한 문제를 안고 있다. 1년에 4~5개월 동안,

대개는 12월에서 4월까지 항구가 얼어붙어서, 마치 내륙 도시인 것처럼 뭍이 되는 것이다. 훨씬 남쪽에 있고 조선의 경계와 25마일밖에 떨어져 있지 않은 포시에트 역시 같은 단점을 가지고 있다. 이러한 단점은 시베리아 횡단철도와 같은 세계적으로 아주 중요한 교통로의 종착점으로서는 대단히 치명적이다. 이 철도는 태평양에 연해 있는 경계로서 1년 내내 얼지 않고 운행이 가능한 항구를 필요로 한다. 러시아 땅에는 그러한 항구가 없다. 따라서 러시아인들은 오래전부터 은밀히 이런 조건을 충족시킬 수 있는 다른 항구를 노려왔을 것이다. 물론 그 항구는 조선의 영역에 있다. 하지만 지난 수십 년간 유행이 되어버린 강대국들의 방식으로 볼 때 이는 아무 문제가 없다. 필요하면 그냥 빼앗는 것이다.

그 항구는 조선의 함경도에 있는 원산이다. 이 도시는 러시아 국경에서 남쪽으로 위도 4도 정도 떨어져 있으며 원산과 포시에트 사이에는 얼지 않는 항구가 없으니, 그 사이에 있는 넓은 지역은 러시아인들에게 덤으로 안겨질 것임에 틀림없다. 러시아와 조선의 경계를 이루는 두만강의 깔때기 모양 하구 만^灣은 항구로 사용할 수 없다. 왜냐하면 봄철이나 비가 많이 오고 난 후면 이 강은 엄청나게 수량이 많아지고 물살이 빠르며, 겨울에는 여러 달 동안 꽁꽁 얼어붙어서 러시아와 교역을 하는 조선인에게 환영받는 다리 역할을 할 정도이기 때문이다. 그런 단점만 없다면 항구가 들어설 수 있는 아주 좋은 입지다. 그 이유는 이미 강어귀에서 상류까지 15마일에 이르는 구간을 흘수선이 3미터에 달하는 배가 운행할 정도로 강이 깊고, 흘수선이 5미터인 배가 사용할 수 있게 만드는 데에도 그다지 많은 노력이 필요하지 않을 것이기 때문이다. 두만강 남쪽으로는 북청과 길주 두 곳에 항구가 더 있는데, 이곳도 작은 증기선이 이용할 수 있긴 하다. 원산의 거의 모든 거래를 장악하고 있는 일본인들은 조선 국기를 단 소형 증기선 두 척이 원산과 두만강 사이를 오가도록 하고 있다. 이 증기선들은 위에 언급한 두 항구에 정박하는데, 대형 증기선은 접근할 수 없다.

그러니 남는 곳은 원산밖에 없다. 원산의 중국식 지명은 위엔산이며, 일본식 지명은 겐산Gensan이다. 이 항구는 일본식 지명으로 많은 지도에 표기되어 있는데, 특히 그곳의 유일한 우체국이 일본의 우체국이기 때문이다. 다만 이 이름들은 제물포 혹은 인천을 일본식으로 표기한 이름인 진센Jinsen과 자주 혼동되곤 한다. 따라서 조선식 이름인 원산을 모든 지도에 표기하는 것이 바람직해 보인다. 1892년 런던 지리 협회는 원산항이 좋은 항구가 아니라고 보고하고 있으며, 또한 조선의 많은 항구가 겨울에 얼어 접근이 불가능하다고 주장하고 있다. 나는 현지에서 이에 대해 정보를 줄 수 있는 유일한 사람들, 즉 정기적으로 조선의 항구들을 다니는 증기선 선장들에게 물어보았다. 이들의 말에 따르면 오직 항구 한 곳만 제외하고는 모든 조선의 항구는 1년 내내 얼지 않아 자유롭게 운항할 수 있다. 하나의 예외란 압록강 어귀에 있는 의주항이다. 북쪽 해안을 따라서는 바다 쪽으로 5킬로미터까지 얇은 얼음이 어는 경우가 있긴 하지만, 배의 운항을 방해할 정도는 아니다. 원산에 관해 런던 지리 협회가 보고하고 있는 내용도 틀린 것이다. 원산은 육지 쪽으로 깊숙이 들어와 있어 완벽하게 보호되고 있는 브로턴 만灣의 남쪽에 위치하고 있다. 약 50~60제곱마일에 달하는 이 커다란 정박지를 바다 쪽에서는 곶과 섬들이 보호하고 있으며, 육지 쪽에서는 1,800미터에 달하는 산들이 있는 높은 산맥이 가려주고 있다. 대형 대양 증기선도 세관 창고 제방으로부터 4분의 1해리 안쪽에 정박할 수 있으며, 이보다 작은 선박들은 100미터까지도 접근할 수 있다. 원산 건너편, 즉 브로턴 만의 북쪽에는 훌륭한 항구인 라자레프 항이 작은 강의 하구만 근처에 있는데, 이곳은 금이 풍부한 것으로 유명하다. 원산은 1893년에 65만 달러에 달하는 금을 수출했다. 물론 이것은 해마다 조선에서 육로를 통해 러시아로 밀수되거나 바다를 통해 중국으로 밀수되는 금은 포함하지 않은 것이다. 금은 원산의 가장 중요한 무역 품목이다. 이 항구는 1880년에 먼저 일본인에게, 1883년에는 모든 외국인에게 개방되었다. 하지만 지금까지는 유럽 상사가 하나도 자리를 잡지 못했으며, 얼마 안 되는 유럽인들은 중국의 세관원이나 선교사들이다. 이미 언급한 것처럼 무역은 거의 일본인의 손에 있으며 일부만이 중국인의 손에 있는데, 원산에 사는 중국인은 80명 정도인 데 비해 일본인은 800명이나 된다. 러시아인들은 일본인과 중국인 정착지 사이에 약간의 건축 부지를 조선 정부로부터 약정받았다. 청일전쟁이 끝나면 아마도 이들이 몰려올 것이다. 러시아인이 원산항과 함경도 지방까지 영토를 확장할 기회를 내버려둘 리는 없기 때문이다.

조선인들은 오래전부터 러시아가 영토를 탐내고 있다는 것을 잘 알고 있었다. 러시아가 조선과 이웃하게 된 '경계 정리' 이후 조선은 곧바로 두만강을 따라 군대를 배치했으며, 두만강 건너편으로 넘어가는 사람은 사형에 처하겠다며 엄금했다. 두만강 유역의 마을과 정착지 주민들은 내륙으로 물러나야 했으며, 조선의 국경 도시 경원에서 1년에 두 번 열리던 큰 장은 더 이상 열리지 못하게 되었다. 가까이 있는 중국의 무역도시 훈춘과의 교역도 중단되었다. 하지만 쇄국정책을 일관되게 유지하려는 조선 정부의 의도는 바로 조선인들에 의해 수포로 돌아갔다. 지난 수십 년간 조선인 수천 명이 조국을 등지고 러시아 지역으로 건너가 더 나은 삶을 찾았던 것이다. 새로운 종교적 믿음 때문에 죽음의 위협 속에서 살고 있던 기독교인들과, 관리들에게 착취당해 수입이 없는 농부, 시민, 상인들 그리고 법을 피해 달아난 범죄자들과 자신의 처지를 개선해 보려고 애쓰는 이민자들이 두만강을 넘어 프리모르스키에 정착했다. 러시아는 이들을 호의적으로 받아들였다. 그렇게 해서 많은 러시아 상인들이 조선 여인을 아내로 맞이했으며, 여기서 태어난 아이들은 러시아식 신앙으로 양육되었다. 조선 아이들은 러시아 학교를 다니며, 학교를 마친 후에는 다수가 관공서나 회사에 자리를 잡았다. 동부 시베리아에 있는 대다수의 조선인들은 전통적인 복장을 벗어버리고 훌륭한 러시아인이 되었으며, 언어도 아주 쉽게 배워 동화되었다. 블라디보스토크에서 조선인은 가장 선호되는 부두 노동자이자 짐꾼이다. 아무르 강 상류의 증기선 선착장에서도 조선인을 볼 수 있으며, 상당수의 조선인은 바이칼 호 동쪽의 주도(州都)인 치타에도 정착해 있다.

함경도 주민들은 조선의 지배하에서보다 러시아의 지배하에서 더 잘 살 것이라는 점을 아주 잘 알고 있다. 러시아가 이 지역을 복속시키게 되면 이는 세계무역의 이해관계와 일본해에 연해 있는 해안 지역을 개방하는 이해관계에 있어 분명히 바랄 만한 일이다. 따라서 함경도의 주민들은 이러한 변화를 기쁘게 맞이할 것이다. 유럽으로 말하자면, 비록 러시아가 '호의적인 중립성'을 대가로 경계 지역인 지린(吉林), 즉 쑹화강에 이르는 지역을 '정리를 위해' 중국으로부터 양도받는다 해도 이곳에 아무도 관심을 보이지 않을 것이다.

함경도와 마찬가지로 지린 지역도 온갖 종류의 자연 산물이 풍부한데, 만약 호랑이를 '자연 산물'이라고 부를 수 있다면 호랑이도 매우 많다. 수출하기 위해 해마다 수백 장의 호랑이 가죽이 이곳에 도착한다. 이곳의 짐승들은 아주 무섭기 때문에 원산 같은 도시에서도 사람들이 밤에 함부로 거리를 나다니지 못한다. 도시에서도 이들을 잡기 위해 총을 쏘기도 하는데, 1890년 이후로는 살아 있는 짐승들도 세관 품목에 등재되어 있다! 이 품목에 올라 있는 개가죽은 해마다 6천에서 8천 장이 거래되는데, 이는 조선인이 지위 고하를 막론하고 가장 좋아하는 진미인 개고기를 얼마나 소비하는지 보여준다.

chapter 31
조선의 대외 교역

앞서 언급한 바와 같이, 조선의 세관을 관리하는 것은 중국의 세관 업무를 담당하고 있는 탁월한 관리들인데, 이들은 대개 유럽인으로 감독은 매클리비 브라운이다. 조선이 개방된 이후 외국과 얼마나 교역을 해왔는지 알게 된 것은 이 사람 덕택이다. 그 내용을 다음 표에서 볼 수 있는데, 여기서 액수는 멕시코달러로 표시되어 있다.

어림잡아 볼 때 1891년 조선의 수출 금액은 1,125만 마르크, 수입은 1,750만 마르크였으며, 1892년에는 각각 725만 마르크와 1,350만 마르크밖에 되지 않았다. 여기에 조선의 항구들에서 이루어지는 교역 금액, 즉 1891년에 약 600만 마르크, 1892년에는 900만 마르크가 더해진다. 그러므로 전체 교역은 적어도 세관원의 공식적인 보고에 따르면 1891년에 3,500만 마르크, 1892년에는 3천만 마르크였다. 하지만 이 금액은 결코 신뢰할 수 없다. 영국 영사관원의 견해에 따르면 실제로는 두 배가 되어야 한다. 조선의 해안을 따라 암거래가 엄청나게 이루어지고 있기 때문이다. 암거래는 수많은 섬과 자주 발생하는 안개, 해안 경비의 부재 등으로 인해 더욱 활개를 치고 있다. 이러한 이유뿐만 아니라, 큰 항구인 평양과 같은 곳은 말할 것도 없고 많은 항구에 관청이 전혀 없으며,

연도	수출 상품	수출 화폐	수출 총액	수입	수입 초과
1884	425,613	312,022	737,635	999,720	− 262,085
1885	388,023	141,594	529,617	1,671,562	− 1,141,945
1886	504,225	1,130,488	1,634,713	2,474,185	− 839,472
1887	804,996	1,388,269	2,193,265	2,815,448	− 622,176
1888	867,058	1,373,965	2,241,023	3,046,443	− 805,420
1889	1,233,841	982,091	2,215,932	3,377,815	− 1,161,883
1890	3,550,478	749,699	4,300,177	4,727,839	− 427,662
1891	3,366,344	689,078	4,055,422	5,256,468	− 1,201,046
1892	2,443,739	852,751	3,296,490	4,598,485	− 1,301,995
1893	1,698,116	918,659	2,161,775	3,880,155	− 1,263,380
			23,821,049	32,848,113	− 9,027,064
			56,669,162 $		

 게다가 관세는 물건의 가치에 따라 산정되며 중국인이나 일본인 할 것 없이 제 마음대로 관세를 매기기 때문이다. 따라서 위에 제시한 숫자는 결코 확정적인 것은 아니다. 하지만 적어도 이 숫자는 1891년까지는 계속 상승하다가 1891년부터 감소하고 있다는 점에서 흥미롭다. 이러한 변화는 무엇보다 조선의 수확과 주변국의 식료품 가격에 기인한 것이다. 1890년과 1891년에 조선은 수확이 좋았던 반면, 일본은 그렇지 않았다. 그 결과 조선의 무역액이 상승했다. 반면 1892년과 1893년에는 상황이 정반대였으며, 따라서 무역액이 감소한 것이다.

 1892년에 가장 중요한 수입 품목은 면직 제품(200만$ 이상)과 비단 제품(379,000$), 주로 동전을 주조하기 위한 구리와 아연(750,000$), 석유(136,000$), 삼 제품(113,000$), 소금(76,000$), 자루와 끈(73,000$), 금속 제품(69,000$), 염료(67,000$), 성냥(57,000$) 등이다. 가장 중요한 수출 품목은 100만 달러에 달하는 쌀이다. 그다음으로는 금(850,000$), 콩(798,000$), 짐승 가죽(291,000$), 생선(91,000$), 후추(45,000$) 등이다. 곡물류의 수출은 4만 4천 달러에 그쳤으며, 해조류는 4만 2천 달러어치를 수출했다.

개항장에서 이루어지는 선박 운행과 관련해서 우선 눈에 띄는 점은 1893년 전통적인 돛단배가 대부분 증기선으로 대체되었다는 점이다. 1889년부터 제물포, 부산, 원산의 세 조약 항에서 입출항한 선박 수는 다음과 같다.

	1889	1890	1891	1892	1893
정크선	810	1,084	893	717	537
증기선	249	378	471	538	581
이양선	165	159	136	131	204

정크선의 수는 5년 사이에 거의 반으로 줄어든 반면, 증기선의 수는 두 배 이상 늘었다. 순 톤수는 1892년과 1893년에 거의 똑같았는데 대략 80만 톤 정도였다. 조선의 국기를 달고 입항한 것은 1892년에 8천 톤에 불과하던 것이 1893에는 4만 1천 톤에 달했다! 조선의 항구를 운항하는 전체 선박 중 80퍼센트는 일본인 소유다. 그다음으로 많은 것이 러시아인으로 약 4만 톤이며, 중국인은 3만 톤, 독일인은 1만 3천 톤이다. 영국과 프랑스, 미국은 1893년에 조선에서 선박을 전혀 운항하지 않았다.

조선의 깃발을 단 증기선과 톤수가 눈에 띄게 늘어난 것은 조선 정부가 증기선을 사들였기 때문이다. 네 척의 증기선(해룡, 창룡, 현익, 이운)은 1892년 현재 내무부서의 주도로 만들어져 정부의 지시를 받는 회사의 소유다. 원래 이 배들은 정부가 여러 항구에서 쌀을 공물로 받아 제물포로 운반하기 위해 구입한 것이었다. 1893년부터 이 배들은 승객과 화물도 운반하고 있다.

위에서 언급한 교역 상황은 이 나라의 규모로 볼 때 아주 형편없는 수준이다. 하지만 10년 전만 해도 전혀 교역이 이루어지지 않았다는 사실과, 오늘날의 교역이 단 10년간의 결과라는 사실을 염두에 두어야 한다. 조선은 최근의 전쟁을 통해 이제 잠에서 깨어났다. 동아시아 열강들 사이의 경쟁심이 이 아름답고 부유한 나라가 앞으로 발전해나가는 데 더 이상 방해가 되지 않기를 바랄 뿐이다.

옮긴이의 말

──── 외부인의 시선을 통해 우리 자신을 돌아보는 것은 때론 신기하기도 하고, 때론 고통스럽기도 하다. 헤세-바르텍의 글을 읽으며 우리는 바로 그러한 경험을 하게 된다. 1854년 오스트리아 빈에서 태어나 1918년 스위스 루체른 근교에서 생을 마감한 헤세-바르텍이 한반도 땅을 밟은 것은 공교롭게도 1894년이었다. 조선의 경우에 그해는 안팎으로 큼직한 사건들이 연이어 벌어진 해였다. 1월에는 동학농민운동이 일어났고, 6월에는 갑오개혁이 실시되었으며, 8월에는 청일전쟁이 발발했다. 이미 험한 세상일 다 겪어온 장년의 여행가가 이런 세상 물정을 모르고 지나칠 리 없었다. 그의 글 곳곳에서 우리는 이러한 정황을 읽을 수 있다. 이런 흉흉한 상황과 적지 않은 나이에도 불구하고 호기심 많은 이 여행가는 어떻게든 한반도 구석구석을 직접 돌아보고자 했다. 그리고 이것이 조선을 다룬 기존의 다른 책들을 뛰어넘는 점이다. 헤세-바르텍 역시 이 점을 잘 알고 있었고, 그래서 다음과 같이 기술하고 있다.

오랜 역사를 지닌 조선에서 만주인이 지배하는 중국 문명이 일본 문명과 첨예하게 대립하고 있는데, 이것이 바로 오늘의 조선을 흥미롭게 만드는 점이다. 안타깝게도 지금까지 출판된, 거의 외국어로만 쓰인 얼마 안 되는 조선 관련 서적들은 이러한 상황을 다루고 있지 않다. 그 이유는 무엇보다도 저자들이 조선을 직접 방문한 것이 아니라 다른 사람들의 보고를 읽고 책을 썼기 때문이다.

철저히 자신이 보고 들은 사실에 기초해 책을 쓰고자 하는 그의 열망은 그의 숱한 여행편력에서 비롯된 것이었다. 1872년 남유럽 여행에 나선 그는 1875년에는 서인도 제도와 중앙아메리카로 향했고, 이듬해에는 뉴멕시코와 로키산맥을 거쳐 미국 동부로 갔으며, 1878년에는 미시시피강 탐사에 나섰다. 이후로도 그는 북아프리카의 여러 나라와 미국 북서부, 아시아 등지를 쉬지 않고 여행했다. 이러한 공로로 그는 오스트리아 외교관으로 활약할 수 있었을 뿐만 아니라, 베네수엘라 주재 스위스 영사로도 일할 수 있었다.

6월 말 일본 나가사키를 출발해 부산에 도착한 그에게 제일 먼저 눈에 띈 것은 비교적 깔끔하게 정비된 일본인 거주지였다. 하지만 이곳을 벗어나자마자 그는 조선의 쇠락한 모습을 여기저기서 만나게 된다. 배편으로 부산을 떠나 제물포를 거쳐 서울에 이르러서도 상황은 마찬가지였다. 500년을 이어온 왕조의 수도라고 하기에는 서울은 너무도 초라했던 것이다. 그가 보기에 조선이 처한 이 보잘것없는 상황은 정치인들이 수백 년 동안 잘못 통치해온 결과이다. 반면에 일반적 조건은 그의 판단으로는 그리 나쁘지 않아 보인다. 이미 중국인과 일본인을 접해본 저자가 그들과 조선인을 비교하는 것은 거의 당연해 보인다. 그리고 그가 보기에 조선인은 앞의 두 나라사람들에 비해 뒤질 것이 없어 보인다. 아니 오히려 그들을 능가하는 조건을 갖추고 있다.

> 신체적인 면에서 이들은 중국인뿐만 아니라, 다른 모든 동아시아의 이웃들을 훨씬 '능가'한다. 이들의 키와 건장한 체격, 건강한 외모는 유럽의 여행자들에게 커다란 놀라움을 안겨준다. 나는 이 점에서 조선인과 견줄 수 있는 민족을 동아시아에서 본 적이 없다. 이들은 외양적인 면에서 몽골 유형이라기보다는 코카서스족에 가깝다. 내가 조선의 여러 도시와 마을에서 본 많은 조선인들은 남녀 모두 유럽식 복장과 머리 모습

을 해놓으면 유럽인과 거의 구분할 수 없을 것 같았다. 일본인이나 중국
인이라면 어림도 없는 일이다.

그리고 이에 근거해 그는 다음과 같은 결론을 이끌어낸다.

> 조선인들의 내면에는 아주 훌륭한 본성이 들어 있다. 진정성이 있고 현
> 명한 정부가 주도하는 변화된 상황에서라면, 이들은 아주 짧은 시간에
> 깜짝 놀랄 만한 것을 이루어낼 것이다.

또한 한글이라는 문자에 대해서도 그는 매우 호의적이었다. 자신의 언어학적 지식을 동원해 우리말의 계통을 추측해보기도 하고, 실제로 한글을 배워 자신의 이름이라도 써볼 마음을 먹기도 했던 그의 평가는 "조선의 문자는 아주 간단하고 분명하며 배우기도 쉽다"는 것이었다. 물론 그렇다고 해서 당시까지 외부에서 이 나라에 대해 가졌던 오해와 편견을 완벽히 벗어나기는 힘들었을 것이다. 그의 서술에는 우리로서는 받아들이기 힘든 언급도 눈에 띈다. 그가 접한 문서들을 통해 판단하자면 조선은 중국의 속국이었던 것이다.

> 조선은 중국의 속국일 뿐이다. 중국 천제로서도 자신의 나라를 둘러싸
> 고 있는 완충국의 제후들 가운데서 조선의 군주인 이희 왕(고종)보다 더
> 충성스럽고 의리 있는 봉신은 없다.

자존심 상하게 하는 그의 이러한 언급을 지금에 와서 굳이 없었던 일처럼 외면할 필요는 없을 것이다. 설령 그의 말이 전적으로 옳다고 한들 치부가 없는 역사가 어디 있겠는가? 우리에게 더욱 필요한 것은 아마도 그가 마지막으로 던진 진

심 어린 제안일 것이다. 그는 자신의 글을 마무리하면서 다음과 같이 적고 있다.

> 위에서 언급한 교역 상황은 이 나라의 규모로 볼 때 아주 형편없는 수준이다. 하지만 10년 전만 해도 전혀 교역이 이루어지지 않았다는 사실과, 오늘날의 교역이 단 10년간의 결과라는 사실을 염두에 두어야 한다. 조선은 최근의 전쟁을 통해 이제 잠에서 깨어났다. 동아시아 열강들 사이의 경쟁심이 이 아름답고 부유한 나라가 앞으로 발전해나가는 데 더 이상 방해가 되지 않기를 바랄 뿐이다.

흥미롭게도 그의 이 마지막 말을 옮기고 있을 즈음, 우리나라가 세계에서 아홉 번째로 무역 1조 달러 시대에 들어섰다는 소식이 들려왔다. 아마도 그의 평가가 허황된 것은 아니었던 듯싶다. 당장은 쇠락한 상태지만 잠재력만큼은 누구에게도 뒤지지 않는 그런 나라로 조선을 평가했던 그의 혜안이 놀라울 따름이다. 하지만 100여 년이 지난 지금 그가 다시 이 땅을 밟는다면 한 가지 변하지 않은 사실에 아마 거꾸로 놀랄지도 모른다. 예나 지금이나 변함없는 정치인들의 무능 말이다.

끝으로 출판계의 어려운 사정에도 불구하고 선뜻 출판을 결정해준 '책과함께' 쪽에 이 자리를 빌려 감사드린다. 언제나 그렇지만 이번에도 번역이 얼마나 어려운 일인가 하는 것을 거듭 깨닫게 되었다. 이 책의 경우에는 특히 외국인이 우리의 것을 외국어로 표현해놓은 것을 다시 거꾸로 추적해 우리말로 옮기는 이중의 어려움을 겪었다. 우리의 역사에 대한 무지가 혹시라도 잘못된 번역으로 이어지지 않았을까 하는 두려움이 앞서는 것도 이 때문이다.

2012년 1월
정현규

조선, 1984년 여름

오스트리아인 헤세-바르텍의 여행기

1판 1쇄 2012년 2월 29일
1판 5쇄 2021년 2월 15일

지은이 | 에른스트 폰 헤세-바르텍
옮긴이 | 정헌규
감수자 | 한철호

펴낸이 | 류종필
편집 | 이정우
마케팅 | 이건호, 김유리
표지·본문디자인 | 석운디자인

펴낸곳 | (주) 도서출판 책과함께
　　　주소 (04022) 서울시 마포구 동교로 70 소와소빌딩 2층
　　　전화 (02) 335-1982
　　　팩스 (02) 335-1316
　　　전자우편 prpub@hanmail.net
　　　블로그 blog.naver.com/prpub
　　　등록 2003년 4월 3일 제25100-2003-392호

ISBN 978-89-91221-97-0 03910

이 도서의 국립중앙도서관 출판시도서목록(CIP)은
서지정보유통지원시스템 홈페이지(http://seoji.nl.go.kr)와
국가자료종합목록시스템(http://www.nl.go.kr/kolisnet)에서 이용하실 수 있습니다.
(CIP제어번호 : CIP2012000740)